知识产权审判难点问题法律原理与判例系列
Intellectual Property Judicial Practice Series

On Co-existence of Trademarks:
Principles and Cases

商标共存：
原理与判例

黄武双 刘维 等 著译

法律出版社
LAW PRESS · CHINA

序　言

知识产权领域,新问题一直层出不穷。从贴牌加工、网络视频在线观看、网络歌曲下载、计算机字体字库等侵权纠纷案件,到现在的商标共存现象,都引发了产业界、学界和司法界的激烈争论。每次辩论大潮过后,都感觉各家观点似乎仍缺乏一些说服力。仔细回味之后,发现原因可能在于,各家所言均采用逻辑推理和演绎方法,大部分都是从国内外的法律法规着手寻找依据。少有系统、深入研究国外类似判例,并以此为基础提出可资借鉴的比较法研究成果的。

正是在这一问题的触动下,华东政法大学知识产权研究中心拟推出"知识产权审判难点问题法律原理与判例"系列。旨在为各位有兴趣的同人提供较为全面、最为贴切的外国判例和经过作者梳理的法律原理。希望能借助判例来克服仅仅依靠逻辑推理和演绎可能产生的弊端:公说公有理,婆说婆有理。法律的生命不在于逻辑,而在于大家认可的司法实践经验。实践经验不一定能经得住"当时"所谓的法律逻辑的推敲,但一经认可即会诞生具有旺盛生命力的新规则。我相信,这也是法官尤其是裁判知识产权案件的法官共同的诉求。

本书成为各位同人在思考有关问题时的主要参考资料,乃本书作者努力的目标。若能成为裁判者的工具书,更是作者的荣幸。

黄武双

2013 年 8 月

目　录

第一部分

商标共存基本原理

在我国，商标共存的研究是基于司法实践的需要而逐渐产生的，这正是“理论与需求”关系的最好写照。商标共存类型复杂多样，试图对商标共存进行类型化从而逐一研究，这似乎难以实现，也似无必要，有些类型的研究已经比较成熟，有些类型的研究缺乏理论价值，相反，也有些类型的研究看似不成体系，但若能将司法实践中的碎片拼成一幅完整的图画，并观察到整个画面的底色，则不失为学术的乐趣和法学发现后的惊喜。诚如卡多佐所言，人类的视野有限，如果只考虑这些细节，那么，由于我们总盯着手中的琐碎事情，在某些时候，会看不见隐藏其间的普遍因素，从而忽略了更大的真理，尽管它是整个画面的底色。[1]

总体而言，此前我国学者对商标共存现象的研究还不是很充分和深入，商标共存现象是商标司法裁判中的一种特殊现象。尽管如此，商标共存的司法判决已从点滴汇成江河，“一路圈圈点点钩出路线当然很好，然而，总有那么一天：我们必须谨慎地回头审视，看看它们构成的是一幅图案，还是一大堆混乱无序的碎片和补丁”。[2] 确实，当我们谨慎地回头审视我国商标司法实践时，鳄鱼商标案和鸭王商标案所代表的商标共存裁判意见已经汇成“一幅图案”或“曾经荒凉的土地已变成良田”。

比较研究国外商标共存的司法判决、整理我国当前的司法判决并根据商标法原理予以阐发，对深入认识商标共存这一特殊现象显得很有必要。由于法定善意共存和协议共存是商标共存现象最有意义和最主流的两种类型，本书在基本架构上采取了这种划分。本书第一部分对两种类型商标共存的基本原理进行了研究，读者通过第一部分可以迅速理解法定善意共存的构成、原理、论争以及共存协议的效力判断方法。本书在第二部分和第三部分选译了各国有关法定善意共存和协议共存的典型判决意见。基于本书风格以及

---

〔1〕 参见本杰明·N.卡多佐：《法律的成长　法律科学的悖论》，董炯、彭冰译，中国法制出版社2002年版，第6页。

〔2〕 参见本杰明·N.卡多佐：《法律的成长　法律科学的悖论》，董炯、彭冰译，中国法制出版社2002年版，第156页。

研究对象的特点,本书采取了比较研究的方法。

需要解释的是,由于商标善意共存的复杂性远超协议共存,本书第一部分对法定共存的撰写和思考占了该部分的一大部,因而全书的结构未必对称,但又如卡多佐所说,"你不应为了便利或实用这样的蝇头小利,偏离历史或逻辑确立的规范,否则所失将远远大于所得。你不应为了尊奉对称或有序这样微不足道的事情,使衡平与正义确立的规范蒙尘,否则将得不偿失。"〔1〕当本书作者用实用主义哲学来解释全书结构的不对称时,司法实用主义正弥漫在当今中国知识产权的司法裁判中,作为本书研究对象的商标善意共存正是这一理念的典型写照。这有喜,也有忧,但喜大于忧。

---

〔1〕 本杰明·N.卡多佐:《法律的成长 法律科学的悖论》,董炯、彭冰译,中国法制出版社2002年版,第50页。

一、商标共存概述

(一)商标共存的界定

世界知识产权组织(WIPO)对商标共存(Concurrent Use)作如下界定:"不同企业使用相同或近似商标销售产品或服务,而不损害他人的营业。"[1]基于这种界定,我国学者也给出了类似的定义:"商标共存是不同的市场主体在符合法律规定的情况下,对相同或近似商标进行使用而不存在混淆可能性的情形。"[2]以上这种定义将商标共存仅仅限定为"相同或近似商标",未就商品或服务的类别进行限定,在法解释上应包括如下两种类型:相同或近似商标共存于相同或类似商品或服务上的情形,也包括共存于不相同且不类似的商品或服务上的情形。

需要指出的是,不同商标可在相同或关联市场共存,相同商标也可在不同市场同时存在,这顺理成章和理所当然,是市场竞争的应有之义,不存在进行专门研究的价值。基于研究范畴的限定,从司法实践中的案例出发,本书所研究的商标共存,是指不同主体在相同或类似商品或服务上使用相同或近似商标的合法行为。这种界定并不与《商标法》第52条第1项矛盾,根据商标法原理和我国司法实践,《商标法》第52条第1项包含了混淆可能性要件,因此,在竞争性商品或服务上使用相同或近似商标的行为,仍有可能系合法行为。这正是商

---

〔1〕 参见 http://www.wipo.int/wipo_magazine/en/2006/06/article_0007.html, 2013年7月10日访问。

〔2〕 梅术文、王超政:"商标共存理论探析",载《重庆理工大学学报》(社会科学版)2010年第3期,第44页。

标共存的生长空间,也是称之为“特殊现象”的原因所在。

有疑问的是,在相同商品或服务上使用相同商标的不同商业主体能否共存于市场?根据我国商标审判的司法实践,在相同商品或服务上使用相同商标的行为可直接推定为具有混淆可能性,从而认定为商标侵权行为,因此,相同商品或服务上的相同商标不可能共存。但根据商标功能论,一种行为虽然在形式上构成对商标权的侵害,但在商标功能不受到此行为侵害的情况下,商标权侵权的违法性可被克服。[1] 根据商标功能论,即使在相同商品或服务上使用相同商标,只要不损害商标功能的发挥即可。如欧洲法院在阿森纳案件中指出:“授予《欧盟商标指令》第5条第1款排他权的目的,是确保商标所有人保护其作为所有人的特定利益,即确保商标能发挥其功能并因此,只有在第三方对标记的使用影响到商标功能时尤其是影响到确保消费者对商品来源的基本功能时才能行使此项权利。”[2]

本书也认为,商标共存现象的立足点是商标功能论,在相同或类似商品或服务上使用相同或近似商标的行为,只要不损害商标功能的发挥,即可实现商标共存。这些行为类型包括:(1)相同商标使用在相同商品或服务上;(2)相同商标使用在类似商品或服务上;(3)近似商标使用在相同商品或服务上;(4)近似商标使用在类似商品或服务上。根据我国当前商标审判的司法实践,以及欧洲法院在阿森纳案之后的案例法、TRIPs协议第16条之规定,第一种行为可推定成立混淆可能性,因此,这种行为不可成为商标共存的类型。在后文讨论的商标共存协议案件中,司法实践中的观点就认为:如果申请商标与引证商标属于相同商品或服务上的相同商标,申请商标与引证商标共存必然会导致相关消费者产生混淆误认,申请商标肯定属于《商标法》第28条规定不应核准注册的情形,那么,商标共

---

〔1〕 参见田村善之:《日本现代知识产权法理论》,李杨等译,白巴根、铃木敬夫审校,法律出版社2010年版,第185页。

〔2〕 Case C-206/01 Arsenal Football Club, Paragraph 51; Case C-245/02 Anheuser-Busch [2004], Paragraph 59; Case C-48/05 Opel, Paragraph 21.

存协议并不存在参考使用的空间。[1]

(二)商标共存的特征

1. 商标共存并非商标共有

商标共存区分于商标共有,商标共有是民法上共有的一种,是两个或两个以上民事主体对同一商标的共有,可以分为基于约定而产生的按份共有和基于共同关系而产生的共同共有,共有在性质上属于复数主体对同一客体享有单一所有权。商标共存在结构上则存在多个所有权(商标专用权),即使涉及相同商标,不同主体仍基于各自意志在各自商品或服务上的使用商标,不同主体对各自的商标享有权利,不同主体之间不存在份额或身份上的共同关系。

2. 商标共存原因及类型复杂多样

由于商业标识的局限性,商业标识权利冲突时有发生。但是,如果各方均在各自商业标识的权利或利益边界内从事商业行为,即使有冲突,各方也负有容忍义务,于是便有商标共存。现有研究指出,商标共存的原因有以下四个:商业标识的局限性、企业经营的趋利性、授权渠道的多元化、商标审查的主观性。[2] 本书基本赞同。

形成商标共存的类型复杂多样:(1)依照是否基于当事人的意志进行划分,商标共存可以分为法定共存和协议共存,前者是基于法律的规定而可同时共存于市场,后者是指基于当事人之间的协议约定而使相同或近似商标共存于同一市场。(2)依照商标注册或使用的时间先后区分,商标的共存可以基于善意在先使用的共存和基于善意在后使用的共存。这两种类型的商标共存属于法定的商标共存,是基于法定的抗辩理由或司法终局裁判而得以发生的共存类型。(3)依照当事人的主观状态进行划分,商标共存可以分为善意共存和恶意共存。市

---

〔1〕 石必胜:"商标共存协议只作为适用商标法第二十八条考量因素",载《中国知识产权报》2013年8月9日第7版。

〔2〕 上海市第一中级人民法院知识产权审判庭:"商标共存的理论基础与实践探索",载 http://www.a-court.gov.cn/platformData/infoplat/pub/no1court_2802/docs/201303/d,1689038.html,2013年8月12日访问。

场主体基于不当攀附他人商标的商誉而在同一市场使用或注册相同或近似商标,权利人可基于《商标法》或《反不正当竞争法》的相关规定予以制止,因此,恶意共存并非终局意义上的共存类型。

还有学者根据实际发生商标共存的情形进行了划分:"一是注册商标和未注册商标存在近似,若未注册商标有先用权,则产生共存的问题。二是两个相似的商标在不同类别分别注册,后来其中某一商标持有人的经营范围扩大而在其他商品类别上加以使用,造成了与另一商标使用范围的重叠。三是商标注册主管机关审核时的疏忽或确信,在同一商品或者类似商品核准近似商标。四是不同国家或区域的厂商在同一或类似商品上使用同一或近似商标,又同时进入一国市场进行贸易,此时,在先的商标权人会提起商标异议或者侵权诉讼。五是联合商标的单独转让造成的共存。"〔1〕

根据实际发生情形对商标共存类型进行划分,难免挂一漏万,但对商标共存现象的实际产生原因和法律结构或有启发,实践中不少案件的发生情形也确是如此。如这第一种类型是基于侵权抗辩而发生的商标共存,第三种类型是基于商标主管机关的授权疏忽而发生的商标共存,而第二种和第四种类型是基于一方市场主体的贸易扩大而发生的商标共存,第五种类型是基于根据商标转让或主体的分割而产生的商标共存。

3. 商标共存的立足点是商标功能论

正是因为商标功能未受损害,所以本书将商标共存界定为一种合法行为。在我国司法实践中,所谓商标功能未受损害,一般是指相关公众对商品或服务点的来源不会产生混淆。如果被告将相同或近似商标使用在不类似的商品或服务上,或者在相同或类似商品或服务上使用不近似商标,司法实践中对是否构成商标侵权没有疑问,则不属于本书所论的商标共存。

例如,在上海浦东法院审理的许留山商标案中,原告在2007年3月取得"许留山"商标注册证,核定使用商品为第29类(水果色拉、

---

〔1〕 陈武:"论近似商标共存制度",载《知识产权》2008年第5期,第21页。

果冻、水果罐头等)，但在注册前后从未使用过该商标。被告在2004年5月得到香港许留山食品制造有限公司的合法授权使用“许留山”作为商号，后得到授权使用“许留山”商标，使用的商品类别为第30(西米、冰制食品)、32(植物饮料、茶饮料等)、42类(餐馆、小食店)。原告诉称被告商标侵权。虽然法院指出:“原告的商标于2004年11月申请注册，并于2007年3月核准注册，晚于被告使用‘许留山’商标的时间。”但是，本案法院不支持原告主张的主要理由在于原被告使用商标的商品(或服务)类别不同:“被告向原告提供了标有‘许留山’塑料便携袋并不能据此认为被告向原告销售了第29类上的‘许留山’品牌的食品。”这显然不属于本书的研究范畴。

再比如最高人民法院审理的采乐商标案，强生公司的“采樂”文字商标在1993年被核准注册，核定使用的商品为第5类“人用局部抗菌剂”，圣芳公司的“采乐CAILE”商标在1998年10月14日被核准注册，核定使用商品为第3类香皂、清洁制剂、洗发香波、护发素、洗面奶、浴液、牙膏、香料、皮革保护剂(打光)、化妆品。强生公司向商评委提出撤销圣芳公司的该注册商标。最高人民法院认为，两个商标虽然近似，但可以存在于不同类别的商品市场:“由于强生公司自身并未在中国市场使用过引证商标，实际使用人西安杨森公司的采乐酮康唑洗剂作为药品只在医院、药店出售，与普通洗发水在产品性质、生产和销售渠道等方面有着明确的区别，圣芳公司的洗发水产品不可能进入医药流通领域，消费者可以辨别。因此，圣芳公司在洗发水等日化用品上注册使用争议商标，不足以误导公众，不足以损害强生公司在药品商标上的利益，两个商标在药品和日化品的各自相关市场中可以共存。强生公司虽然在药品类别上注册了引证商标，但是其在洗发水等日化品市场并没有合法的在先利益，法律也不会为强生公司在药品上的商标预留化妆品市场。”[1]

4. 商标共存是一种动态的市场结构

本来可安然共存于市场中的两个相同或近似商标，又因一方或

---

〔1〕 最高人民法院(2008)行提字第2号行政判决书。

双方对其商标的不规范使用或主体的贸易扩展,有可能转化为不可共存,故商标共存是一种动态的市场结构。如张小泉商标案,上海高院判决两商标可共存于市场,但必须规范使用商标:"为避免相关消费者对原、被告产品发生混淆,被告'刀剪总店'、'刀剪公司'今后在企业发展过程中,应当充分尊重原告的注册商标和驰名商标,不得在企业转让、投资等行为中再扩展使用其'张小泉'字号,被告'刀剪总店'对'刀剪公司'不持有股份时,'刀剪公司'不得在企业名称中再使用'张小泉'文字。"〔1〕

针对刀剪总店在上海高院作出上述判决后仍然突出使用"上海张小泉"等字样的行为,浙江高院认为:刀剪总店享有的在先权利及范围是在商品和服务上规范使用其核准登记的企业名称,而刀剪总店核准登记的企业名称为"上海张小泉刀剪总店"。因此,在上海市高级人民法院作出终审判决后,刀剪总店若在商品和服务上不规范使用其经核准登记的企业名称,而是突出使用"张小泉"、"上海张小泉",该行为将逾越在先权利的保护范围,属于对杭州张小泉集团"张小泉"商标的侵权行为。〔2〕

〔1〕 上海市第二中级人民法院(1999)沪二中知初字第13号民事判决书;上海市第二中级人民法院(2004)沪高民三(知)终字第27号民事判决书。

〔2〕 参见浙江省高级人民法院(2006)浙民三终字第78号民事判决书。

二、我国商标善意共存

法定共存是指基于《商标法》的直接规定或司法终局裁判而导致的共存,前者最为典型的是基于抗辩权的成功行使而得共存,如根据现行《商标法》第31条规定,在先使用且有一定影响的商标使用人有权对抗"以不正当手段抢先注册"的注册商标权利人。全国人大初次审议的《商标法修正案(草案)》第34条进一步规定:"商标注册人申请商标注册前,他人已经在同一种商品或者类似商品上使用与注册商标相同或者近似的商标的,注册商标专用权人无权禁止该使用人在原使用范围内继续使用该商标,但可以要求其附加适当区别标识。"因此,如果符合条件的商标在先使用人提出侵权抗辩,则在先使用的商标可与已经注册的商标共存于竞争性市场。

目前引起较大关注的商标法定共存类型乃基于司法终局裁判引致。我国司法裁判仍然严格依据《商标法》规定进行,因此,基于司法裁判而导致的商标共存本质上仍属于法定共存类型,这正是本书重点研究的商标共存类型。这种商标共存类型多基于"善意"、"长期使用"和"已经形成的客观市场格局"等因素的考量而产生,本书也称之为商标善意共存。我国商标法定善意共存案件大多涉及历史因素,相关司法判决已蔚为大观,司法政策上将这种类型的裁判称之为"历史、现状和公平"的裁判模式。本节主要整理和介绍当前我国司法实践的相关重要判决,并作简要分析。

(一)鳄鱼商标案和鸭王商标案

1. 鳄鱼商标案

我国商标共存的司法判决当首推最高法院的鳄鱼商标案。2010

年12月29日,最高法院就拉科斯特公司与鳄鱼国际公司、上海东方鳄鱼公司鳄鱼商标侵权纠纷案(以下简称鳄鱼商标案)作出终审判决。[1] 本案中,法国鳄鱼公司于1980年在中国大陆注册了"鳄鱼图形"商标,其产品于1984年正式进入中国,但数量有限,1994年正式开设专柜或专卖店,该商标核定使用的商品为第25类(衣服、腰带、领带、鞋等)、第18类(皮革及仿皮革及其制品、包括钱包等)。1993年,新加坡鳄鱼国际公司在中国大陆申请注册"CARTELO及图"商标,其产品于1994年进入中国市场,该商标核定使用的商品为第25类(服装、西装、大衣等)、第18类(皮革、钱包等)。法国鳄鱼公司诉称新加坡鳄鱼国际公司构成商标侵权。

本案涉及的法律依据是《商标法》第52条第1项,在相同商品上使用物理意义上相似的商标,是否应该判定成立商标混淆性近似。在中国《商标法》及其司法实践中,混淆性近似是商标侵权的判断基准,商标在物理意义上相似不能等同于法律意义上的混淆性近似,司法解释和先例对此已无争议。[2] 从认定混淆性近似的传统因素出发,本案请求保护的商标具有较高的知名度,两个商标(法国鳄鱼商标与新加坡鳄鱼商标)在物理意义上具有极高的相似度,且使用在相同商品。在一般情形下,相关消费者施加一般注意力难以区分两公司的商品来源,应当认定容易造成一定的消费者混淆或误认。

本案的特殊之处在于,双方当事人对鳄鱼商标的采用均属善意,且在我国长期共同使用各自商标,这种善意共存的历史和现状,可否容忍一定程度的混淆、进而构成混淆可能性的例外情形,正是本案应该回答的问题。最高法院在鳄鱼商标案中以商标的混淆性近似为判断基点,认为应考虑案件的特殊案情:"就本案诉争商标具体情况而言,在认定其是否近似时,仅仅比对标识本身的近似性是不

---

〔1〕 最高人民法院(2009)民三终字第3号民事判决书。

〔2〕 参见最高人民法院《关于审理商标民事纠纷案件适用法律若干问题的解释》第9条第2款、第11条;中国青年旅行社商标案,见北京市第一中级人民法院(2003)一中行初字第182号行政判决书。

够的,还必须综合考量鳄鱼国际公司的主观意图、双方共存和使用的历史与现状等因素,结合相关市场实际,进行公平合理的判断。”

具体而言,首先,“鳄鱼国际公司进入中国市场后使用相关商标,主要是对其已有商标的沿用,且在实际使用中也有意区分诉争标识。因此,原审法院认定鳄鱼国际公司之行为不同于刻意模仿名牌奢侈品的假冒行为,其主观上并无利用拉科斯特公司的品牌声誉,造成消费者混淆、误认之故意,并无不当”。其次,“从相关国际市场看,双方诉争标识在亚洲部分国家和地区已经长期形成共存和使用的国际市场格局”。最后,“从诉争标识在中国市场的共存和使用情况看,两者在中国市场内已拥有各自的相关公众,在市场上均已形成客观的划分,已成为可区别的标识”。

基于上述考察,最高法院得出了不构成混淆性近似的结论:“无论是从双方当事人的相关认同和共识还是从相关国际市场实际看,双方诉争标识在亚洲部分国家和地区已经不至于产生市场混淆而可以共存,这足以表明诉争商标在构成要素上的近似性并不必然构成混淆性近似,并不必然导致其不能共存。”最高法院甚至认为,在这种特殊案件场合,可以容忍一定程度的混淆:“在侵犯注册商标专用权的具体判断中,将是否足以产生市场混淆作为认定商标近似的重要考量因素,主要是要求相关标识具有不产生市场混淆的较大可能性,并不要求达到任何人在任何情况下均绝对不会误认的程度。”

2. 鸭王商标案

2012 年最高法院审理的鸭王商标案也是商标共存的典型,本案判决再次通过混淆可能性阐释商标共存,更为重要的是,判决中对商标法中的主观善意的判定进行了诠释。2000 年 12 月 21 日,北京鸭王在第 33、42 类商品上向商标局提出“鸭王”商标的注册申请,被商标局驳回。[1] 上海鸭王餐饮管理有限公司(以下简称上海鸭王)成立于 2002 年 6 月 20 日。2002 年 1 月 29 日,上海全聚德商标局申

〔1〕 (2001)标审(三)驳字第 1015 号商标核驳通知书认为北京鸭王在第 42 类餐厅等服务上申请注册的“鸭王”商标直接表示了服务的内容及特点。

请注册“鸭王”文字商标(以下简称被异议商标)并成功获得注册。[1] 在初审公告异议期内,北京鸭王于2005年5月31日提出异议。

本案涉及的法条是《商标法》第31条。商评委异议复审裁定及历次裁判均认定北京鸭王未注册商标在被异议商标申请注册前具有一定知名度,但商评委裁定认为因餐饮服务行业具有地域性等,被异议商标的申请注册“不易产生混淆从而可能损害被申请人(北京鸭王)的利益”,故不构成不正当手段。一审及二审行政判决则认为上海鸭王应当知道北京鸭王,而据此认定其构成不正当手段。

本案经过最高法院指令再审,北京鸭王与上海鸭王最终共存于市场。“根据我国商标法的立法精神,从维护企业的经营和市场秩序,保护市场生产力的角度,对于使用时间较长,已建立较高市场声誉和形成相关公众群体的诉争商标,应将保护在先商业标志权益与维护市场秩序相协调结合起来,充分尊重相关公众已在客观上将相关商业标志区别开来的市场实际,注重维护已经形成和稳定的市场秩序。结合本案的具体情况,上海淮海鸭王曾在2000年9月向工商行政管理机关申请带有‘鸭王’字样的企业名称,并于2002年1月向商标局申请‘鸭王’商标。自2002年至今其迅速持续发展,在上海开设了多家分店,并通过报纸、杂志等媒体渠道对被异议商标进行了大量的广告宣传,从其上交税收的情况看,其具有很好的经济效益和较大的经营规模。此外,上海淮海鸭王及其关联企业在各方面展示自己的产品和品牌,获得了多种荣誉和奖项,形成了相应的消费者群体,使相关消费者能够将上海淮海鸭王与北京鸭王餐饮服务区别开来,故目前不宜将被异议商标予以撤销。”[2]

---

〔1〕 商标评审委员会作出商标评字(2005)第0478号决定书认为,被异议商标指定使用在所报服务项目上虽对指定服务具有一定叙述性,但尚不属此类服务所属行业中的通用术语。此外,被异议商标经多年的使用及宣传,显著性亦得以加强。

〔2〕 北京市高级人民法院(2010)高行再终字第53号行政判决书;最高人民法院(2012)知行字第9号行政裁定书。

(二)散列通商标案与张小泉商标案

1. 散列通商标案

"散列通"商标争议案是此一裁判模式的又一典型。1987年11月12日,罗须公司授权西南药业公司在中国市场使用"散利痛"商标,至1991年12月31日期限届满。1992年3月,西南药业公司申请"散列通"商标并于1993年3月被核准。罗须公司在1999年7月向商评委请求撤销"散列通"商标,商评委维持该商标的注册。一审法院和二审法院均认为,西南药业违反《商标法》第31条的规定,违背诚实信用原则,遂撤销商评委的裁定。

最高法院再审此案撤销了原审判决:"我国药品管理法禁止在药品上使用未注册商标,西南药业公司申请注册'散列通'商标及该商标被核准注册之时,'散利痛'从法律上也不可能是'散利痛片'的未注册商标。罗须公司在与西南药业公司合作期间,在合作生产的'散利痛片'上对'散利痛'的使用,是根据药品管理法及药品说明书和标签管理等相关规定,对药品通用名称的标注,不能认定其为对未注册商标的使用……鉴于'散利痛'在西南药业公司注册'散列通'商标时,不是未注册的商标,因此其不构成罗须公司提出争议的权利基础"。[1] "如此处理的结果是使两个商标相互共存。即便因标识本身的近似性而可能使一些消费者一时分不清楚,但应当容忍其存在,让市场去逐渐区分。最高人民法院在权衡这些商标是否应当撤销时,并不是简单地在比对标识构成要素特点的基础上套用法律条文而进行裁判,而是考量了商标实际使用的状态及其形成过程,考量了因长期使用而在标识背后形成的现实市场格局,在此基础上作出符合实际的合理裁判。"[2]

2. 张小泉商标案

再比如在张小泉商标侵权案中,杭州张小泉剪刀厂于1964年8

[1] 最高人民法院(2009)行提字第1号行政判决书。

[2] 孔祥俊:"论我国商标司法的八个关系——纪念商标法颁布30周年",载《知识产权》2012年第7期。

月1日,经中央注册取得张小泉文字与剪刀图形组合的张小泉牌(以下简称"张小泉牌")注册商标,核定使用商品为日用剪刀。之后逐步取得"张小泉牌"注册商标(被认定为驰名商标)和"张小泉"文字商标。上海张小泉刀剪总店(以下简称"刀剪总店",后被授予中华老字号)成立于1956年1月6日,开业之后一直在产品及外包装上突出使用"上海张小泉"或"张小泉"字样,后取得"泉字牌"商标。杭州张小泉剪刀厂诉称"刀剪总店"构成商标侵权和不正当竞争。

法院认为:"'张小泉'品牌的形成已有数百年历史,其品牌知名度和声誉的产生有着长期的历史原因。原告与被告均对'张小泉'品牌声誉的形成作出过一定的贡献。因此,应当在考虑特定的历史背景的前提下,根据公平、诚实信用以及保护在先取得的合法权利的原则来处理本案。""'刀剪总店'并非在原告的商标驰名后,为争夺市场才故意在产品及包装上突出使用'张小泉',并且行政法规、规章允许企业使用简化名称和字号。特别是被告'刀剪总店'评为中华老字号的事实,证明了'刀剪总店'使用'张小泉'字号已被广大消费者认同,且使用已长达数十年之久,在相关消费群体中形成了一定的知名度。因此,'刀剪总店'突出使用'张小泉'不具有主观恶意。考虑到原告的注册商标与'刀剪总店'的企业名称产生时的特定历史背景,从公平和诚信原则出发,不认定被告'刀剪总店'突出使用'张小泉'或'上海张小泉'的行为构成对原告的注册商标的侵犯和不正当竞争。"〔1〕

---

〔1〕 上海市第二中级人民法院(1999)沪二中知初字第13号民事判决书;上海市第二中级人民法院(2004)沪高民三(知)终字第27号民事判决书。

三、比较法视野中的商标善意共存

(一)欧洲法院百威商标案介绍

1. 事实和法律问题

2011 年,欧洲法院(ECJ)就百威公司与安海斯布希公司百威商标案(以下简称百威商标案)作出先行裁决(preliminary ruling)。欧盟百威商标案的法律问题是,能否允许在相同商品上注册相同商标。在该案中,捷克百威公司和美国的安海斯布希公司分别于 1973 年和 1974 年进入英国的啤酒市场,两家公司各自在其啤酒商品上使用"Budweiser"商标或含有该单词的商标(统称"百威商标")。经过长期轮番的商标注册和异议,英国商标局裁定两公司可以同时注册百威商标,两公司于 2000 年 5 月 19 日同时成为"Budweiser"商标的权利人。但 4 年又 364 天之后,安海斯布希公司向英国商标局提出宣告百威公司商标无效的请求。[1]

根据欧盟一号指令第 4 条第 1 款规定,一个商标在以下所列的情况下不得注册或已经注册的,可以宣告其无效:该商标与在先商标相同,且申请或注册的商品或服务与在先商标受保护商品或服务相同的。[2] 因此,一号指令第 4 条第 1 款可以作为本案的适用依

---

〔1〕 Budějovicky Budvar, národní podnik v. Anheuser-Busch Inc. Case C-482/09.

〔2〕 还可见一号指令关于商标侵权的认定标准,一号指令第 5 条第 1 款规定:商标所有人有权制止他人未经许可在相同商品或服务上使用相同商标的行为。商标所有人有权制止他人未经许可在相同或类似商品或服务上使用相同或近似标识的行为,只要相关公众存在混淆,包括商标与标识之间的联系可能。不难看出,欧盟一号指令对商标侵权的规定与我国商标法司法实践的做法相同,在相同商品或服务上使用相同商标的行为构成商标侵权行为,无须混淆可能性的条件。

据,英国商标局正基于同样的理由宣告捷克百威公司的商标无效。摆在英国上诉法院面前的案件特殊之处在于,百威公司善意采用百威商标,并与美国安海斯布希公司长期在英国啤酒市场共同使用各自商标,这是否可成为相同商标注册的例外,英国上诉法院将此案提交给了欧洲法院。

2. 判决理由

在百威商标案中,欧洲法院的判断基点是商标功能,并将商标功能作为解释一号指令第4条和第5条的出发点。"一号指令第五条第一款a项的专有权之目的是为确保商标所有人保护其作为所有人的特定利益,即确保商标能发挥其功能,因此,只有在他人的使用行为消极地影响商标功能的发挥时,商标权人才可行使商标权。"同样,"当在后商标与在先商标相同、两商标核定使用的商品也相同的情况下,只有当在后商标的使用减损了在先商标的来源保障功能时",才能宣告在后商标无效或构成侵权。

欧洲法院进一步认为,考虑本案的特殊情况,百威公司在英国使用"百威"商标对安海斯布希公司"百威"商标的核心功能并无减损。这些特殊因素包括双方并存使用的历史、双方使用商标的善意以及目前的市场格局。具体而言,"第一,安海斯布希公司和百威公司通过'百威'商标(在该商标登记之前)在英国推广各自的啤酒已有近三十年历史了。第二,2000年2月份英国上诉法院作出判决,两公司被授权一并同时注册它们的'百威'商标。第三,尽管安海斯布希公司在英国申请注册'百威'商标的时间早于百威公司,但是两家公司起初使用'百威'商标时都基于善意。第四,尽管两商标相同,但英国的消费者能很好地区别两家公司的啤酒,因为它们的品位、价格以及消费群体都不同。第五,两个商标在英国市场的共存现状告诉我们,尽管两商标相同,但是安海斯布希公司和百威公司的啤酒清晰地指向不同的生产商。"

(二)百威商标案与鳄鱼商标案比较

在鳄鱼商标案和百威商标案中,双方当事人采用商标的主观善意及并存使用商标的历史和当前市场格局成为决定裁判发展的关键因素，这些因素就是本书所要讨论的善意共存原则的构成因素，从两案可看出，只要提出主张的一方能够证明商标的善意共存因素，我国最高法院认为在较大可能意义上不会引起市场混淆，甚至容忍可能存在的、一定程度的市场混淆；欧洲法院则认为，即使在相同商品上使用相同商标，也不会减损商标的来源识别功能。应该指出，最高法院在鳄鱼商标案中对混淆性近似的判定，并未沿用传统的混淆分析因素，在百威商标案中，欧洲法院也一直强调案件涉及一种特殊和例外情况。无论作为混淆理论的例外，还是减损商标功能的例外，善意共存原则在两案中均得到了成功地运用，成为商标侵权案件和授权确权案件中的一个重要原则。

结合上述分析，现对两案案情和法律推理比较如下表所示：

比较项	鳄鱼商标案	百威商标案
请求	判定商标侵权	宣告商标无效
争点	商标善意共存情况下的混淆可能性判定	商标善意共存情况下的商标功能减损之认定
立足点	混淆性可能性	商标功能
理由	1. 被控侵权人善意采用商标 2. 两商标长期使用的历史 3. 两商标共存市场的格局	1. 两公司均善意采用商标 2. 两商标长期使用的历史 3. 两商标各自的市场格局
结论	1. 不成立商标混淆性近似 2. 不构成侵权	1. 不减损商标功能 2. 驳回商标无效的请求

（三）英美法视野中的商标善意共存

商标善意共存原则（The doctrine of honest concurrent use）是普通法下的一个古老原则，英国、澳洲、中国香港和美国等普通法国家或地区的商标法都有关于该原则的明文规定，有关该原则的司法适用也不曾间断过。“在19世纪早期，商业还大部分具有地方性；不同地域的商人可能善意地采用相同或近似商标。在这些情况下，他们各自产品的销售不存在竞争并因此不会产生公众欺诈问题。然而,随着交通的快速发展,19 世纪前半叶市场也扩大了。在各自商品上使用近似商标的商人的产品,因此可能面对同一潜在消费群体销售,这些消费者面临着误解产品来源的风险。而且,由于商标是营业商誉的附载,如果营业商誉被分割,商标使用权可由两人以上的继承人获得,例如,当营业之前由合伙方式或者两个以上的工厂或商店的方式进行。为了满足这种情景,善意共存原则应运而生。根据该原则,只要商标的使用起初并无欺诈故意,但是却由于之后不涉及商标专用人恶意或其他过错行为的情形,产生了欺诈风险,此时,该商标仍然受到保护。然而,如果商标专用人自己的过错行为在该商标的使用中占有一席之地,衡平法院不会给其颁发停止侵权的禁令。这是'寻求衡平救济者需有洁净之手'的衡平法原则的特别适用。在善意共存情形,任何商标所有人均不得限制另一人使用商标,但对进行霸占使用侵犯商标的行为,任何商标所有人均可获得禁令。"[1]

1. 英国

英国《商标法》第 12 条第 2 款规定:在善意共存使用情形,或者法院或注册官认为适于如此行为的其他特别情形下,法院或注册官可准许两人以上使用相同或近似商标在:(1)相同商品上;(2)同类(same description)商品上;或者(3)相互联系的商品和服务之间或不同类别的商品和服务之间。但是如果可能,法院或注册官可在个案中施加其认为适合的条件和限制。

一个标志性案件对判断善意共存原则的因素进行了总结:(1)在承认某种程度意外的混淆——基于两文字读音上的近似所产生,以及合理考虑错误的可能性——源于商标不准确或未记牢文字的印象——之后,我认为混淆可能是比较微弱的;(2)对"Abermill"文字的选择是善意的;(3)已经证明了五年的善意共存使用;(4)导致混淆的是使用人,而不是注册行为,使用人未提交任何实际混淆的证据,不应忽略这一事实,尽管还应考虑证明难度;(5)上诉人的商业规模很小,

---

[1] General Electric Co. of U. S. A v. General Electric Co. Ltd. [1972] 1 W. L. R. 729, at 743.

且多年来处于静止状态。相反,被上诉人已经通过其商标建立了大型的、迅猛发展的商业。[1] 后又经过案件的积累,法院确立了以下五个非穷尽性的考量因素:(1)共存使用的善意;(2)使用的时间、地域和销售数量的范围;(3)争议商标导致的混淆可能性的程度;(4)是否有实际混淆的例子已被证明;并且(5)如果允许注册,将可能对当事人引起的不便。[2]

2. 澳大利亚

澳大利亚《商标法》第44条第3款规定:若注册官在个案中能信服:(1)善意同时使用这两个商标;或(2)在其他情况下,适合如此作为;注册官可以以其认为适于施加的条件或限制同意申请人商标注册的申请。如果申请人的商标只用在特定领域,所施加的限制可包含商标使用也将限定于该特定领域。

澳大利亚联邦法院在今年的沃尔沃商标案中提出,申请商标与在先商标构成《商标法》第44条第1款和第2款下的实质相同或欺诈性相似时,注册官因此拒绝商标注册还受到第44条第3款两商标成立善意共同使用或"其他情形",或第44条第4款持续使用规则而允许商标注册下的法院自由裁量的制约。[3] "两个商标的采用和共同使用超过六年的历史表明,如果它们继续像以前一样在远距离分开的区域使用,这两个标志能够以不存在混淆或者冲突的方式共存。通过对它们的使用附加互相排斥的地域限制可以达到这一结果,但是由于任何一方都希望拓宽他们的商标使用范围,我必须考虑我现在面临的问题,对其注册该附加怎样的地域限制是公平且合理的。"[4]

3. 中国香港

中国香港《商标条例》第13条规定:(1)当注册官或者法院信服

---

〔1〕 See Pirie's Application (1933) 50 R. P. C. 147 at 159.

〔2〕 (1933) 50 RPC 147 at 159 – 160; In Re John Fitton & Co. Ltd's Application (1949) 66 RPC 110 at 112; In Re Electrix Ltd's Application [1957] RPC 369 at 379.

〔3〕 See Tivo Inc. v. Vivo International Corporation Pty. Ltd. [2012] FCA 252, paragraph 238.

〔4〕 PB Foods Ltd. v. Malanda Dairy Foods Ltd. [1999] FCA 1602, paragraph 69.

如下事项时,《商标条例》第12条(拒绝登记的相对理由)不能阻止商标登记:(a)申请商标与在先商标或其他在先权利具有善意共存使用情形;(b)或者因其他特殊情况,商标注册是合理的。(2)根据或者凭借前款获得注册的商标应该受到注册官或法院认为适合施加的限制或条件的约束。(3)本条款不能阻止注册官根据第11条(拒绝注册的绝对理由)的任何理由拒绝商标注册。

2010年香港高等法院在周生生商标案中提出,《商标条例》第13条第1款(a)项分为两个阶段的考量:(1)争议标志以及之前的商标是否存在善意共存的使用。(2)如果答案是肯定的,在考虑包括公共利益在内的所有因素之后,尽管争议商标在相关商品或服务上的使用可能导致相关公众混淆,注册官是否应行使自由裁量权接受商标注册申请。第一阶段的善意共存使用是一个事实问题,关键要查明“使用、共同使用以及善意的共同使用”,这里的“使用”必须是将争议的标志作为商标使用。第二阶段的中心是考察公共利益、混淆可能性等所有因素。[1]

4. 美国

美国法上的商标善意共存原则肇始于1916年最高法院审理的蒂罗斯案,[2]“善意和远方使用”自此案成为善意共存原则的构成要素,商标的地域性也成为这一原则的观念基础(以下简称蒂罗斯规则)。“各方在同一市场竞争性使用相同商标的普通案件中,运用在先使用解决问题是正确的。但当双方独立地在相同种类的商品上使用相同商标且各自经营的市场相去甚远时,在先使用问题在法律上变得无关紧要,除非最起码看起来,后使用人在选取该商标时出于有害先使用人利益的图谋,如从他人商品的声誉获利、阻碍他人贸易的扩

---

〔1〕 C. S. S. Jewellery Company Limited v. The Registrar of Trade Marks, HCMP 2602/2008, paragraphs 35 – 38.

〔2〕 严格意义上说,1894年的健康女神案是美国善意共存的最早案件,但健康女神案仅涉及共存协议的处理,本书讨论的善意共存原则严格继承普通法上的含义和案件背景,故而将蒂罗斯案称为美国首案。

展。"[1]"这不是说,商标的所有者可以独占其商品从未到达或并非商标指示的商品市场。我们同意下级法院的观点:因为要保护的是贸易而非商标,商标并不认可省或州或国家的地域限制,而只认可由于商标使用被广为人知和其指示的商品所扩张到的任何市场。但是商标不可能来到无此标记的商品市场或无商人提供该商品的市场。"[2]

但是,1946 年《蓝能法》为联邦注册的商标赋予全国性的效力,这在一定程度上限制了蒂罗斯规则的适用,因为只要完成联邦商标注册,即推定全国范围内的第三人知晓该注册商标,后使用人则不得再主张善意。更为重要的是,蒂罗斯规则的观念基础已不复存在。然而,《蓝能法》的立法目的显然并非废除善意共存原则,恰恰相反,该法第 2 条(d)款还将商标善意共存原则法典化:"……两人以上因注册申请提交之前共同合法使用同一商标而有权使用该商标,及注册官或法院认为,依其使用的方式或地域或商品等条件和限制,继续使用该商标不会产生混淆、误认或欺诈,则可对这些当事人的相同或近似商标进行共同注册,同时规定上述条件和限制。注册官还可依据法院关于两人以上有权在商业中使用相同或近似商标的最终裁定进行共同注册,同时规定上述条件和限制。"

---

[1] Hanover Star Milling Co. v. Metcalf, 240 U. S. 403, 415 (1916).

[2] Hanover Star Milling Co. v. Metcalf, 240 U. S. 403, 416 (1916).

四、商标善意共存的基础

(一)商标善意共存的构成

根据我国《商标法》第52条第1项的规定,注册商标专用权人有权禁止他人在相同或类似商品上使用相同或近似商标。在鳄鱼商标案中,法国鳄鱼注册在先,新加坡国际鳄鱼公司将"新加坡鳄鱼商标"使用在类似商品上,且根据传统的商标近似判断方法,可以认定两个商标构成近似从而新加坡国际鳄鱼公司构成商标侵权。根据我国《商标法》第31条的规定,在鸭王商标案中,北京鸭王对商标的使用在先且已形成一定影响,根据"不正当手段"的传统判定方法,"'不正当手段'主要体现在对恶意的要求上,即知道他人有在先未注册商标而有意将其在先注册和据为己有"。[1] 可以认为上海鸭王知道北京鸭王的在先存在从而构成"不正当手段抢先注册"。

鳄鱼商标案和鸭王商标案的裁判结果并未因循以上传统的认知和观点,虽然两案仍然依据《商标法》第52条和第31条处理,两案还均立足于"混淆可能性"这一弹性(或不确定性)概念,但具体裁判过程中的"善意、长期使用的历史和共存的客观格局"以及"各自的消费群体"决定性地影响了裁判结果的形成,从而决定了商标的共存。散列通商标案与张小泉商标案判决也是如此。在这些判决中,法院特别强调应当容忍一定程度的混淆,让市场去作出区分。

由此可见,这种案件虽是一种特殊案件类型,但已经形成一种固

---

〔1〕 孔祥俊:《商标与不正当竞争法——原理和判例》,法律出版社2009年版,第108页。

定的裁判模式，司法实践中称之为"商标善意共存"或"历史、公平和现状"的裁判模式。最高法院在相关司法政策中指出："对于使用时间较长、已建立较高市场声誉和形成相关公众群体的诉争商标，应当准确把握商标法有关保护在先商业标志权益与维护市场秩序相协调的立法精神，充分尊重相关公众已在客观上将相关商业标志区别开来的市场实际，注重维护已经形成和稳定的市场秩序。"[1]"在商标领域，要尽量划清商标之间的界限，为知名品牌的发展留足空间，要根据商标的知名度和显著性，合理确定其禁止权的范围和强度，但在非常特殊的情况下，还需要考虑历史、现状和公平因素，允许商标的善意共存。"[2]

从上举各国的商标法规定看，商标权人均具有禁止他人未经许可在相同或类似商品或服务上使用相同或近似商标的权利，注册官应拒绝他人在相同或类似商品或服务申请注册相同或近似商标，在商标侵权案件中商标权人则可获得法院禁令。普通法下的善意共存原则提供了一个例外：只要存在商标善意共存的情形，注册官或法院可依自由裁量给予注册或不颁发禁令。比较有意思的是，普通法系的英国分支（或称英联邦）和美国分支在判断善意共存原则的成立时具有不同的考量因素或构成要件：前者列出非穷尽性、但极具代表性的五个因素，商标混淆检验是其中一环；[3]后者则将"善意和远方使用"作为构成要件。我国和欧洲法院则均阐述"善意采用商标、长期使用历史、客观共存的格局"作为善意共存的要素。可见，"善意"和"长期使用"的因素作为该原则的构成应无疑义。有疑问的是，这两个因素与混淆可能性的关系如何，是作为对后者的替代还是对后者的解释？

---

〔1〕 最高人民法院《关于审理商标授权确权行政案件若干问题的意见》第1条。

〔2〕 孔祥俊：《在全国法院知识产权审判工作座谈会上的总结讲话》，2011年11月29日。

〔3〕 从现代商标法看，实际混淆是混淆可能性检验的一个考量因素，因此，本书统称为混淆可能性检验。

(二)善意共存与混淆可能性

英联邦国家的案件,一般都认为,商标善意共存原则意味着容忍一定程度的市场混淆。在善意共存原则的一个标志性案件中,英国法官指出,善意共存使用例外之存在表明对一定程度混淆之容忍。[1]“善意共存使用原则意味着应容忍市场中一定程度的混淆。使用商标可能欺诈或导致混淆的单纯事实,不必然足以支持禁止此种使用的禁令。”[2]由商标共存使用引起的混淆可能性不是特别高,只要一个商标指向昂贵和高级市场的产品,而另一个商标则指向普通公众享有的不昂贵产品。[3] 换言之,如果市场混淆足够强大,善意共存原则则无法成立。

我国鳄鱼商标案的裁判理由体现了类似的观点,“是否足以产生市场混淆作为认定商标近似的重要考量因素,主要是要求相关标识具有不产生市场混淆的较大可能性,并不要求达到任何人在任何情况下均绝对不会误认的程度”。欧洲法院的百威商标案虽从商标功能角度论述,得出善意共存情形不会消极影响商标的来源保障功能,既然商标的来源保障功能不受减损,不难得出,此种情形亦不可能发生市场混淆。可见,我国和欧洲法院通过三要素来论述善意共存的成立,但最终的结论均为市场混淆能否成立。

美国1959年发生的甜甜圈案也提出了一个注脚,该案表明,所有问题的回答还是要回到混淆可能性的标准上来。“如果注册商标所有人和未经授权使用者对于商标的使用限定于两个足够独立及地理上分割的市场上,同时注册商标所有人也没有可能将其使用行为扩展到被告的市场领域,那么公众混淆就不可能产生。所以注册商标所有人无权禁止后来的使用者使用该商标……我们注意到尽管原告在罗

---

〔1〕 In Re Alex Pirie & Sons Ltd's Application (1932) 49 RPC 195 at 206.

〔2〕 New South Wales Dairy Corporation v. Murray Goulburn Co-Operative Company Ltd. (1990) 171 CLR 363, at 405 – 406.

〔3〕 Jean Patou Parfumeur v. Crisena Corp Pty. Ltd. (1990) 20 IPR 660 at 664 – 665.

切斯特从事批发生意，但其花费了三年的时间才获知被告使用了其商标并提起了诉讼。这个强烈的信号暗示在以下行为中没有公众混淆的产生——地理上完全分割的贸易领域内在零售层面的商标同时使用行为以及同一地区的零售和批发这两个不同的市场层面的同时使用行为。"[1]

本质意义上看，"远方使用"为商标使用的地域特征，"客观的市场格局"和"远方市场的消极懈怠"则为商标使用现状和规模的描述，普通法的两大分支以及中国、欧盟关于善意共存原则构成要素的阐述均可回归至"善意和使用"这两大构成上。因此，"采用商标的善意、使用商标的时间、地域和规模"是善意共存原则的核心构成，但混淆可能性检验制约商标善意共存原则的适用，在论述善意共存构成的要素时，最终目的仍在于检验和判断是否存在较大可能的市场混淆，混淆可能性仍然是给予商标注册或颁发禁令的终极标准。

应该解释的是，商标善意共存中的"长期使用"应该是指五年以上的使用。《巴黎公约》第6条第5款C规定："在决定一个商标是否应受保护时，应考量所有的事实因素，尤其是商标已经使用的时间长短。"应该强调的是，善意共存原则是一种特殊情形，如果不对适用条件进行严格把握，可能会对商标注册制度造成冲击。我国《商标法》第41条规定了"五年"撤销期限，如果在先注册的商标权人五年内未提出撤销请求，一方面将丧失撤销权，另一方面也可被解释为英美衡平法上的懈怠，在后商标使用人因长期善意公开使用商标的事实而产生了一种对事实的信任。

美国联邦第二巡回上诉法院就在美国甜甜圈案中也适用了衡平法中的懈怠理论解决贸易扩展问题，后使用人当前虽可在其地域范围内使用商标，但注册商标权利人能否将其商业推广到该领域或许可第三人在该领域使用商标？如前所述，原告在远方市场长期的消极懈怠为本案善意共存原则的适用提供了空间，善意共存原则的适用则为被告在原有地域中的商誉提供了避风港，后使用人仍可在原地域范围使

[1] Dawn Donut Co. v. Hart's Food Stores, Inc., 267 F. 2d 358, 364 (1959).

用商标。“考虑原告的不作为——在将近 30 年的时间里既未通过对零售买家直接做广告也未通过授权许可他人开展零售业务进而将其商标使用拓展至被告的贸易领域,没有合理理由期待原告会将其零售业务拓展到被告的贸易领域。”[1]由此可见,判断商标善意共存的标准仍为混淆可能性,认定是否具有混淆可能性,也仍然适用多因素检验法,但主观善意、远方使用以及使用时间是更需要考量的因素。

[1] Dawn Donut Co. v. Hart's Food Stores, Inc. ,267 F. 2d 358,365 (1959).

五、商标使用抗辩与商标共存

依前文所述，基于商标抗辩而形成的商标共存是一种法定的商标共存，而从共存各方使用（或注册）商标的时间先后看，这种抗辩必然包括商标的在先使用抗辩和商标的在后使用抗辩。在实行商标注册制度的国家，商标在后使用抗辩似乎在理论上不可能，但司法实践中却出现了在后使用商标的主体与在先注册商标的主体共存于市场的情形。能否认为这就是我国司法实践中的在后使用抗辩，恐怕还需要斟酌，但其作为商标共存的一种类型却应无太大疑问。为写作上的方便，本书仍然使用“在后使用抗辩”这一称谓。

（一）商标使用抗辩的中美法律规定

共存状态下的相同或相似商标，必定存在何者在先使用或在先注册的问题。从商标使用的时间先后来考虑，假定共存当事人均为善意选择并使用商标，则存在被告善意在先使用和善意在后使用两种情况。商标在这两种情况下能否共存，涉及被告能否有效主张商标善意在先使用抗辩和善意在后使用抗辩。我国《商标法》未明确规定，因此，这两种抗辩在我国《商标法》中均不存在适用的余地。为对两者加以区分和解释，本书借用了美国《蓝能法》[1]第15条规定的在先使用抗辩和第33(b)(5)条规定的在后使用抗辩。

1. 美国商标法关于商标使用抗辩的规定

《蓝能法》第33(b)(5)条规定：被控侵权的一方当事人在不知情

---

〔1〕 国内大多数学者将美国商标法（The Lanham Act）翻译成《兰哈姆法》，本书根据 The Lanham Act 的英文发音译成《蓝能法》。

注册人的在先使用情形下选择商标,以及此人或与其有私人关系之人(in privity with)在下述日期之前对商标的持续性使用可确立抗辩或缺陷(defect):(A)根据第7(c)条确立的推定使用之日;(B)商标注册之日,如果此注册申请在1988年商标法修正案生效之日前提交的;(C)根据第12(c)条规定的注册商标公开之日。但是,此项抗辩或缺陷应当仅能在已证明的在先持续性使用地域范围内适用。

上述规定表明,此项抗辩只能适用于原告注册商标之前发生的被告对商标的使用行为。对于上述抗辩的适用要件,"制定法的语言表明以及法院持续性地认为,此项抗辩包括四个要件:(1)被控侵权人在缺乏实际或推定知情注册人的在先使用情况下选择商标;(2)被控侵权人(或有私人关系之人)持续性使用商标;(3)被控侵权人在他人提交联邦商标申请之前选择商标;(4)被控侵权人在已证明在先持续性使用的地理区域内使用商标"。[1]

但是,这一在先使用抗辩必须与《蓝能法》第15条规定的在先使用例外相区分。《蓝能法》第15条规定了联邦注册五年的不可争辩例外:除非登记在主登记簿上的商标使用侵犯了一项通过在此注册商标注册之前就持续性使用商标或商号而建立的合法权利。"简言之,第15条适用的场合是,被告是先使用人,已经首先在全国范围内使用商标,原告是后使用人但却注册在先。相反,第33(b)(5)条的适用场合是,被告在原告首次使用商标之后、原告注册商标之前选择商标。"[2]

2. 我国商标法关于商标使用抗辩的规定

我国《商标法》第31条规定,申请商标注册不得损害他人现有的在先权利,也不得以不正当手段抢先注册他人已经使用并有一定影响的商标。本条后半句能否发展成为商标的在先使用抗辩?我国湖北一家地方法院在"杜家鸡"案中明确持否定态度,审理法官认为:"根据《商标法》保护注册商标注册人专用权的规定和维护市场统一秩序

[1] Anne Gilson LaLonde, Gilson on Trademarks, LexisNexis2011, §11.08[3][e].

[2] Id, at §11.08[3][e][iii].

的立法精神，被告在先、善意使用并不足以成为对抗他人注册商标专用权的不侵权抗辩事由。另外，原、被告双方的经营地点虽分处不同省份，但从注册商标全国范围的地域效力和原告经营扩展的可能性而言，被告对‘杜家鸡’商标的使用仍具发生混淆误认的可能性。同时，因原、被告从事相同服务，根据在相同商品或服务上使用与他人注册商标相同的商标不以混淆为要件的侵权判断原则，被告的使用行为构成商标侵权。”〔1〕

近几年，我国商标理论界对未注册商标的保护进行了深入的探讨，主流意见认为应加强对未注册商标的保护，并提出了“商标先使用权”的概念：“在先使用人继续使用商标不侵权是从限制注册商标专用权的角度谈商标在先使用的效果问题，商标在先使用人可以商标使用在先来对抗在后注册的商标专用权人。”“时至今日，关于商标先使用权的确立问题似已无讨论之必要，唯一需要明确的是在什么情况下认可什么范围内的商标先使用权，也即商标先使用权行使的条件……分歧点在于，是否要求在先使用的商标在商标注册前已经产生了一定的影响，以及如何理解‘在原有范围内继续使用商标’。”〔2〕

2011 年，最高人民法院《关于充分发挥知识产权审判职能作用推动社会主义文化大发展大繁荣和促进经济自主协调发展若干问题的意见》第 22 条规定，以不正当手段抢注他人已经使用并有一定影响的商标，被诉侵权的在先商标使用人以此为由提出抗辩的，应当予以支持。这一规定虽然明确了善意在先商标使用人的抗辩（暂且称为我国商标法上的善意在先抗辩），但在先使用人还需证明原告“以不正当手段抢注”以及自己的商标“有一定影响”。因此，我国商标法实际

---

〔1〕 吴燕颐、江文：“商标侵权案件的侵权认定——杜家鸡商标侵权纠纷案评析”，载《科技与法律》2011 年第 1 期。

〔2〕 杜颖：“在先使用的未注册商标保护论纲——兼评商标法第三次修订”，载《法学家》2009 年第 3 期。还可参见王莲峰：“我国商标权限制制度的构建——兼谈《商标法》的第三次修订”，载《法学》2006 年第 11 期；汪泽：“论商标在先使用权”，载《法商研究》2002 年第 6 期；苏启云：“在先使用未注册商标的法律保护”，载《现代法学》1998 年第 5 期。

还没有成熟(或独立)的善意在先抗辩。

但是,最高法院在司法政策中专门提出在先商标使用人抗辩,应当认为出发点是为了缓和此抗辩的适用条件。这一目的也可以在全国人大初次审议的《商标法修正案(草案)》第 34 条中看到,“商标注册人申请商标注册前,他人已经在同一种商品或者类似商品上使用与注册商标相同或者近似的商标的,注册商标专用权人无权禁止该使用人在原使用范围内继续使用该商标,但可以要求其附加适当区别标识。”因此,在发展趋势上,善意在先使用抗辩的独立适用应该是可以期待的。

(二)在后使用与商标共存

由上可知,美国《蓝能法》第 15 条和第 33(b)(5)条虽然都可称为“善意在先抗辩”,但实质上仍有不同,第 15 条规定的是在先使用例外,后者规定的是在后使用抗辩。我国《商标法》第 31 条后半句规定的善意在先抗辩同美国《蓝能法》第 15 条,均是指被告对商标的使用在先但原告对商标的注册在先。

美国《蓝能法》第 33(b)(5)条所解决的就是被告对商标在后使用,但在原告注册商标之前的使用抗辩问题,如果以原告的使用为标准,这种抗辩可以称为善意在后抗辩。很明显,即使在美国,善意在后抗辩的有效主张必须以“被告使用行为在原告的商标注册之前”为条件,这一规定的依据是商标注册的推定通知效力,一旦原告在联邦政府注册商标便推定任何人知晓此商标已被他人使用,被告便不可援引“善意在后”而行使抗辩。

既然被告的善意在先使用抗辩在我国都不成熟或尚未独立,遑论被告的善意在后使用抗辩?善意在先使用抗辩和善意在后使用抗辩是否有存在的空间和独立的适用价值?仅仅就美国法的比较而言,美国善意在先使用抗辩的独立适用比较成熟,善意在后使用抗辩则附有时间上的限制条件。在理论上,无论商标善意在先使用抗辩还是善意在后使用抗辩,法律所关注的均是“善意”和“持续性使用”两个要件,这恰恰是适用商标善意共存的两个条件。

从我国现有《商标法》的法条规定看,商标善意在先使用抗辩和善意在后使用抗辩均不可独立适用和主张。但在司法实践中,依据商标法原理、利用商标法上的弹性条款保护商标使用人商誉(这里包括在先使用人和在后使用人)的案件,却已经出现,这体现了司法的先行和实用主义的裁判理念。既然商誉是商标司法保护的灵魂,则无论商标在先使用还是在后使用,只要使用人基于善意长期使用商标,法律就不能对此商标中的利益熟视无睹。江苏省高院终审的“自由鸟”商标案终于开了保护商标善意在后使用的先河,从适用条件上分析,将此案认为是适用商标善意共存的案件,并无不可。

在江苏省高院终审的“自由鸟”商标纠纷案中,法院的意见再次体现了商标保护的本质,从而使商标在后使用抗辩成为可能。1991年12月30日,瓯海县藤桥服装鞋革三厂申请注册了“自由鸟”文字及图商标,之后,广东自由鸟公司受让了该商标。江苏连云港新浦区的自由鸟衣饰店在1996年登记成立,2007年9月之后,自由鸟衣饰店变更为连云港自由鸟公司。广东自由鸟公司于2008年进入连云港市场之后,与连云港自由鸟未注册商标发生了权利冲突。在本案中,法院以混淆可能性为判断基点,以善意长期使用为论证理由,以保护先使用人长期使用形成的商誉为政策导向,认为“连云港自由鸟在登记使用‘自由鸟’字号时并不具有攀附‘自由鸟’商标声誉的主观故意……在长达十多年的经营过程中,连云港自由鸟公司一直系出于正常的营业需要正当善意地使用‘自由鸟’字号,且在当地已经积累了一定的商誉”。相反,“假如绝对地以在先商标权人广东自由鸟公司的利益作为唯一的衡量因素,认定连云港自由鸟公司及其前身新浦区自由鸟衣饰店已经使用十多年字号的行为构成商标侵权,将会给连云港自由鸟公司的正当权益及其已经累积的商誉造成不当损害,这对连云港自由鸟公司明显不公平。”[1]

在江苏省高院审理的“自由鸟”商标纠纷案中,连云港自由鸟对“自由鸟”字号的使用时间后于广东自由鸟对“自由鸟”商标的使用时

---

〔1〕 江苏省高级人民法院(2009)苏民三终字第0009号民事判决书。

间和注册时间,即使在美国,这一事实也显然无法适用《蓝能法》第 33(b)(5)条,更何况在我国商标法体系下。正如江苏省高院的判词所述,作出这一判决的利益考量是保护连云港自由鸟连续十多年对字号的善意使用行为和由此产生的商誉。

江苏省高院的此判决有两个突破:第一,尽管广东自由鸟已经在先注册"自由鸟"商标,但不能就此否定后使用人的"善意",很明显,该判决采取了"攀附商誉的主观故意"作为判定"善意与否"的标准,而并非美国《蓝能法》第 33(b)(5)条所采纳的"知情"标准;第二,这一判决的立足点是混淆可能性,判决依据是《商标法》第 52 条第 5 项、最高人民法院《关于审理商标民事纠纷案件适用法律若干题目的解释》第 1 条第 1 项,换言之,江苏省高院通过适用"混淆可能性"这一弹性条款支持了在后使用字号的连云港公司在本地域范围的继续使用。"在判定字号权与商标权的冲突是否构成商标侵权时,除了考虑企业的字号与商标是否构成相同或近似、企业的字号是否突出使用在相同或者类似的商品或服务上之外,企业字号的使用是否在客观上轻易导致相关公众产生混淆也是重要的标准。就本案而言,本院以为,连云港自由鸟公司使用'自由鸟'字号的行为不会在客观上导致相关公众产生混淆,因此不构成商标侵权。"[1]

此时再看我国最高人民法院的鳄鱼商标案和鸭王商标案,实际上均为此种情形,这些案件的历史因素不是很强,法院立足于混淆可能性,通过适用"善意"、"长期使用的历史"、"已经形成的客观市场格局"等因素,事实上和客观上使在后商标使用人得以对抗在先商标注册权利人,这能否称为商标在后使用抗辩确实还值得研究。

欧洲法院的百威商标案通过对商标一号指令第 4 条和第 5 条的解释,使商标善意共存原则成为一种正当事由,我国的鳄鱼商标案同样达到了这种效果。在此意义上,善意共存原则为保护商标使用人(包括在后使用人)的商誉提供了避风港。先使用人可以基于善意长期使用在其原地域范围内继续使用商标。在我国《商标法》下,商标

---

〔1〕 江苏省高级人民法院(2009)苏民三终字第 0009 号民事判决书。

先使用抗辩必须符合第 31 条后段之规定,即只有满足注册商标权利人以不正当手段抢注、先使用商标有一定影响的条件,先使用抗辩才能得到支持。但本书提出的善意共存原则为商标的先使用人提供了另一种抗辩可能。

六、商标善意共存的适用难题（一）：远方市场

当代美国学者对商标善意共存原则的适用多有批判,论者多认为适用商标善意共存原则的历史背景早已不存在,科技迅猛发展、商业模式的更新以及注册制度的引进,使该原则适用的地理因素(远方使用)和主观因素(注册推定效果)都已不复存在。[1] 但与此同时,商标法上的主观善意及远方市场之争论,表明该原则仍有较大的适用空间。在我国,商标注册行为,在性质上是一种授权行为,一经注册则授予注册人在全国范围内的商标权,法律为商标权人预留空间。理论上,远方善意在后使用行为均应被认定为商标侵权行为,但实践中仍有不同审判观点。此外,关于远方市场和主观善意的研究,可进一步认识因商标使用所产生的纠纷。本节主要研究现代商标法的远方市场问题,下节研究现代商标法中的主观善意问题。

(一)争议

商标善意共存原则的适用客观上为商标在后使用人创设了一个

---

〔1〕 See Robert Nupp, *Concurrent Use of Trademarks on the Internet: Reconciling the Concept of Geographically Delimited Trademarks with the Reality of the Internet*, 64 Ohio St. L. J. 617 (2003). Mary Moreno, *One of These Things is not Like the Others: Concurrent Use, Assignment, and Licensing of Trademarks*, 19 JCLI 194. David S. Barrett, *The Future of the Concurrent Use of Trademarks Doctrine in the Information Age*, 23 Hastings Comm/Ent L. J. 687. Benjamin Prevas, Xiaoyong Yue, *Digital Turf Wars: Issues and Solutions Relating to Concurrent Use in a Cyberspace Context*, 9 Wake Forest Intell. Prop. L. J. 177. David S. Welkowitz, *The Problem of Concurrent Use of Trademarks: An Old/New Proposal*, 28 U. Rich. L. Rev. 315.

地域性权利。普通法上的商标善意共存原则以远方市场为要件，但《蓝能法》第33(b)(5)条规定的商标善意在后抗辩并无“远方市场”的要求，只是规定必须在其“已经证明在先使用的地域范围内”行使抗辩。美国第四巡回上诉法院认为，“善意远方使用原则的制定法文本，被《蓝能法》吸收为针对不可争辩的注册商标所有人的抗辩，不同于普通法上的文本。例如，《蓝能法》似乎已经移除此项抗辩的‘远方市场’要件”。[1]

这一地域性权利的范围界定意义重大，但却难以划定。问题主要来自两方面：第一，如何认定被告提出的“商业扩展区域”？换言之，被告提出其虽然持续性地在特定区域内使用商标，但由于其商誉的溢出效应或商业扩展计划，被告的商誉已经不限于此特定区域内，因此，被告主张在其“商业扩展区域”行使商标在后抗辩，法院能否支持？第二，如何认定电子商务环境中的“远方市场”或“特定地理区域”？善意共存原则是一个古老的商标法原则，其产生的历史背景和条件已大不同于今，网络技术的发展使商业运作和交易模式发生了很大变化，“网络无边界”，电子商务环境考验着区域性权利的认定。

(二)商业扩展区域的认定

1. 实际商誉范围

界定商业扩展区域的第一步，是确定被告持续进行商标使用的区域(贸易领域)，这是被告实际使用产生商誉的地理范围。不少美国学者和法官认为，这个问题的关键是确定在某领域内特定商标与特定商业之间是否建立了联系。有学者就认为：“确定A在特定区域内是否享有权利的一个基本问题就是，确定该领域内是否有足够的消费者认识其商标并与A联系起来，以至于他人使用相同或混淆性相似的

---

〔1〕 Emergency One, Inc. v. American Fire Eagle Engine Co., 332 F. 3d 264, 272 n. 4 (4th Cir. 2003).

商标会误导消费者……这一市场领域的恰当名称是实际商誉区域。"[1]美国密歇根东区法院也有法官认为:"贸易领域是人们已经将一服务商标与特定商业建立了联系的区域,以至于如果有人未经授权在此领域使用商标就会导致混淆的产生。"[2]

实际商誉范围的认定需要考察行为人持续性的商业活动,包括相关商品或服务的销售量。《美国反不正当竞争法重述》(第三版)第19条(评论b)指出,"为在某一区域内确立商标的在先使用,在先使用人必须在最低意义上证明发生在该区域内正常商业活动中的一定程度使用,这种使用应足以确立第18条规定的商标权……小额或象征性的使用被认为过于微量。在认定在先使用人的使用范围时,应当考量该区域内的销售数量和金额、顾客的数量、销售类型以及其他因素……与使用人广告和其他促销活动的性质和程度、目录单和招揽的地理分布、来自消费者的订单和询问的地理来源、标有使用人商标的商品的地理分布、使用人的顾客的特点以及该区域潜在消费者的证词等等相关证据。"

在我国商标司法实践中,一个未注册商标(包括《商标法》第31条规定的"有一定影响的商标"以及《反不正当竞争法》第5条规定的"知名商品特有的名称、包装和装潢")在何种条件下才能被法律承认具有财产利益而受到法律保护(以及应在何种范围和程度上受到保护),法院通常需要考察此未注册商标的使用情况,"知名度"和"显著性"是这一认定的关键因素。"知名度"通常是指商业标记的市场声誉及消费者的认知度,"显著性"则指消费者将商业标记与使用人建立联系的程度。

以"知名度"的认定为例,在"三九酿与江口醇仿冒纠纷案"中,最高人民法院认为:商品特有名称、包装、装潢的实际使用及其具有知名

---

[1] Robert Nupp, *Concurrent Use of Trademark on the Internet: Reconciling the Concept of Geographically Delimited Trademarks with the Reality of the Internet*, 64 Ohio St. L. J. 617, 630.

[2] All Video Inc. v. Hollywood Ent. Corp., 929 F. Supp. 262, 266 (E. D. Mich. 1996).

度,是受到《反不正当竞争法》保护的法定要件……原审法院综合考虑江口醇公司长期的广告投入、商品和企业获得的商业荣誉及请求保护的商品在全国范围内被仿冒等综合因素,认定诸葛酿酒为知名商品并无不当。[1]

我国司法实践在显著性的认定上,已经类型化为四种案件:(1)描述性标识只有通过"第二含义"获得显著性,才能受到法律保护。[2] (2)具有固有显著性即可受保护。通常可借用版权法下的独创性来判断固有显著性。[3] (3)具有固有显著性,经过持续使用之后具有较强的显著性。[4] (4)经使用丧失显著性,成为通用名称后无法受到保护,最高法院在"84 消毒液仿冒纠纷"案中对"84 消毒液"的认定即为一例。[5] 这些方法应也可用于认定实际商誉的覆盖地域。

2. 可能(自然)扩展的区域

在实际商誉范围之外,则需认定被告尚未实际使用,但却由于商品的被动使用或被告计划中的商业扩展区域,这被称为可能或自然扩展区域。根据可能扩展区域原则,只要被告证明其商业在自然状态下存在可能扩展的区域,则其可在该区域中提出有效的善意在后使用抗辩。美国第四巡回上诉法院在前述 Emergency 案件中谈道:"本院已经在先例中认可,为确立普通法商标权之目的的使用领域可不仅包括实际使用商标的地理范围,而且还包括商标的使用可能扩展但尚未扩展的领域。"[6]

美国法院在认定"可能扩展的区域"时通常借助的因素有:(1)商标实际使用区域到扩展区域边界的地理距离;(2)商业的性质,其是否已经拥有较大的实际商誉区域;(3)过去的商业扩展历史,是否已

---

[1] 参见最高人民法院(2008)民申字第 1084 号民事判决书。

[2] 最高人民法院(2011)民提字第 60 号民事判决书。

[3] 最高人民法院(2011)民提字第 60 号民事判决书。

[4] 参见最高人民法院(2009)民三监字第 15-1 号民事判决书。

[5] 参见最高人民法院(2002)民三终字第 1 号民事判决书。

[6] Emergency One, Inc. v. American Fire Eagle Engine Co., 332 F. 3d 264, at 268 n. 2 (4th Cir. 2003).

经沉寂多年还是处于持续性扩展状态,到达所主张的可能扩展区域需要的时间;(4)从实际商誉区域到主张的可能扩展区域,是一个需要跳跃的步骤还是一个符合逻辑、渐进的步骤。[1]

但是,由于"可能扩展"这一概念具有较大的不确定性,美国法院常称之为"法律的虚构词"(a legal fiction),法院对可能扩展原则的适用极为狭窄且质疑该原则的效力。[2] 第一巡回上诉法院就认为:"仅仅因为善意使用人占据了远方的先使用人扩展的地域就惩罚这些善意使用人,这对未免难以置信、不公平,且在现代制定法保护的背景下,完全没有必要。这一原则将远方在先使用人在将来扩展中的无形和未注册利益置于在后使用人的实际和善意使用之上。在界定商业的'自然扩展路径'显而易见的实际困难之外,这一原则(自然扩展原则)还将使商标所有人垄断其尚未到达的市场。"[3]

在我国司法实践中,可能扩展区域原则无法得到支持。即使被告能证明其商业扩展计划,但只要其尚未在某区域实际使用商标,或者由于消费者携带商品至某区域及其他原因,使被告的商标在某区域被动使用,都无法产生受法律保护的权益。我国商标使用要求主动和实际使用。如最高法院在"索爱"商标纠纷案中指出:"本案中的争议商标'索爱',无论是作为未注册商标的简称,还是作为企业名称或知名商品特有名称的简称,其受法律保护的前提是,对该标识主张权利的人必须有实际使用该标识的行为,且该标识已能够识别其商品来源;在争议商标申请日前,索尼爱立信公司并无将争议商标作为其商业标识的意图和行为,相关媒体对其手机产品的相关报道不能为该公司创设受法律保护的民事权益。"[4]

---

〔1〕 See J. Thomas McCarthy, *McCarthy on Trademarks and Unfair Competition*, Fourth Edition, § 26:24.

〔2〕 See Anne Gilson LaLonde, *Gilson on Trademarks*, LexisNexis 2011, § 11.08 [3][e].

〔3〕 Raxton Corp. v. Anania Association, Inc., 635 F.2d 924, 930 (1st Cir. 1980).

〔4〕 最高人民法院(2010)知行字第48号民事判决书。

(三)从有形市场到网络市场

如上文所述,“远方市场”要件逐渐淡出了商标善意共存原则的构成,取而代之的是“特定地理区域”。讨论网络环境中的“地理区域”要件,首先需要明确的是,网络究竟只是一个纯粹的中立技术和经营者的一种营销方式,还是可以作为一个无形市场的载体?如果是前者,那么网络只不过是经营者的一种广告宣传方式,对“特定地理区域”的理解只需固守有形市场的认定,网络宣传不会对该要件产生影响;但如果认为网络本身就是一个无形市场的载体,在网络环境中对商标的使用就会同样在特定消费群体中产生认知度和商誉,从而使善意共存原则在网络环境中的适用成为可能。

网络不仅使传统商业宣传和营销方式得到了丰富,而且确实改变了传统商事交易的模式。由于其具有便捷性和消费群体的广泛性,网络成为各路商业经营者争先抢占的前沿阵地,商业实践中已经成为一个经营者必须考虑的无形市场,不少著名的经营者甚至仅仅在网络环境下从事商品或服务的提供,如淘宝提供的商品交易服务、Google 公司的 Google Play 仅仅通过网络销售智能手机或平板电脑等。

因此,应当将网络视为一个无形市场的载体,在此基础上讨论“特定地理区域”的适用问题。在网络环境中,虽然不存在物理性地理区域的概念,但是经营者通过在网络环境中对商标的使用也可以在商标与特定消费者群体之间建立起联系,经营者在这无形市场中必定也存在一个“影响区域”(或法律区域)。在这无形市场中,同样应适用传统商标法规则来认定使用人的实际商誉。

在网络环境中,法院同样可通过调查经营者商品的销售对象、销售量、销售额等认定特定消费者群体以及是否产生了权利。就网络宣传而言,所应关注的是“网站的维护和利用状况,因为维护网站并利用其与搜索引擎之间的关系——进而使其对网上冲浪者更有接触机会——是一项能获得可观资源的任务。网络广告的更直接方式,如购买‘方框广告’(banner)和‘跳出广告’(pop-up)以及对其他网站的深层链接,能产生更多资源。因此,网络广告对消费者认知规则的影响,与网络外的传统环境一样——消费者的认知与所投入的资源数量紧密相连”。[1] 因此,在判断是否存在商标使用行为时,网络服务器虽然在中国,但仍然可根据网络对美国等其他国家消费者的影响力(如订单状况)等,认定在美国等其他国家存在商标使用行为。

如果法院一旦认定被告在网络环境中的商标使用行为可能会导致消费者产生混淆,法院应该绝对禁止被告在网络上使用该商标,还是使用其他替代方式排除混淆的可能?如上文所述,网络空间的无界性,并非法律意义上的无界,如果绝对禁止被告通过网络渠道使用商标,实际上就否定了被告的网络无形市场。在这种情况下,应当参考传统商标侵权或不正当竞争责任方式中的“附加区别性标识”:“双方应当在各自网站上添加标识,标明各自不能进行销售的范围……更重要的是,法院可要求一个显著的陈述,否定双方之间的隶属关系以减轻消费者的混淆。此外,法院还可禁止任何一方在其网站上链接其拥有的另一个网站,以防止商业之间的交流。”[2]

---

〔1〕 See Robert Nupp, *Concurrent Use of Trademark on the Internet: Reconciling the Concept of Geographically Delimited Trademarks with the Reality of the Internet*, 64 Ohio St. L. J. 617, 633 – 634.

〔2〕 See Robert Nupp, *Concurrent Use of Trademark on the Internet: Reconciling the Concept of Geographically Delimited Trademarks with the Reality of the Internet*, 64 Ohio St. L. J. 617, at 654 – 655.

七、商标善意共存的适用难题（二）：主观善意

（一）争论

在 Tea Rose 一案中，法院对“善意”要件表达了两种相互矛盾的观点。联邦最高法院首先认为，后使用人基于善意采用商标，不知晓其他任何人正在使用或已经使用那些词语。[1] 联邦最高法院之后又指出：“除非第二个商标采用者基于故意损害先使用人利益的目的选择商标，如利用先使用人商品商誉的利益、阻止先使用人贸易的扩张等”，否则后使用人对商标的采用就是基于善意。[2] 非常明显，“不知晓”与“故意损害他人利益”不能等同，换言之，不能同时用于解释“善意”。联邦最高法院在一个案件中对同一个争点先后作出两种阐述，实在罕见。

同样矛盾的阐述还在地区法院的判决中存在：“为了获得这一例外原则的衡平法保护，后使用人必须基于善意而不知晓先使用人的商标，换言之，后使用人不具有从先使用人抄袭或获利的主观故意，并因此没有故意或合理期待的混淆。”[3] 司法观点在同一判决中的矛盾阐述体现了这一问题的争议性，总体而言，商标法实务界和理论界对善意共存原则中的“善意要件”存在两种观点上的分歧，本书称为“知情”说和“故意损害”说（或“攀附商誉”说）。

---

[1] Hanover Star Milling Co. v. Metcalf, 240 U. S. 403, 412 (1916).

[2] Id, at 415.

[3] Johanna Farms, Inc. v. Citrus Bowl, Inc. & Tropicana Products, Inc., 468 F. Supp. 866, 877 (E. D. N. Y. 1978).

麦卡锡教授认为,“知情”说是理论界和实务界的主流观点,“案例法和大多数论者认为,后使用人在关键日知晓先使用人的商标,这足以破坏‘善意’要件。这意味着,如果后使用人主观上知晓先使用人的商标,即使后使用人并无损害先使用人的主观故意,也不能认为存在‘善意’。”[1]但“知情”说也存在分歧,究竟应当限缩解释为“实际知情”,还是依文义解释为“实际知情或者应当知情”?如果“实际不知情”即指“善意”,这意味着商标先使用人必须实际通知后使用人关于该商标已被他人注册或使用才能破坏“善意”抗辩;反之,商标的注册即可推定后使用人知晓,或者后使用人只需付出较小的查询成本即可得知商标已被使用或注册,后使用人的“善意”抗辩则难受支持。如我国杜颖教授就认为:“通常情况只要证明商标注册人知晓就可成立主观恶意……知晓既包括知道,也包括应该知道。”[2]

案例法和论者中的少数观点采取“故意加害”说,后使用人单纯知晓先使用人的商标,这不能排除善意的可能,仅仅是认定“善意”的一个重要而有分量的证据。[3] 如第十巡回上诉法院在 GTE v. Williams 案中认为,“后使用人知晓他人对商标的使用当然可以推定恶意……但单纯知情不应关闭对‘善意’的进一步调查。最终的检验标准在于,后使用人是否具有获取先使用人名誉或商誉的故意”。[4] 再如第五巡回上诉法院在 Interests v. Califomia Pools 一案中阐述该院观点:“然而,本院未明确加入主流观点的行列,本院先例使用了一个相反的标准,即知情使用只不过是善意调查的一个因素。这种多因素检验标准正是地区法院教导陪审团的方法。”[5]

---

〔1〕 J. Thomas McCarthy, *McCarthy on Trademark and Unfair Competition*, Fourth Edition, § 26:9.

〔2〕 杜颖:“在先使用的未注册商标保护论纲——兼评商标法第三次修订”,载《法学家》2009 年第 3 期。

〔3〕 J. Thomas McCarthy, § 26:10.

〔4〕 GTE Corp. v. Williams, 904 F. 2d 536, 541 (10th Cir. 1990). cert. denied, 498 U. S. 998 (1990).

〔5〕 C. P. Interests, Inc. v. California Pools, Inc. , et al. , 238 F. 3d 690, 700 (5th Cir. 2001). Also see El Chico, Inc. v. El Chico Cafe, 214 F. 2d 721, 726 (5th Cir. 1954).

（二）挑战

1. 商标注册制度对适用"善意"要件的挑战

善意共存原则是英美法上一个比较古老的衡平法原则，在其产生之时还不存在商标注册制度。随着商标注册制度的引入，该原则的适用受到了挑战，对"善意"要件的解释和重新审视成为必要。在美国，较之于1905年《商标法》，1946年《蓝能法》赋予了注册商标更大的权利。"在缺乏制定法上的特别抗辩，或者缺乏注册本身缺陷的情况下，主注册簿上的商标所有人在全美拥有超级权利（superior rights）。这是指，无论注册人实际使用商标的地理范围，注册商标均可获得全国性保护。"[1]因此，商标一旦注册，便具有了推定通知效力，"涉及《蓝能法》下注册商标的案件均一致认为，普通法规则要求后使用人证明毫不知情，且制定法上的推定通知条款（constructive notice provision）可击破'善意'要件。"[2]

在我国，注册商标所有人同样在全国范围内享有商标专用权，商标一旦完成注册，便推定任何人应当知晓此商标的已注册状态。如深圳中院认为："本案中，某某公司请求保护的第143707某号'金某 + JI某DI某某'文字 + 字母商标，系经我国国家商标局核准注册的合法商标。商标一经核准注册便具有公示效力，全体社会公众均应予以尊重。涉案的'金某 + JI某DI某某'商标经由被上诉人多年经营，在我国制冷剂行业已累积一定的知名度，作为专营制冷剂类商品销售的上诉人，理应对此有所认知。"[3]如果对"善意"的认定采"应当知情说"，则被告无法针对注册商标权利人的商标侵权主张提出有效商标善意共存抗辩。

2. 网络环境对适用"善意"要件的挑战

由于网络在商业世界中的可接受程度越来越大以及通过网络方式搜索信息的重要性和便捷性，网络已经改变或正在改变权利义务的

---

〔1〕 J. Thomas McCarthy, §26:31.

〔2〕 J. Thomas McCarthy, §26:9.

〔3〕 广东省深圳市中级人民法院（2011）深中法知民终字第301号民事判决书。

分配方式。就善意的认定而言,后使用人在选择某商标之前只要稍作努力便可搜索出此商标的使用状态,如,此商标已被他人用作域名,则可认为后使用人具有“应当知情”的主观状态。在 Network v. CBS 一案中,原告 The Network Network 注册了 tnn. com 域名,法院认为:“无论被告何时发现原告已经注册了此域名,比较清楚的是,被告应当已经注意到网络、注册域名的实践以及以 TNN 开头的组织将在其网站上使用最为明显的域名的可能。”[1]

此外,虽然他人的域名与后使用人准备选择的商标不相同,但商标是域名的组成部分或者变形(组合);他人的网页内容或网络广告中已经使用商标,这些因素对后使用人的善意共存抗辩有何影响?有论者指出:“组合可能的数量使这种检索不太可能。假定科技允许后使用人检索每一种商标组合,可能会出现一个合理的标准。毕竟,商标越是普通,在一个检索中就越可能出现更多的域名组合。成百上千的域名检索结果数量太多而无法提供通知功能。”[2]就网络内容或网络广告中的商标而言,就更是如此。在一般情况下,因后使用人的搜索和甄别商标的成本太大,倘若后使用人需一一检索网络内容并甄别商标侵权可能性,则未免成本过高。

(三)我国商标与反不正当竞争法中的“恶意”分析

在商标与反不正当竞争法上,诸多制度的适用与行为人的主观故意紧密相关,逐一探讨这些制度中“主观故意”的具体含义,不太可能也无必要。基于商标侵权与不正当竞争的背景,本书选择商标混淆可能性分析、商标合理使用抗辩以及反不正当竞争法一般条款中的“主观故意”因素为对象,期望对商标善意共存原则中“善意”要件的认识有所帮助。

---

〔1〕 The Network Network v. CBS, Inc. ,54 U. S. P. Q. 2d 1150,1152,2000 WL 362016 (C. D. Cal. 2000).

〔2〕 David S. Barrett, *The future of the concurrent use of trademarks doctrine in the information age*, 23 Hastings Comm/Ent L. J. 687,710.

1. 商标混淆可能性分析中的主观故意因素

被告的主观故意并非商标侵权的构成要件,而是商标混淆可能性分析的一个因素。混淆的故意可能影响法院对混淆可能性的认定,在一些案件中,法院甚至认为可推定混淆性近似,"如果一方基于造成混淆的故意选择一个商标,这一事实足以推定混淆性近似"。[1] "当法院在商标侵权背景下检验被告的主观善意或恶意时,他们需要问被告是否意图通过造成消费者误认被告的商品系由原告生产或赞助而利用原告的商誉。这里的'故意'不仅指抄袭的故意,而且指将一人的商品仿冒成他人商品的故意。"[2]

由此可见,商标混淆可能性分析中的被告恶意是指"损害他人"的故意,在具体案件中则需要借助案件相关事实因素予以具体化。"法院从案件所有相关因素进行推导(是否存在故意侵权),诸如当被告选择商标时是否知情原告的商标;相关商标的相似度;抄袭或模仿原告商标、包装样式或设计因素的证据;与原告之间是否存在先前的商业或雇佣关系;被告对商标或包装之间相似进行解释的可信度。"[3]

在上述借以认定被告恶意的相关因素中,尤其应注意恶意与知情之间的关系。"被告在选择商标之前知情原告的商标,这不必然导致故意侵权的推论。"[4] 在 Savin Corp. v. Savin Group 一案中,上诉人(一审原告)指出地区法院在认定被上诉人(一审被告)的"善意"问题上存在可推翻的错误:"第一,Nivas 博士(被上诉人的创始人)知晓原告的产品和服务有近十年;第二,Savin Engineers 在选择和使用 SAVIN 作为商号之前从未进行搜索或调查;第三,Savin Engineers 在注册 the savingroup. com 和 savinengineers. com 域名之前已经知晓原

[1] General Motors Corp. v. Keystone Automotive Indus. , Inc. , 453 F. 3d 351, 357 (6th Cir. 2006).

[2] Anne Gilson LaLonde, *Gilson on Trademarks*, LexisNexis2011, §5.09[2].

[3] Anne Gilson LaLonde, *Gilson on Trademarks*, LexisNexis2011, §5.09[4].

[4] Anne Gilson LaLonde, *Gilson on Trademarks*, LexisNexis2011, §5.09[4].

告的 savin. com 域名。"[1]上诉法院首先指出,在分析善意因素时,需要考量被告选择商标的目的是否为利用原告的商誉和名誉以及利用与先使用人产品之间的混淆。"即使被告已经进行了商标检索,他们也只会发现 Savin 商标已经注册在复印机及相关设备上,他们没有理由认为在专业的工程服务上使用相同商标将构成侵权。在任何情况下,未能进行商标检索本身不能证明被告的恶意。同样,在先知情先使用人的商标不会与善意的认定相冲突。"[2]

2. 商标合理使用中的善意要件

我国《商标法实施条例》第 49 条规定了商标描述性合理使用制度:注册商标中含有的本商品的通用名称、图形、型号,或者直接表示商品的质量、主要原料、功能、用途、重量、数量及其他特点,或者含有地名,注册商标专用权人无权禁止他人正当使用。依文义解释,本条规定的描述性合理使用不以善意为必要。但商标法的司法实践依照该制度的目的解释,一般都将"善意"作为描述性合理使用(或正当使用)的要件。

如在宏宁公司与片仔癀公司侵犯商标专用权纠纷案中,最高人民法院认为,片仔癀是一种药品的名称,如果被控产品中含有片仔癀成分,生产者出于说明或客观描述商品特点的目的,以善意方式在必要的范围内予以标注,不会导致相关公众将其视为商标而导致来源混淆的,可以认定为正当使用。判断是否属于善意,是否必要,可以参考商业惯例等因素。宏宁公司如果是为了说明其产品中含有片仔癀成分,应当按照商业惯例以适当的方式予以标注,但是本案中,宏宁公司却是在其生产、销售商品的包装装潢的显著位置突出标明"片仔癀"、"PIEN TZE HUANG"字样,该标识明显大于宏宁公司自己的商标及其他标注,并且所采用的字体与片仔癀公司的注册商标基本一致。该种使用方式已经超出说明或客观描述商品而正当使用的界限,其主观上难谓善意,在片仔癀公司注册商标已经具有很高知名度的情况下,客观上可能造成相关公众产生对商品来源的混淆。宏宁公司关于其

---

[1] Savin Corp. v. Savin Group, 391 F. 3d 439, 460 (2d Cir. 2004).

[2] Savin Corp. v. Savin Group, 391 F. 3d 439, 460 (2d Cir. 2004).

属于正当使用的主张不能成立。[1]

美国《蓝能法》第33(b)(4)条规定了合理使用抗辩,并将"善意"作为描述性合理使用抗辩的要件:当被控侵权的使用名称、词汇或标记的行为不是作为一个商标的使用,而是在自己商业中使用个人名称,或者使用与此人有私人关系的人名,或者为描述此人商品或服务而描述性、合理及善意地使用词汇或标记,或者使用地理原产地的名称。"被告的恶意可使合理使用抗辩无法主张,即使当被告清晰地描述性使用词汇时"。[2]

关于善意的具体认定,我国最高法院在宏宁公司与片仔癀公司侵犯商标专用权纠纷案中认为,应"参考商业惯例等因素"认定"善意"与否。在 Sands v. Quaker 一案中,地区法院基于以下四点理由认定 Quaker 具有恶意:第一,Quaker 直到开展"Thirst Aid"商业推广活动才进行商标查询;第二,Quake 在发现 Karp 公司的注册之后仍然继续进行"Thirst Aid"商业活动;第三,Quake 直到第一个推广活动作出后才去寻求有关商标问题的法律意见;第四,Quake 未能采取合理措施防止混淆。美国第七巡回上诉法院不同意地区法院的意见:"由于产品性质相互独立且相距较远,一人认为其有权选择已经使用的商标而不会产生冲突,不能从此导出此人具有恶意的推论。甚至当被告拒绝要求停止使用商标,这也不必然表征恶意。在缺乏更多其他证据佐证的情况下,法院不应从符合诚实商业判断的行为证据中推导出恶意的结论。Quaker 直到开展"Thirst Aid"(原告的商标)推广活动之后才通过外部律师获取正式的法律意见,这同样是证明恶意的微弱证据。考虑到 Lannin 提供的关于 Quaker 描述性使用"Thirst Aid"的结论,Quaker 公司没有理由去获取外部律师的法律意见,也没有理由去避免混淆可能性。[3]

---

〔1〕 最高人民法院(2009)民申字第1310号民事裁定书。亦可见《最高人民法院知识产权案件年度报告》(2009)。

〔2〕 Anne Gilson LaLonde, § 11.08[3][d][C].

〔3〕 Sands, Taylor & Wood Co. v. Quaker Oats Co. 978 F. 2d 947, 962 (7th Cir. 1992).

从 Sands 案可以看出,被告遵循诚实商业判断而实施的行为不能认定为具有恶意,即便被告知晓原告已经使用相同或相似商标,甚至被告未能开展商标查询或获取法律意见的行为也不能认为具有恶意。“诚实商业判断”的标准与我国最高人民法院提出的“参考商业惯例”的因素似有异曲同工之处。值得肯定的是,商标合理使用抗辩中的“善意”要件也不以“知情”为标准,被告知晓原告对商标的使用仍然选用商标,这不能必然推出被告具有恶意,尽管应该是考量善意与否的一个参考因素。

3. 反不正当竞争法一般条款中的主观故意因素

反不正当竞争法一般条款是反不正当竞争法律体系的核心和灵魂,它“对于保护新类型的商业成果和规制不正当竞争行为具有重要意义,德国竞争法上有三分之一的案件通过一般条款予以解决。我国《反不正当竞争法》明确列举了十一种不正当竞争行为,但是,市场行为在不断创新,一些新类型的市场竞争行为不断出现,对于此,《反不正当竞争法》具体列举的十一种竞争行为的规定已经不敷适用,大量新类型竞争纠纷只能通过适用《反不正当竞争法》的一般条款予以处理”。[1] 我国《反不正当竞争法》一般条款是指该法第 2 条第 1 款规定的“经营者在市场交易中,应当遵循自愿、平等、公平、诚实信用的原则,遵守公认的商业道德”和第 2 款规定的“本法所称的不正当竞争,是指经营者违反本法规定,损害其他经营者合法权益,扰乱社会经济秩序的行为”。

我国反不正当竞争法的一般条款来源于《巴黎公约》第 10 条之一第 2 款:任何违背工商业诚实实践(honest practices)的竞争行为均构成不正当竞争。可见,我国反不正当竞争法和《巴黎公约》关于反不正当竞争的一般条款中均无主观故意的明文构成,反不正当竞争法在英美法上的发展也经历了逐渐淡化“欺诈故意”的历程,“现代反不正当竞争法已经从传统的禁止仿冒发展到涵括商业秘密保护、公开权保护、禁止虚假宣传和商业毁谤、禁止盗用热门新闻等一切违反公平

---

〔1〕 刘维:“反不正当竞争法一般条款的适用边界”,载《湖北社会科学》2011 年第 6 期。

交易和商业伦理行为的体系,其关注重心在于行为的正当性和行为的后果,尽管行为人的动机和主观故意仍是判断行为正当性的重要因素,但早已不是反不正当竞争法的核心”。〔1〕

“主观故意”在反不正当竞争法一般条款中的作用是通过影响行为“正当性”的判断来体现的,如最高法院在申请再审人广东星群食品饮料有限公司与被申请人广州星群(药业)股份有限公司、广州星群(药业)股份有限公司滋补营养品厂不正当竞争纠纷案中指出:“……具有‘搭便车’的明显恶意,严重背离了公平、诚信的市场竞争原则和公认的商业道德。”〔2〕最高法院在上海狮头染料有限公司与上海染料研究所有限公司不正当竞争纠纷案中指出:“狮头公司将相同的‘狮头’文字登记为企业名称中的字号,实属‘搭便车’,意在借助染料公司狮头商标声誉从事经营,具有明显的主观恶意。狮头公司的该行为违背了市场经营者应遵循的公平、诚实信用原则和公认的商业道德。”〔3〕

反不正当竞争法一般条款适用中的“主观故意”因素是指“搭车故意”,这种“搭车故意”是指不当借用他人劳动成果的主观意图,如最高人民法院在福建省乔丹体育用品有限公司与晋江市阳新体育用品有限公司不正当竞争纠纷案中指出:“经营者在市场交易中,应当遵循诚实信用的原则,遵守公认的商业道德。经营者负有在其商品来源的标识性文字和装潢上与他人的产品相区别,避免使消费者对商品来源产生混淆或者误认的义务,也负有不得借用他人商誉谋取不正当利益的义务。”〔4〕“‘搭便车’行为就是竞争对手或者其他竞争主体为了自己的商业目的,利用他人的工商业成就而未付出实质性的正当努力的行为。”〔5〕

---

〔1〕 刘维:“试论我国禁止仿冒原则”,载《知识产权》2012年第6期。

〔2〕 最高人民法院(2008)民申字第982号民事裁定书。

〔3〕 最高人民法院(2008)民申字第878号民事裁定书。

〔4〕 最高人民法院(2002)民三终字第9号民事判决书。

〔5〕 孔祥俊:《商标与不正当竞争法:原理和判例》,法律出版社2009年版,第693页。

由上文论述可知,商标混淆可能性分析中的"被告善意",是指被告是否具有利用原告商誉或名誉的主观意图;反不正当竞争法一般条款中的"主观故意"是指借用他人商誉的主观意图;在分析商标合理使用抗辩时,符合诚实商业判断的行为应当认定为善意,这里的"诚实商业判断"应当认为与反不正当竞争法一般条款中"公认的商业道德"相一致,因此,商标合理使用抗辩中的"善意与否"也应解释为"是否具有借用他人商誉的主观意图"。在欧尚超市商标案中,法院就指出:"被控侵权商品对有关标识的使用并非如欧尚公司所称系善意使用第4869855号注册商标的行为,其明显的变形和简化使用具有攀附原告注册商标商誉的主观恶意,构成对原告第3582430号注册商标专用权的侵犯。欧尚公司所提其为正当使用的抗辩主张缺乏基本的事实依据,本院对此不予支持。"[1]商标混淆可能性分析、商标合理使用抗辩以及反不正当竞争法一般条款中的恶意因素均是指不当利用他人商誉的主观意图,尤其应当注意的是,"恶意"与"知情"不能等同,不能认为行为人知晓他人的商标,就推断此人具有恶意。

(四)善意共存中的"善意"界定

1. 评价"善意"的时间点

评价后使用人善意与否的时间点是后使用人第一次使用商标之时,而不是后使用人选择商标的时间点。只有使用商标的行为才能产生商标法上的法律效果,从而接受法律上的评价。在一个反向混淆的案件中,大公司Goodyear于1974年7月决定在全国性的商业推广中使用"Bigfoot"商标,在1974年8月开始知道小公司Big O的"Bit Foot"产品,并在Big O公司的异议之下决定继续使用该商标。法院认为,Goodyear公司通过实施不合适的商标使用行为无疑构成了不正当竞争。[2] 若后使用人获取商标的方式并非基于原始取得,而是基于受让行为继受取得商标,则后使用人应继受转让人在该商标上的

---

〔1〕 北京市第一中级人民法院(2010)一中民初字第13886号民事判决书。

〔2〕 Big O Tire Dealers, Inc. v. The Goodyear Tire & Rubber Company, 561 F. 2d 1365, 1372 (10th Cir. 1977).

所有相应抗辩或瑕疵。如果转让人首次使用商标时并非善意,则受让人受让商标后不得抗辩其为善意。

2. 商标善意共存原则中"善意"要件的具体含义

商标善意共存原则中"善意"要件的解释关系到此原则的存废和适用空间,因而具有重大意义,"知情说"将使商标善意共存原则在商标注册制和网络环境下的适用空间极为狭窄。本书认为,应当采用"故意加害说"解释善意共存原则中的"善意"要件,这符合商标法的立法目的。

第一,在法律解释技术上,商标善意共存原则与商标合理使用制度均具有限制商标权的行使、防御商标侵权指控的功能,对商标善意共存原则中"善意"的解释应采取商标合理使用制度中解释"善意"的相同立场,应通过考察行为人是否具有攀附他人商誉或名誉的主观意图来判定"善意与否"。因此,行为人知晓(实际知情或应当知情)商标已被他人注册或使用的单一事实,不能推断行为人必然具有恶意,"知情"只能作为认定"善意与否"的考察因素。

第二,商标混淆可能性分析、商标合理使用抗辩以及反不正当竞争法一般条款中的善意因素的具体内涵,均指向"故意加害说",这并非巧合,而是具有商标法上的基础,符合商标法原理。商标侵权行为所关注的损害是被控侵权行为给权利人带来的贸易转移,美国国会在商标法的起草报告中对此阐述道:"考虑到商标保护仅仅是对商誉的保护、防止通过误导行为转移贸易以及制止欺诈而保护公众,这些强有力的公共政策要求商标必须在全国范围内受到最强力的保护。"[1] McKenna 教授则考察英美商标法的发展史后得出:"在上述两种案件中,(英国)法院只关注不正当转移贸易给生产者带来的损害,以及利用现有诉讼形式来寻求救济。美国法院起初审理商标案件时也具有同样的关注点,他们反复阐明商标法的目的是保护一方不受贸易的非

---

[1] H. R. Rep. No. 219, 79th Cong. 1st Sess. 4 (1945); S. Rep. N. 1333, 79th Cong. 2d Sess. 5 - 6 (1946).

法转移。”[1]

与通过仿冒他人商品或服务的行为以及造成权利人贸易转移的损害相呼应,行为人的主观状态不仅仅是知情权利人的商标,仿冒的客观行为实际上也体现出行为人具有攀附他人商誉或名誉的主观意图,这种攀附他人商誉或名誉的主观状态应该是商标侵权行为或不正当竞争行为的共同特征。如 WIPO 所说,“最为典型的不公平市场行为的共同特征,就是在竞争者获胜不是依靠因其商品和服务的质量和价格所产生的市场成果,而是不正当利用他人劳动或者通过虚假或引人误解的宣传影响消费者的需求。因此,涉及这些方法的行为,其在竞争中的公平性自始就是可疑的”。[2]

---

〔1〕 Mark P. McKenna, The normative foundations of trademark law, 82 *Notre Dame L. Rev.* 1939, 1858 – 1859.

〔2〕 WIPO, Intellectual property reading material, p. 131.

八、商标协议共存[1]

(一)问题的提出

2011 年,中国最高法院对良子商标案作出终审判决,这是中国首起涉及商标共存协议的案件。在该案中,史英建和朱国凡 2000 年之前相互就对方在第 42 类商品上注册“良子”商标的申请提出过异议。2001 年,双方达成商标共存协议,约定均不得再对对方其他带有“良子”字样的商标注册申请提出异议或注册不当申请。但 2002 年,朱国凡对史英建的商标提出撤销申请。商评委对此认为:“争议商标与引证商标构成类似商品上的近似商标,违反商标法第二十八条规定,共存协议与本案没有关系,故裁定撤销争议商标。”北京一中院认为:“争议商标的撤销程序虽然由当事人申请启动,但争议商标是否应当被撤销是商标评审委员会在对相关事实、理由、请求进行评审的基础上依法作出的裁断。共存协议的约定不能排除商标法对商标可注册性的法定要求,争议商标违反商标法第二十八条规定。”北京高院和最高法院均认为,共存协议是双方当事人真实意思的表示,一方当事人违反共存协议提出撤销商标的申请,违反了共存协议约定和诚实信用原则。[2]

该案虽已由中国最高法院一锤定音,但围绕商标共存协议的效力争议及不同司法机关的不同处理意见,却值得深思和进一步研究。商标立法的目的不仅在于保护商标权人的财产利益,更在于维护相关消

[1] 此部分还可参见刘维:“商标共存协议研究”,载《月旦民商法学》第 41 期。

[2] 最高人民法院(2011)知行字第 50 号行政判决书。

费者不受混淆的公共利益,同样地,商评委对商标撤销申请的审查不仅涉及公权力的行使,还涉及维护消费者不受混淆的公共利益。因此,商标共存协议不同于一般意义上的协议,商标审查部门和司法部门能否仅仅看到协议的相对性而忽略协议背后可能涉及的公共利益?中国《商标法》未对涉及商标同意使用或共存使用的情形进行规定,在中国首起涉及商标共存协议的案件中,商标审查部门与司法部门、不同司法部门之间对这个问题存在不同看法,而理论界对商标共存协议的讨论和研究也尚未展开。美国法上关于商标共存协议的纠纷有着丰富的案例法历史,本书试以商标共存协议的效力为中心,以美国案例法为线索,期望能增进理论界和实务界对商标共存协议的认识。

(二)商标共存协议的界定

1. 定义

商标共存协议是经营者解决商标争议的一种方式,一般是指经营者为避免公众对产品的来源发生混淆或避免发生侵权纠纷,各方在协议中划定各自商标的使用方式、使用市场或使用地域范围,通常又称为商标同意使用协议、商标划界协议。世界知识产权中小企业司对其的定义为:"不同企业使用相同或近似商标销售产品或服务,而不损害他人的营业。"[1]由此可见,共存协议的实质是,相同或近似商标可共存于同一产品市场或类似的产品市场。

经营者通过商标共存协议解决或避免争议,在成熟的商业市场较为多见。然而,随着技术的革新和商业市场的拓展,早前达成的共存协议往往会成为新一轮纠纷的导火索。2006 年 5 月,英国高等法院对苹果计算机公司与苹果集团之间的共存协议纠纷作出判决。两家公司都拥有"苹果"文字商标,对苹果图案则稍有不同的描述,苹果计算机公司核定的商品为计算机制造和软件的开发,苹果集团则针对披头士乐队的音乐作品及其开发。两家公司因诉讼在 1991 年达成共存协议,约定苹果计算机公司在电子产品、计算机软件、数字处理和传输

---

〔1〕 http://www.wipo.int/wipo_magazine/en/2006/06/article_0007.html, 2012 年 9 月 14 日访问。

设备上使用“苹果”商标，苹果集团在以音乐或表演为内容的作品上使用“苹果”商标。然而，当苹果计算机公司推出 iTunes 软件、iTunes 音乐超市以及 iPod 可存储和播放音乐的携带设备后，苹果集团主张，苹果计算机侵入到苹果集团的经营领域、违反共存协议。[1]

2. 特征

商标共存协议性质上是依双方真实意思表示而订立之协议，在商标法的疆域内，它不同于商标转让协议和商标许可协议，有其独特的特征。

(1)共存协议可转让性

共存协议一旦成立，双方则应信守协议约定、依约履行协议，如有一方违反协议约定，则构成违约，应依合同法上的违约规则处理。共存协议可以进行转让，但由于涉及商标使用的约定，共存协议的转让应连同商誉和营业一起转让，受让人应承受让与人的权利、义务和抗辩，因此，共存协议的转让可适用合同法上债之移转规则。1886 年，美国第七联邦巡回上诉法院审理的“健康女神”商标案涉及这一问题。原告与第三人史密斯夫妇订立共存协议，约定原告仅在人工矿物质水以及蒸馏水制成的姜汁啤酒上使用“健康女神”文字及图案，而不将其使用在任何自然矿泉水产品上，史密斯夫妇以“沃基沙健康女神矿泉”的文字组合方式在自然矿泉水产品上使用“健康女神”文字及图案。五年后，史密斯夫妇将水源卖给本案被告，后者开始单独使用“健康女神”文字。被告声称，其不受共存协议拘束。法院认为，协议有效，购买行为不具有保护买家对抗卖家权益的地位……被告不可主张对“健康女神”文字的垄断，除非其能证明该权利源自史密斯夫妇。没有人能主张比权利来源者更大的权利，且这种权利受到与对抗出卖人同样的权益、抛弃、或禁反言规则的制约。[2]

---

〔1〕 参见 http://www. wipo. int/sme/en/documents/trademarks_identical. htm，2012 年 9 月 14 日访问。

〔2〕 See Waukesha Hygeia Mineral Springs Co. v. Hygeia Sparkling Distilled Water Co.,63 F. 438,442 (7th Cir. 1894).

(2)不同商标分属不同主体所有

在商标许可关系中,只存在一个商标权人。商标共存关系中,则存在不同商标及不同商标的所有人。商标许可协议是商标所有人将商标许可他人使用,被许可方按照许可方式使用商标,且对使用商标的商品负有质量保证义务,许可方对被许可方使用商标的商品亦负有质量监督的义务。商标许可协议与商标共存协议的相同之处在于,两者都具有免于商标侵权诉讼的功能,在相同商品上使用相同商标本属商标侵权行为,但商标权人一旦给予许可,则不可对使用商标的行为提出商标侵权之诉。

两者的不同之处在于:第一,质量担保义务的有无。商标许可协议中存在一个商品质量监督或保证义务,目的在于确保商标的质量保证功能,不误导和混淆消费者,由于共存协议中的商标分属协议各方所有,商标共存协议则不存在这个义务;第二,违约后的处理不同。在商标许可协议中,被许可人超出许可协议约定范围实施商标的行为同时构成违约和商标侵权;在商标共存协议中,一方超出共存协议约定范围使用商标的行为构成违约,是否构成商标侵权尚有争议。

(3)共存协议的目的是避免商标混淆和侵权

商标转让协议是指商标所有人将商标权让与受让人,目的在于移转商标权。在商标共存协议中,商标所有人为了防止各自的产品被消费者误认和混淆,进而影响商业利益,因而才有共存协议的订立和履行。可见,共存协议订立之目的在于避免商标混淆和商标侵权。"双方订立该合同并非试图转让或许可对商标或任何文字的使用,而在于固定和明确各自现有的商标(权利范畴)以避免可能产生的混淆和侵权。"[1]不同商标所有人允许相同或近似商标共存于同一市场,这固然是双方真实意思的表示,但由于商标法具有维护公共利益的使命,在同一市场使用相同或近似商标恰处于商标权的控制范围,此时如何评价防止消费者混淆的公共利益,成为共存协议纠纷最具争议的焦点问题。

---

〔1〕 Waukesha Hygeia Mineral Springs Co. v. Hygeia Sparkling Distilled Water Co., 63 F. 438, 441 (7th Cir. 1894).

(三)商标共存协议效力分析

围绕商标共存协议的效力,存在两种利益的冲突,一是合同信守利益,这是由协议相对性所决定的。契约精神和合同信守原则要求协议至上,因合同产生的纠纷均应根据合同约定条款予以解决。北京高院和最高法院在良子商标案中坚持这种立场。二是防止消费者混淆的公共利益,这由共存协议的目的决定。维护公共利益乃商标审查部门职权之所在,这就要求审查部门应对共存协议的实质合法性进行审查,即不论协议条款之约定,仍应对当事人双方使用商标可能造成的混淆之有无进行审查。商评委和北京一中院在良子商标案中坚持这种立场。商标共存协议效力究竟为何?如何平衡合同信守利益与防止混淆的公共利益?美国案例法的梳理和观察为认识这一问题提供了有益线索。

1. 柯若思商标案:维护合同信守的利益

第一巡回上诉法院在柯若思商标案中认为,当公众混淆不是很显著时,法院更倾向于保护合同信守的利益。1965 年 10 月 25 日,柯若思公司起诉第一奎尔公司,指控第一奎尔存在侵犯其"黑色顶部"商标和不正当竞争的行为。随后,该诉讼以双方达成和解协议而告终。协议条款规定,允许第一奎尔公司继续制造带有黑色、银色和金色锥形顶部的书写工具。之后,第二奎尔公司受让了该和解协议和设备。本案的争议焦点是,共存协议是否有效和可执行?柯若思公司主张,地区法院认为第二奎尔公司产品与柯若思公司产品之间存在混淆可能,因此,允许第二奎尔公司制造和销售这种产品的和解协议就不能予以执行。

法院认为,不能仅仅因为地区法院认定存在混淆可能性,就判定合同无效,而应进一步审查和解协议的执行是否将对公共利益造成严重损害。"在本案中既没有任何关于第一奎尔公司的产品比柯若思公司产品更为低劣的观点,也没有任何关于和解协议的签订目的是有意欺骗社会公众的主张。而且,和解协议特别同意生产那些使奎尔标志成为区别性标识的钢笔。根据上述情况,地区法院发现,非常清楚,该案中产生的损害公众利益的混淆可能性是不明显的。"[1]

既然混淆并不显著,那么合同信守的利益则应处更重要地位,加之,禁反言原则及鼓励和解的司法政策均倾向于维护合同的效力。"第二奎尔公司产品和柯若思公司产品之间存在的混淆可能性对公众的危害是不显著的,信守合同承诺的政策成为决定因素。加入在这种平衡中的因素还有鼓励通过庭外和解方式解决商标诉讼的政策。用首席法官皮特尼的话来说:为确保无公众混淆而坚持对和解协议进行司法审查,将导致该协议在当事人之间丧失价值。此外,这样做会破坏我们尊重那些拥有价值商标且商誉良好的商人之间的协议的政策。柯若思公司当初订立共存协议之时,完全意识到其产品与第一奎尔公司产品之间的混淆可能。现在,七年之后,柯若思公司又想基于同样的公众混淆否定该协议的效力。当一方当事人认为协议违反公共政策的理由,恰好是其当初知道且有意创立该协议的理由时,我们认为这是非常不适合的。"[2]

2. 杜邦商标案:通过共存协议推定混淆不存在

海关与专利上诉法院(联邦上诉法院前身)在杜邦商标案中的观点更进一步,认为一般情况下,商标共存协议本身即可推定市场上不存在混淆。在该案中,杜邦公司与地平线公司为使用"Rally"商标而产生了冲突,达成了一份商标共存协议,约定杜邦公司使用该商标的产品是汽车售后市场,地平线公司是商业性地产或住房市场。尽管如此,审查员依然引用地平线公司的先前登记拒绝了杜邦公司在汽车部件、清洁剂等产品上注册该商标,商标审理与上诉委员会维持决定,认为市场上存在较大程度的混淆。

法院认为,商标共存协议只有在无混淆可能性时才能有效存在,但是该协议的存在往往已经证实了混淆的不存在,在论证过程中,法院对商人的判断和自治给予了高度充分的倚重。"声誉好且有价值的商标使用人毫无兴趣去产生混淆。自由竞争体制的灵魂是尽可能平衡企业家的利益与消费者的公共利益。撇开利他主义,作为市场的

---

〔1〕 T & T Mfg. Co. v. A. T. Cross Co. ,587 F. 2d 533,538 (1st Cir. 1978).

〔2〕 T & T Mfg. Co. v. A. T. Cross Co. ,587 F. 2d 533,539 (1st Cir. 1978).

生存之道，获取和维护客户、商标的目的和功能、避免和排除混淆正是商人的货币利益所在。每天都有成千上万的广告费花在这个目的上。商标诉讼的历史以及商标法的核心部分可以表明商人在制止混淆问题上的警觉。通过这样，他维护了自己以及公共利益。因此，当那些对市场使用行为最为熟悉以及最热衷于排除混淆的人达成避免混淆的协议时，证据已经很明显了。至少当那些最为关切的人说不存在混淆，而我们却主观性地认为存在混淆，这是非常困难的。简单地假定混淆可能，难敌从生命线上获得的关于无混淆的不可争议的证据。"〔1〕

"从一个整体来看本案中的协议，混淆是不可能的。正如我们所解读的，本案共存协议的目的就在于避免混淆。我们可非常合理的得出：经验丰富的商人完全且持续性地关注对方产品、标记、商业渠道以及广告，我们面前的协议当事人将迅速应对制止混淆。我们难以置信，只要双方想一想消费者对产品来源存在严重混淆时，地平线公司还会出售其汽车营业、转让其商标并达成本协议，或者杜邦公司还会接受并支付这种转让的对价及达成本协议。因此，我们毫不犹豫地认为，基于本案事实，地平线公司与杜邦公司按协议在各自产品上使用'RALLY'商标的共同使用行为不可能产生混淆。"〔2〕

在诉讼中，专利商标局还主张，拒绝注册乃对制止混淆的公共利益之维护。法院认为，这是无病呻吟。"专利商标局确实具有维护公共利益的重大地位。但它却不体现在消极地、天真地拒绝注册本身，而在于授予注册保护商标以及拒绝不合适地注册相同或近似的商标。拒绝注册本身不能防止混淆。至多，它可能打击进一步使用行为。拒绝注册在特定情形下，会鼓励潜在的混淆。例如，拒绝注册 RALLY 商标将导致他人在汽车清洁剂上使用相同或近似商标。同意注册反倒不会产生混淆。"〔3〕

---

〔1〕 In re E. I. Du Pont de Nemours & Co. ,476 F. 2d 1357,1362 - 1363（C. C. P. A. 1973）.

〔2〕 In re E. I. Du Pont de Nemours, at 1363.

〔3〕 In re E. I. Du Pont de Nemours, at 1364.

3. 场流商标案:产品质量危及公众健康时的公共利益保护

第二巡回上诉法院在场流商标案中认为,只有当协议一方生产的产品质量损害公共健康和安全时,才能认定为违反公共政策。"为了撤销一个在自由讨价还价基础上签订的商标合同,一方当事人必须证明如果合同继续履行,那么公众利益将大大受损。我们毫不怀疑消费者混淆将会导致此种损害。例如,如果在后使用人的产品质量或者在后使用人的声誉备受争议,那么来源混淆可能会非常多。朴素的公平正义要求信守承诺,除非遵守合同会损害公众利益,而并不仅仅是缔约一方的利益。若由于混淆,公众购买了同等质量的商品但未损及健康,也不会威胁到公众的安全,那么仅仅是合同缔约的一方受到了显著损害。若公众的利益不会遭受显著损害,那么地区法院将不会穿上以公众利益为借口的外衣来保护合同中所允许的原告的损失。"[1]

当共存协议涉及药物领域的产品时,产品对公共健康产生损害的风险更大,法院对市场混淆应进行更为严格的审查。马瑞尔药物公司申请在第五类商品(药物制剂及其产品)上注册"Allegra"商标。Allergan公司基于其企业名称及在第五类商品的商标 Allergan、Allergan Botox、Allergan Gas Perm 提出异议。马瑞尔公司以与Allergan公司之间的共存协议进行抗辩。哥伦比亚国家委员会认为,本案中的共存协议不能使"Allegra"商标注册,这不仅是因为涉案商标之间的近似,更因为保护消费者的意图,尤其是因为在药物产品领域的混淆将对人类健康产生无法挽回的损害。[2]

4. 派素商标案:共存协议具有可推定的促进竞争效果

共存协议对商标使用的方式、地域和产品市场进行约定,这是否具有反竞争的效果,违反《反垄断法》的规定?这需要对协议中的具体条款进行审查。《反垄断法》第13条规定了六种垄断协议,固定商品价格、限制商品生产或销售数量以及分割销售市场的协议属于本身

---

[1] Times Mirror Magazines, Inc. v. Field & Stream Licenses Co., 294 F. 3d 383, 396 (2d Cir. 2002).

[2] The Eleventh Annual Int'l Rev. of Trademark Jurisprudence, 94 Trademark Rep. 277, 356 (March-Apr. 2004).

违法。对于未明确列举的协议,则应根据合理原则审查是否具有排除竞争、限制竞争的效果。共存协议可能直接构成垄断协议,也可能需要接受进一步合理性的审查,“反垄断法的立法目的在于鼓励竞争、防止公司对市场准入创设障碍。因此,拥有近似商标经营者之间的协议是否违反反垄断法,取决于协议是否阻止他人进入类似产品市场。如果没有阻碍,则不违反反垄断法;相反,如果他人发现很难进入类似产品市场,则违反了反垄断法。”[1]

第二巡回上诉法院审理的派素商标案涉及反垄断的审查。该案中,“利素”(LYSOL) 和“派素”(PINE-SOL)商标没有和平地共存过。各自商标所有人自20世纪40年代以来多次进入商标异议和诉讼程序,并多次达成商标共存协议。本案的争议围绕1987年商标共存协议,该协议包含了详细的条款规制派素消毒产品可能的广告和包装方式,限制可能销售的派素消毒产品的类型。[2] 派素商标所有人克罗拉克丝公司认为1987年的协议非法限制了竞争,因为它并非基于合法的商标目的、不存在消费者对利素和派素商标的混淆可能,而且它限制了克罗拉克丝公司使用知名度高的派素商标进入由利素商标产品控制的清洁市场。

法院认为,应适用合理原则对共存协议进行审查,“商标共存协议不同于实际目的在于划分市场的商标协议,后者在反托拉斯法下被认为本身违法,本案的协议仅仅规制竞争者使用一个竞争性商标的方式。与克罗拉克丝的说法相反,该协议没有引发任何被先例宣告本身

---

〔1〕 Marianna Moss, Trademark “Coexistence” Agreements: Legitimate Contracts or Tools of Consumer Deception? Loyola Consumer Law Review, 18 *Loy. Consumer L. Rev.* 197, 217.

〔2〕 主要争议条款为第3条和第4条:限制以派素商标销售消毒产品:只有基本的液态清洁剂和喷雾可以用此商标作为部分消毒剂销售。产品限制只允许派素的这两种产品以一种形式、气味或者配方在相同的时间、单一的地理区域内销售。该条款允许克罗拉克丝以其他商标销售其他消毒产品时将派素商标作为批注,但受到大小以及放置区位的限制。派素产品主要以清洁剂产品出售、广告和推广,而非主要作为消毒剂产品。派素产品不得作为通用清洁剂之外的任何产品销售,同样不得作为特殊用途的清洁剂如浴室清洁剂。

违法的限制种类,如价格操纵、市场划分、搭售安排或者抵制。因此,我们必须按照合理原则来审查即决判决的证据”。[1]

原告虽可能遭受损失,但反托拉斯法只保护竞争,并不保护竞争者免受对其不利的协议约束,只要竞争作为一个整体并未受到显著影响,反托拉斯法不保证竞争对手毫无羁绊地进行竞争,事实上双方仍然可自由生产和销售产品。“不像其他知识产权,商标并不授予在任何商品或想法上的合法垄断;商标仅仅对一名称授予权利。因为商标仅仅赋予所有者禁止其他人使用这一商标的权利,这区别使用另一商标竞争性的生产和销售相同产品……区别于在生产者和销售者的商品上使用商标的横向反竞争行为,对滥用商标进行有效反托拉斯的机会非常有限,以至于其对一个国家的经济健康构成远非严重的威胁……本案中的商标协议仅仅规制了派素商标的可能使用方式;它没有以任何方式限制克罗拉克丝生产和销售与利素商标直接竞争的产品,只要它们以派素商标以外的商标标识。”[2]

由于原告未完成协议具有反竞争效果的证明,被告无须承担举证责任证明协议具有弥补和促进竞争的效果,但法院仍然进行了进一步审查,认为共存协议可推定具有促进竞争的效果,“在没有其他证据证明,有关商标保护的条款隶属于隐藏其后的、竞争者之间的非法协议——如在 Timken 一案中备受谴责的市场分割协议——如果没有特殊的情况,我们认为缔约方关于所需的商标保护范围的决定更应受重视。在订立该协议之时,缔约方处在一个最佳的位置,能够决定哪些保护是必需的以及以何种方式解决他们之间因早先的商标协议所产生的争端。虽然缔约方的意图并不总是具有决定性,但是法院对这些决定进行二次猜测是不明智的。在没有相反证据的情况下,可合理推定这些正常交易具有促进竞争的效果”。[3]

---

〔1〕 Clorox Co. v. Sterling Winthrop, Inc. ,117 F. 3d 50,56(2d Cir. 1997).

〔2〕 Clorox Co. v. Sterling Winthrop, Inc. ,117 F. 3d 57.

〔3〕 Clorox Co. v. Sterling Winthrop, Inc. ,117 F. 3d 60.

(四)商标共存协议之违反

如上所述,商标共存协议效力的认定,涉及合同利益信守与防止混淆利益之间的平衡。当事人基于自身利益和市场情况的最佳判断签订共存协议,法官不是商业决策和市场情况的最佳判断者,对事后市场混淆的认定应保持谨慎。当事人基于不存在市场混淆的认识订立共存协议,又基于市场混淆的理由请求宣告共存协议无效,则应受禁反言原则的约束。且鼓励和解的司法政策也倾向于维护共存协议的效力。除非共存协议涉及的产品危及公众健康或公共安全,共存协议可推定不存在市场混淆;除隶属于市场分割协议,共存协议可推定具有促进竞争的效果,因此,应当肯定共存协议的效力。此时的问题在于,如若一方违反协议之约定、超出约定范围使用商标,守约方除提出违约损害赔偿请求之外,是否还可提出商标侵权损害赔偿请求?

有观点认为,任何签订同意使用协议的当事人均仅能就合同未授权的侵权使用行为主张违约救济。[1] 根据这种观点,能否获得商标救济的唯一标准就是,涉案协议性质上属于商标许可协议还是商标共存协议。如果属于前者,则可同时提出违约之诉和侵权之诉;如果属于后者,则仅能提出违约之诉。2004 年美国联邦第五巡回上诉法院审理的布伦南商标案对这一观点进行了驳斥。

该案中,布伦南餐厅起诉迪基布伦南餐厅违反 1979 年和 1998 年商标共存协议并构成商标侵权。地区法院认为作为违约请求基础的两个合同使原告不能主张商标相关的请求。上诉法院承认,共存协议在布伦南商标外围创造了一个安全港湾以减少使用的不确定性和风险,只要迪基布伦南餐厅按照协议约定的方式使用商标,他就无须承担商标侵权责任。但是,"合同并没有说布伦南已经放弃了因未按规定使用而主张商标侵权救济的权利。路易斯安那州法律规定,放弃将来诉权必须清楚表达并作狭义解释。协议并不意味布伦南已经含蓄的放弃了其现存的、对未授权使用主张商标侵权的权利。换句话说,

---

〔1〕 Affiliated Hospital Products, Inc. v. Merdel Game Manufacturing Co., 513 F. 2d 1183, 1186 (2d Cir. 1975).

布伦南允许迪基布伦南不必担心承担责任而以特定使用方式使用商标,并不意味着迪基布伦南所有的未授权使用行为都不会承担商标侵权责任。就未授权使用而言,协议本身并非抗辩理由,所以商标侵权请求是合理的。”[1]

法院认为,基于共存协议提起的商标侵权之诉必须满足如下条件,即只有因未经允许的使用行为产生混淆时,请求商标侵权才会胜诉。一定程度的混淆有可能产生于附近经营的两家同名的餐厅,一方不能起诉他方按照现存协议规定方式使用商标导致混淆的行为。此外,即使提出商标侵权,请求权人在获得赔偿时还受到一定限制,“尽管商标法提供比合同法更多数量和大方的救济,但是布伦南在本案中已经获赔25万美元合同法下的所失利润。尽管其还可请求商标损害赔偿,但绝不可能在相同的所失利润上获赔两次。因此,尽管地区法院本应允许布伦南寻求商标侵权赔偿,但实际上它不可能获得更多的救济了”。[2]

共存协议并非阻却当事人行使诉权的因素,一方超出协议约定范围使用商标,他方当然可提出商标侵权之诉,至于该诉请是否能够得到法院支持,则应视商标侵权的构成要件逐一审查。在涉及共存协议的案件中,由于双方系在类似商品上使用相同或近似商标,只要超越授权的行为可能造成混淆,则应认定为商标侵权。若同时满足违约要件和侵权要件,则应按请求权竞合规则处理,当事人不可因同一行为获得双份赔偿。

综上所述,商标共存协议是不同商标所有人对各自商标的使用市场所进行的安排,具有合同效力。商人订立商标共存协议之目的在于避免混淆和侵权,美国法院尊重商人自治,案例法上一般均认为此种协议不会导致市场混淆,以维护协议效力作为首要原则。但若协议涉及公共利益、损害公共健康和公共安全时,法院应宣告合同无效。当合同一方违反约定、超出使用范围或边界时,守约方可诉请违约损害

---

〔1〕 Brennan's Inc. v. Dickie Brennan & Co. Inc., 376 F. 3d 356, 367 (5th Cir. 2004).

〔2〕 Brennan's Inc. v. Dickie Brennan & Co. Inc., 376 F. 3d 367 – 368.

赔偿,并视情寻求商标侵权损害赔偿。中国《商标法》修法应写入商标同意使用或共存使用情形,作为商标注册和商标侵权的例外。具体而言,中国《商标法》第 28 条应修改为:申请注册的商标,同他人在同一种商品或者类似商品上已经注册的或者初步审定的商标相同或者近似的,由商标局驳回申请。但经该注册商标或申请在先的商标所有人同意者,不在此限。

第二部分

商标善意共存的国外案例

译者按:服务于本书主题,本部分收录的判决的翻译并非完整,译者在翻译过程中略去了一些不相关的段落。

1. Hanover Star Milling Company v. D. D. Metcalf；Allen & Wheeler Company v. Hanover Star Milling Company ［1916］

［阅读提示］

艾伦＆惠尔在1872年采用和使用“茶玫瑰”一词作为面粉商标，证据显示它在阿拉巴马州、密西西比州或乔治亚州未进行销售和许诺销售。哈纳瓦公司在1885年善意采用和使用了“茶玫瑰”一词作为面粉商标，哈纳瓦公司的广告范围包含整个阿拉巴马州以及密西西比州、乔治亚州和佛罗里达州的部分区域。联邦最高法院在该案中确立了商标权的地域性，认为商标权的效力不可延及权利人贸易未至的区域。哈纳瓦公司善意采用商标，且在美国东南地区投入了大量的金钱与汗水，艾伦＆惠尔在该片地区主张商标侵权受到禁反言的约束。

美国联邦最高法院

申请人哈纳瓦·星·米林公司

诉

梅特卡夫

申请人及上诉人艾伦 & 惠尔公司

诉

哈纳瓦·星·米林公司

编号:第 23 号和第 30 号

判决日期:1916 年 3 月 6 日[1]

皮特尼(Pitney)法官:

本院对这些案件一并进行了开庭审理,在同一个法律意见书中处理。

在第 23 号案件中,在伊利诺斯州当地从事面粉生产的哈纳瓦公司于 1912 年 3 月 4 日向美国阿拉巴马州中部地区法院提交了起诉状,要求在该州限制该州公民梅特卡夫——一个在格林维尔的巴特勒县从事面粉销售的商人——进行被诉的商标侵权和不正当竞争行为。

起诉状中陈述,过去的 27 年中原告一直生产优质且受欢迎的面粉,原告[* **406**][2]始终以"茶玫瑰"面粉的名称和具有显著性商标的包装方式进行销售,商标包括词语"茶玫瑰"和包含有印刷在袋子和桶标签上的 3 朵玫瑰的设计;原告在阿拉巴马州的市场上销售该面粉已经 12 年了,在此期间,由于始终维持着统一的高品质,凭借着高昂的广告费及勤勉的工作,茶玫瑰面粉建立起了巨大的获利市场,在该州该面粉每年销售额超过 175,000 美元。茶玫瑰面粉在阿

---

[1] Hanover Star Milling Company, Petitioner v. D. D. Metcalf; Allen & Wheeler Company, Appt. and Petitioner v. Hanover Star Milling Company. Nos. 23 and 30, Decided March 6,1916. 240 U. S. 403,36 S. Ct. 357.

[2] 带星号的数字为判决书原文的页码,下同。——译者注

拉巴马州和其他州，尤其是在佐治亚州和佛罗里达州，以“茶玫瑰”的名称和显著的标识建立起了宝贵的良好声誉。在诉讼开始前不久，原告的茶玫瑰面粉是在巴特勒县以及阿拉巴马州其他地方唯一制造、销售或许诺销售的面粉。并且“茶玫瑰”代表和象征着原告的面粉。最近伊利诺斯州斯蒂尔维尔地区的斯蒂尔维斯米林公司通过梅特卡夫的代理处在阿拉巴马州[＊＊**358**]特别是在巴特勒县销售其生产的面粉，其面粉与原告的包装容器和包装纸均实质性一致，带有包含三朵玫瑰和名称“茶玫瑰”的标签设计，这是一种有计划的欺诈并且事实上对购买者造成了欺诈，因而造成原告数额超过3000美元的经济损失，并且破坏原告“茶玫瑰”面粉的声誉和原告的生意。

被告的答辩否认了欺骗购买者的企图，并且进一步否定了原告对“茶玫瑰”一词或玫瑰图片作为商标的排他性权利；主张早在原告初次使用之前，在1872年，该名字即被俄亥俄州特罗伊地区的艾伦&惠尔合伙企业[＊**407**]采用、使用且作为面粉商标使用，并且该名字被它和继承公司艾伦&惠尔公司继续使用。被告主张斯蒂尔维尔米林公司已使用“茶玫瑰”商标超过16年，并且早在1899年就在阿拉巴马州以该商标出售面粉。

考虑了相关方提交的起诉书、答辩状和证词，地区法院发布了临时禁令。该禁令禁止梅特卡夫在格林维尔或阿拉巴马州中部地区的任何其他地方销售斯蒂尔维尔公司或除哈纳瓦公司之外的任何其他个人、企业或公司生产的“茶玫瑰”商标的面粉。上诉中，美国联邦第五巡回上诉法院撤销了该禁令并发回重审，同时指令驳回起诉。〔1〕 本院随后签发了调卷令。

在第30号案件中，艾伦&惠尔公司，一个在俄亥俄州特罗伊市当地从事面粉生产的公司于1912年5月23日对哈纳瓦·星·米林公司（以下简称哈纳瓦公司——译者注）向美国伊利诺斯州地区法院东部地区法院提交了起诉状，称在1872年之前，已在特罗伊市从

〔1〕 122 C. C. A. 483, 204 Fed. 211.

事面粉生产的艾伦 &惠尔合伙企业选定其品牌之一“茶玫瑰”一词作为商标。直到 1904 年其不间断地将该商标标注在商品容器袋子、桶和包裹上,该商标代表着面粉质量,在全美进行销售。1904 年艾伦 &惠尔公司合并并接管了该合伙企业的面粉厂、机器、股份、商标和良好声誉。自此,该公司在其生产的面粉上继续使用该商标,并且[* **408**]在美国的市场上进行销售。艾伦 & 惠尔公司拥有“茶玫瑰”一词普通法上的商标权。最近,艾伦 & 惠尔公司获悉哈纳瓦公司采用“茶玫瑰”一词作为后者生产的面粉商标,尽管注意到了原告的权利,后者仍坚持以该名称销售面粉,并且将继续使用。被告大量销售茶玫瑰面粉,尤其是在阿拉巴马州、佛罗里达州、密西西比州的市场销售。凭借着大量的销售,被告在过去五年中大约每年获利 5000 美元,对原告造成了超过 3000 美元的损失。原告请求发布禁令并公布获利的账目。哈纳瓦公司提出了异议,双方均提交了证词。地区法院发布了无地域限制的临时禁令禁止被告将“茶玫瑰”一词作为面粉商标使用。第七巡回上诉法院撤销了该禁令并发回地区法院重审,认为禁令与地区法院的理由不一致。[1] 一份上诉状送至本院,本院随后批准调卷令。该上诉由于缺乏管辖权而被驳回,本院将根据调卷令处理本案。

没有人质疑本案临时禁令决定的合理性。两个地区法院均发布了这样的禁令,并且两个巡回法院均由于案件的法律问题撤销了原判。这些法院在一些基础问题上存在不一致的观点,并且调卷令正是基于此而被批准,尽管一般规则与此相反,但是情况变成了这样:在最终判决作出前批准调卷令被视为是适当的。参见 American Constr. Co. v. Jacksonville, T. & K. W. R. Co.;[2] The Three Friends;[3] The Conqueror;[4] Denver v. New York Trust Co.[5]

---

〔1〕 L. R. A,125 C. C. A. 515,208 Fed. 513.

〔2〕 148 U. S. 372,378,384,37 L. ed. 486,489,491,13 Sup. Ct. Rep. 758.

〔3〕 166 U. S. 1,49,41 L. ed. 897,913,17 Sup. Ct. Rep. 495.

〔4〕 166 U. S. 110,113,41 L. ed. 937,939,17 Sup. Ct. Rep. 510.

〔5〕 229 U. S. 123,133,57 L. ed. 1101,1120,33 Sup. Ct. Rep. 657.

两个案件中均毫无争议地显示艾伦&惠尔合伙企业早在1872年就采用和使用"茶玫瑰"一词作为生产优良品质[* *359]面粉的商标,并且持续使用到1904年。1904年,艾伦&惠尔公司合并并接管了该合伙企业的面粉厂、机器、股份、商标和商誉。但是无证据可以表明这种使用的范围或其所达到的市场,除了在1872年艾伦&惠尔销售了三批每批25桶的面粉给俄亥俄州辛辛那提市的一个公司,并销售了一批100桶的面粉给俄亥俄州辛辛那提市的一个公司,还销售了一批100桶的面粉给宾夕法尼亚州匹兹堡的一个公司;20世纪70年代初,另一家匹兹堡的公司是这一品牌的顾客;20世纪70年代末马萨诸塞州波士顿的一家公司是这一品牌的顾客。艾伦&惠尔公司的证词大体上陈述自从1904年发生合并后"持续到现在",该公司一直使用"茶玫瑰"作为面粉商标,但是显然对于时间、地点或情况缺乏特定的陈述。简而言之,没有证据表明任何使用的范围或所达到的市场。无证据显示艾伦&惠尔的"茶玫瑰"面粉在阿拉巴马州或毗邻的州发表过广告,相反有清晰无疑义的证据显示它在阿拉巴马州、密西西比州或乔治亚州未被销售、许诺销售、知晓或听说过。在第30号案件中,有未受反驳的证据表明艾伦&惠尔公司在阿拉巴马州和乔治亚州销售面粉,但是是以"Eldean Patent"和"Trojan Special"的商标进行销售。

[*410]在两起诉讼中,哈纳瓦公司提交了证词合理地证明了,在其1885年成立之时,就采用了"茶玫瑰"一词作为其面粉商标之一,在包装或容器上使用,无论是袋子还是桶上均采用标有名字"茶玫瑰"和上文提及的设计的标签。这个商标被哈纳瓦公司善意地采用和使用,并未了解或注意到"茶玫瑰"已经被艾伦&惠尔合伙企业或其他任何人采用或使用。从1904年哈纳瓦公司开始了强劲和高成本的宣传茶玫瑰面粉活动,广告范围包含整个阿拉巴马州以及密西西比州、乔治亚州和佛罗里达州的部分区域,使用了许多精巧和有趣的材料,这些在证据中都有详细描述。上述行为的结果是,诉讼开始之时其茶玫瑰面粉在这些市场的销售额每年已经超过了150,000美元。哈纳瓦公司作为茶玫瑰面粉厂广为人知,而面粉厂

的声誉与茶玫瑰面粉密不可分。“茶玫瑰”在相关地区的面粉行业特指哈纳瓦公司生产的普通面粉。无证据表明在哈纳瓦公司与艾伦 & 惠尔合伙企业或公司之间目前或之前存在着对茶玫瑰面粉的竞争。且任一方均未在对方活动的区域进行面粉商标的广告。

哈纳瓦公司对梅特卡夫起诉,是因为后者购买了伊利诺斯州斯蒂尔维尔 · 米林公司生产的具有竞争性的茶玫瑰面粉,该公司似乎在 1895 年已经采用茶玫瑰面粉的名称和设计。

需要补充的是,就目前所显示的看来,无任何一方[* **411**]根据国会决议或州法注册了商标。并且未显示案件涉及的州存在任何根据成文法或判决而制定的特别规定。因此,案件必须根据普遍适用的普通法原则进行审理。

本案提出了关于商标权地域范围的有趣而又重要的问题。哈纳瓦公司事实上坚称:(1) 艾伦 & 惠尔公司及其前公司的茶玫瑰面粉未能进入东南地区市场并且这种面粉在该地区完全不为人所知的事实,剥夺了其干涉哈纳瓦公司在此地区内以相同商标善意经营的资格;(2) 基于同样的考虑因素,哈纳瓦公司获得了肯定性商标权——在此区域内享有优先权——以对抗斯蒂尔维尔公司和其他任何人;(3) 无论是否存在商标权,哈纳瓦仍然有权依据贸易中的不正当竞争向斯蒂尔维尔及其代理商梅特卡夫要求救济。第一项主张的肯定性回答将在艾伦 & 惠尔案件(第 30 号)中有利于哈纳瓦。第三项主张的肯定性回答则将在梅特卡夫案件(第 23 号)中有利于哈纳瓦,第二项主张则无关判决的决定。考虑到可能对非案件当事人的权利造成的影响,我们将尽可能务实地限制判决范围,尤其是现在我们面前的证据还不够完整、在某些方面不尽如人意。

处理[* * **360**]第 30 号案件的第一项主张较为便利。起诉状是基于被指控的商标侵权,纯粹和单一,不涉及任何不正当竞争的问题。联邦第七巡回上诉法院的判决支持哈纳瓦公司[* **412**],反对艾伦 & 惠尔公司,该判决基于下述原因:尽管后者对茶玫瑰商标的采用早于哈纳瓦公司,但是后者的贸易,就目前所显示的,仅在俄亥俄河的北部。当哈纳瓦公司完全出于善意采用“茶玫瑰”作为其商标时，其完全不知晓任何其他人当时以同样的方式正在使用或使用过这些词汇。经过这么多年，哈纳瓦公司在东南部地区，包括乔治亚州、佛罗里达州、阿拉巴马州和密西西比州建立起了并扩展了贸易。在这些地区的面粉行业，"茶玫瑰"商标成为了哈纳瓦公司面粉的专属名词。法院认为，对商标专用权的保护仅延伸至：由于商标的使用商人的商品被消费者知晓与区分的市场。由于艾伦 & 惠尔公司并不占有东南地区的市场，依据衡平法其无理由要求救济。让我们参考一般原则来检验。商标案件中给予的救济乃基于贸易或商业中凝结在商誉中的受保护的权利。商标的主要和固有的功能是区分其附着的商品来源与所有权。当一方有习惯将其商品标有区别性的商标，以至于购买者可以区分如此标志的商品乃出于其生产，其他人禁止在类似商品上使用相同的商标，因为这样做会使他们的商品代表（最初使用的）商人的商品，会剥夺消费者购买自己的商品而能获得的利润。法院提供补偿或救济是基于下列原因：一方对贸易或商业中的商誉及保持和扩展商誉的商标中拥有有价值的利益。[＊**413**]不法行为的核心在于将彼生产者或销售者的商品当成此生产者或销售者的商品。参见 Delaware & H. Canal Co. v. Clark；[1] McLean v. Fleming；[2] Amoskeag Mfg. Co. v. Trainer；[3] Menendez v. Holt；[4] Lawrence Mfg. Co. v. Tennessee Mfg. Co.[5] 138 U. S. 537, 546, 34 L. ed. 997. 1003, 11 Sup. Ct. Rep. 396。这个核心在商标案件和不伴随有商标侵权的不正当竞争案件中相同。事实上，普通法上的商标正是广义的反不正当竞争法的一部分。参见 Elgin Nat. Watch Co. v. Illinois Watch Case Co.[6] G. & C. Merriam Co. v.

---

〔1〕 13 Wall. 311, 322, 20 L. ed. 581, 583.

〔2〕 96 U. S. 245, 251, 24 L. ed. 828, 830.

〔3〕 101 U. S. 51, 53, 25 L. ed. 993, 994.

〔4〕 128 U. S. 514, 520, 32 L. ed. 526, 527, 9 Sup. Ct. Rep. 143.

〔5〕 138 U. S. 537, 546, 34 L. ed. 997. 1003, 11 Sup. Ct. Rep. 396.

〔6〕 179 U. S. 665, 674, 45 l. ed. 365, 379, 21 Sup. Ct. Rep. 270.

Saalfield;[1] Cohen v. Nagle。[2]

普通法的商标和对它们排他性使用的权利当然被归于财产权的类别;[3]但是仅在如下意义下,不受他人无理干涉的、持续性享有贸易名声及其商誉的权利是一项财产权利,商标只是对其保护的一个工具。如同在同一案件中之前所述的(第94页),该权利产生于使用而非仅仅采纳。英国法院经常提到商标中不存在财产。[4] 但是由于在相同的案件中,法院认可一方采用商标标识其生产的商品的专用权,这是基于如下理由:一人不应该在出售自己商品时假装是他人的商品;其不能被允许实施上述欺诈行为,也不能利用能产生上述结果的其他手段。他因此不能[* **414**]被允许使用将会使购买者误以为他所出售的商品是由另一个人生产的名称、商标、字母或其他标记。很明显,否认商标中的财产权,是为了否认——除附属于使用商标的成型商业或贸易中的财产权。这在上述表达和其他英国案件中很明显。因此,在 Ainsworth v. Walmsley 案[5]中,副大法官佩奇·伍德说:"法院努力保护将特定商标用于特定商品的使用行为。他对标志本身并不享有权利,为个人使用而臆造名称是如此,用于商业中也是如此。如果他不从事钢铁行业而从事亚麻业,并且将一只狮子贴在其亚麻布上,另一个人则可以在钢铁上印有狮子。但当他在特定种类的商品上使用一个商标时,并且使他的商品伴随着商标进行流通时,法院认为没人可以随意地通过使用该商标进行欺诈。"

---

〔1〕 117 C. C. A. 245,198 Fed. 369,372.

〔2〕 190 Mass. 4,8,15,2 L. R. A. (N. S.) 964,76 N. E. 276,5 Ann. Cas. 553,555,558.

〔3〕 Trade-Mark Cases,100 U. S. 82,92,93,25 L. ed. 550,551.

〔4〕 per Ld. Langdale,M. R. ,in Perry v. Truefitt,6 Beav. 73;per Vice Chancellor Sir Wm. Page Wood (afterwards Ld. Hatherly),in Collins Co. v. Brown,3 Kay & J. 423,426,3 Jur. N. S. 930,5 Week. Rep. 676;per Ld. Herschell in Reddaway v. Banham [1896] A. C. 199,209,65 L. J. Q. B. N. S. 381,74 L. T. N. S. 289,44 Week. Rep. 638,25 Eng. Rul. Cas. 193.

〔5〕 L. R. 1 Eq. 518,524.

简而言之,商标仅仅被视为对商誉的保护,而不是财产权的客体,除了与现存业务有联系的情况外。同样的规则在本国也被广泛采用,并且在已经引用的本院的判决中被认可。可参见 Apollinaris Co. v. Scherer;[1] Levy v. Waitt;[2] Macmahan Pharmacal Co. v. Denver Chemical Mfg. Co.;[3] Congress & E. Spring Co. v. High Rock Congress Spring Co.;[4] Weston v. Ketcham;[5] Candee v. Deere;[6] Avery v. Meikle。[7]

[* **415**]在许多案件中存在着这样的表述:商标专有权来源于在先使用。因此,在 Delaware & H. Canal Co. v. Clark 案[8]中提到了"首次使用人",在 McLean v. Fleming 案[9]中提到了"第一个采用该标记的人",在 Amoskeag Mfg. Co. v. Trainer 案[10]中,表达则是"任何符号或设计,先前未被使用,可以区分"之类的。但是这些表述必须在其适用的案件事实中才能理解。各方在同一市场竞争性使用相同商标的普通案件中,运用在先使用解决问题是正确的。但当双方独立地在相同种类的商品上使用相同商标且其经营的市场相去甚远时,在先使用问题在法律上变得无关紧要,除非最起码看起来,后使用行为在选取该商标时是出于有害先使用人利益的图谋,如从他人商品的声誉获利、阻碍他人贸易的扩展。

当然,如果该标记或设计已经被普遍使用,以这种方式使用作为来源或原产地的标识则会造成混淆、误导公众,因此这不能被采用

---

〔1〕 23 Blatchf. 459, 27 Fed. 18, 20.

〔2〕 25 L. R. A. 190, 10 C. C. A. 227, 21 U. S. App. 394, 61 Fed. 1008, 1011.

〔3〕 51 C. C. A. 302, 113 Fed. 468, 471, 475.

〔4〕 57 Barb. 526, 551.

〔5〕 51 How. Pr. 455, 456.

〔6〕 54 Ill. 439, 457.

〔7〕 81 Ky. 73, 86.

〔8〕 13 Wall. 311, 323, 20 L. ed. 581, 583.

〔9〕 96 U. S. 245, 251, 24 L. ed. 828.

〔10〕 101 U. S. 51, 53, 25.

为商标。如在 Columbia Mill Co. v. Alcorn 案中,[1]原告采用争议的词语作为其面粉商标之前,同样的词语已经被该国其他地区众多的面粉厂以相同目的使用。

商标权不局限于在特定地域范围内享有,但可在法律为不法行为提供救济之处被主张和保护,这只在有限意义上是正确的。进入商标使用被扩展的市场,或其含义已为人所知[* **416**],由于侵权使用而被假冒的生产者或商人有权获得保护和救济。但这不是说,商标的所有者可以独占其商品从未到达或并非商标指示的商品市场。我们同意下级法院[2]的观点:"因为要被保护的是贸易而非商标,商标并不认可省或州或国家的地域限制,而只认可由于商标使用被广为人知和识别的商品所扩张到的任何市场。但是商标不可能来到无此标记的商品市场或无商人提供该商品的市场。"

商标权不受地域限制的说法与商标权可延至主权之所在的说法不符。如果主权的地域范围没有限制,那商标权如何扩大?如果在一个有限的市场里单纯采纳和使用商标的行为将创造主权范围内的商标专用权,那么问题立马会发生?"什么主权?"就目前证据所披露的,在阿拉巴马州或其他哈纳瓦公司提起争议的毗邻州的主权范围内,艾伦 & 惠尔的商标完全未被使用,在市场内也不为人所知。就本案争议而言,州内的销售并非州际销售,前者不在美国的主权范围内。United States. Trade-Mark Cases[3].

我们参考了本院[* * **362**] Kidd v. Johnson 案[4]中的表述:"使用商标的权利不局限于任何地方、城市或州,因此被视为可延伸至任意一处。"但是该案事实和背景显示,该用语并非是在争议的意义上使用。判决中呈现的问题涉及原告(Johnson & Company)在装威士忌的容器和桶上使用商标的权利。原告在辛辛那提市生产和销

[1] Columbia Mill Co. v. Alcorn, 150 U. S. 460, 464, 37 L. ed. 1144, 1146, 14 Sup. Ct. Rep. 151, affirming.

[2] L. R. A, 125 C. C. A. 515, 208 Fed. 519.

[3] United States. Trade-Mark Cases, 100 U. S. 82, 93, 25 L. ed. 550, 551.

[4] 100 U. S. 617, 619, 25 L. ed. 769, 770.

售威士忌,这部分取决于派克签订的书面转让协议所产生的效力,这份协议连同作为派克个人财产的酿酒厂及其附属物均被转让给原告的前身。被告基德主张,作为合伙企业的现存合伙人,其享有使用相同商标的权利。法院菲尔德法官说:"该转让明确是为了转让派克所拥有的所有权利。从术语上看,这包括米尔、Johnson & Company 及其继任者的商标使用权。这样的使用,无论价值,都应该是排他性的。如果其他人也可以使用它,商标就起不到在辛辛那提市区分生产的威士忌的作用。因此公司会失去所有已经从该市场获得的商誉利益。使用商标的权利不被局限于任何地方、城市或州,因此被视为是延伸至任意一处。"这不意味着转让的商标权比其用于的贸易更广泛。该案的记录显示原告的贸易已经扩展至新奥尔良市。争议发生在作为被许可人的被告所进行的销售。被告的答辩承认在新奥尔良市与原告用相同商标竞争销售威士忌。这个案件是被作为判例来解决 Johnson & Company 或基德是否拥有[* **418**]排他性权利,或者他们是否对于商标的使用有共同的权利。

我们还参考了 Derringer v. Plate 案,[1] 该案中法院如此陈述:"在费城采用和使用了商标的生产者,在纽约或旧金山拥有与其生产地相同的财产权。"在该案中,原告是费城的一个居民,并且在诉讼发生的三十多年前发明了一种手枪,并且采用"Derringer, Philadel"一词作为商标,此后一直以其为商标,将其印于所有他制造和销售的手枪后膛上。被告从 1858 年开始与原告一样在旧金山从事手枪的生产,在手枪后膛上印有原告的商标。案件报道显示,该案唯一问题是,1863 年加利福尼亚州州法是否废除或取消了商标案件中普通法提供的救济。答案是否定的,法院如此论证:"该权利的享有不受地域限制,受制于关乎使用及享有其他财产权的法律法规或相同所有权的证据,所有者可在普通法下为不法行为提供救济之所在主张和保有财产权",接着是我们之前所引用的。尽管未清楚地陈述,报告暗示原告的手枪在旧金山市场流通,并且他的商标在

[1] Derringer v. Plate, 29 Cal. 292, 295, 87 Am. Dec. 170.

那里知名,被告因此进行模仿。这样一个商标不可能被偶然想到。

从已经讨论的普遍原则中可以得出,商标权像使用者的其他权利,可能[*419]由于抛弃、不使用、懈怠或默许而丧失。抛弃严格意义上需基于抛弃的意图。我们无意于去限制 Saxlehner v. Eisner & M. Co. 案。[1] 至于懈怠和默许,之前已经在被告故意欺诈或知晓原告权利的案件中重复提及,尽管计算获利的请求将被否决,但是禁令的救济会被记录。参见 McLean v. Fleming;[2] Menendez v. Holt;[3] Saxlehner v. Eisner & M. Co. 。[4] 这些案件被视为解决了上述问题。但是案件因案情而存在不同,所引用的案例在这里都不适用。根据有利于艾伦 & 惠尔合伙企业和公司的证据所达到的极限是,他们对"茶玫瑰"商标的使用限定在一个限制的地域,未进入东南地区的州。即使他们不知并且似乎他们确实不知哈纳瓦公司正使用相同商标,他们必须承担如下风险,即善意之人可能在他们不作为的四十年间恰巧使用相同商标并在面粉行业投入了金钱和汗水、以该商标建立起生意。相当长一段时间过去了,起算于艾伦 & 惠尔的"茶玫瑰"最后一次特定销售时——20 世纪 70 年代后期——东南部地区以外的美国其他地区已经开始销售面粉,很难找到清晰的证据证明商标未使用而导致商标被抛弃。当该情况出现时,并且确实发生了[* *363],哈纳瓦公司善意且未注意到艾伦 & 惠尔商标、投入了大量的金钱与汗水在东南地区的市场建立起了自己的生意,这样"茶玫瑰"在当地只代表哈纳瓦公司的面粉而不代表其他公司,艾伦 & 惠尔公司在该片地区主张商标侵权受到禁反言的约束。

[*420]这片地区的范围和特点,以及其远离艾伦 & 惠尔商标知名的区域,这些都是需要被考虑的情况。单单是阿拉巴马州——不讨论本案中的其他州——有着超过 50,000 平方英里的面积。根据 1910 年的人口普查,阿拉巴马州拥有超过 2,000,000 的人口。其最

---

[1] 179 U. S. 19,31,45 L. ed. 60,73,21 Sup. Ct. Rep. 7.

[2] 96 U. S. 245,257,24 L. ed. 828,833.

[3] 28 U. S. 514,523,32 L. ed. 526,528,9 Sup. Ct. Rep. 143.

[4] 79 U. S. 19,39,45 L. ed. 60,76,21 Sup. Ct. Rep. 7.

北面与辛辛那提市的南部相距250英里，而那里是标有艾伦 & 惠尔"茶玫瑰"商标的商品销售的地方，早在40年前就开始了目前的争议。我们不是在讨论这种案件，即在后商标使用人占有随后可能被先使用人的商业扩展到的地域，我们无须对这类案件作出判决。根据现有陈述的情况，如果允许艾伦 & 惠尔公司在阿拉巴马州使用商标、排除哈纳瓦公司在该处的使用，这会剥脱后者花费巨大并且未注意到前者权利所建立起的贸易和商誉。将其权利授予前者是对商标权理论的误用。

本案的事实很罕见，并且我们未在先例中找到相似的。最近发生的案件 Theodore Rectanus Co. v. United Drug Co.[1]十分相似。

我们现在来讨论第23号案件。上诉法院拒绝根据商标侵权给予哈纳瓦公司对抗梅特卡夫的救济。这部分是因为艾伦 & 惠尔是该商标的第一个使用人，并且直到本案诉讼之时仍持续的被其公司和继任者使用。但主要是因为，无论该使用是否普遍或持续以排除其他使用，证据[* **421**]显示，1895年斯蒂尔维尔公司开始使用相同商标，并且在伊利诺伊州、田纳西州、印第安纳州、阿肯色州和密西西比州继续使用，偶然性地会装船至阿拉巴马州——这种使用如此广泛和持续以至于能够排除哈纳瓦公司无论基于首次使用或在该地域的排他性使用的主张，而哈纳瓦试图排除梅特卡夫的诉求；并且"斯蒂尔维尔米林公司的首次使用和根据证据显示的在本地域的广泛和持续使用给了它绝对的权利来将茶玫瑰商标面粉生意扩展至美国的其他地方，并且不会引起法律上对不正当竞争的嫌疑"。反不正当竞争的救济被否决，是因为哈纳瓦公司未能明确证明其通过之前的采用已经在商品上建立起排他性权利。

对哈纳瓦和斯蒂尔维斯之间的商标权问题（将艾伦 & 惠尔排除于该问题之外），证据有些自相矛盾。有证据显示哈纳瓦对于茶玫瑰商标的使用早于1893年，并且可能早在1886年就开始了。1903年前使用的范围和具体细节却未如此显示。另外，斯蒂尔维尔似乎

---

〔1〕 C. C. A. 6th C. 226 Fed. 545，549，553.

是在1895年采用了该商标,并在伊利诺斯州、田纳西州、密西西比州、路易斯安那州和阿肯色州的贸易中使用了该商标;而该使用的范围和具体细节也未如此显示。两公司之间的激烈竞争发生在1903年至1905年之间梅瑞迪恩、路易斯安那州和阿肯色州茶玫瑰面粉的销售。结果是哈纳瓦公司主张其面粉商标的使用早于斯蒂尔维尔公司的使用,并成功在制粉业[*422]国家联合会的非正式仲裁中获得了支持性的裁定。因为这或者其他一些原因斯蒂尔维尔似乎放弃了并让哈纳瓦公司完全掌握了梅瑞迪恩的市场。除了斯蒂尔维尔公司在梅瑞迪恩的生意,没有证据显示其在东南部的州有贸易,除了1899年在阿拉巴马州的威斯特勒将茶玫瑰面粉单独销售给了一个商人[* *364],数量未明,以及其他两个单独的销售,每个案件中涉及的数量很少,一个是在1910年在密西西比州的图铂洛销售给了一个零售商,另一个是在1912年1月在密西西比州的西点销售给了一个零售商。

当我们考虑这些证据时,它们并未支持第五巡回上诉法院关于首次使用或广泛持续使用、斯蒂尔维尔公司对茶玫瑰商标的排他性使用的观点。并且争议地区对商标使用的历史中不存在任何证据可以剥夺哈纳瓦公司至少对斯蒂尔维尔公司或梅特卡夫的不正当竞争行为的权利。

证据清楚的显示,梅特卡夫在起诉前实施了不正当竞争。从1904年起哈纳瓦公司就已经广泛地在阿拉巴马州和密西西比州、乔治亚州、佛罗里达州的部分地区重复推广了它的茶玫瑰面粉,伴随的结果是该面粉的每年销售量在这些市场高达超过150,000美元,哈纳瓦公司作为茶玫瑰面粉厂开始为人所知,并且"茶玫瑰"一词在该地区的面粉行业就代表着哈纳瓦公司而不代表其他。除了在1910年和1912年密西西比州的两次单独销售,[*423]多年来除了哈纳瓦公司没有其他的茶玫瑰面粉在该地区被销售。需要进一步说明的是,哈纳瓦的茶玫瑰在巴特勒县和阿拉巴马州毗邻的县一直在被营业地位于格林威尔的麦克马伦食品杂货公司销售。麦克马伦公司对哈纳瓦公司的茶玫瑰面粉独家经销。因此,在格林维尔做生意的梅特卡夫不能取得该商标并销售给顾客。然而在诉讼开始的不久之前,他向公众和巴特勒县的同行宣称他通过收到来自斯蒂尔维尔公司的委托而获得了茶玫瑰面粉的销售,其上面标有"茶玫瑰",并且其包装与哈纳瓦公司所生产的十分相似,根据无可争议的证据,它们"计划并且实际上也欺骗了普通和偶然的面粉购买者,使购买者相信所购买的是由哈纳瓦公司所生产的商品"——梅特卡夫在其骡和马车上大肆宣传,向公众广告他已经获得了茶玫瑰面粉的装运,并且是"斯蒂尔维尔公司的茶玫瑰面粉,具有最好的品质"。梅特卡夫及推广了大量这种货物的流动商人以及几个购买过一桶到十桶面粉的当事人作证其并非以哈纳瓦公司的名义销售,相反称是斯蒂尔维尔公司生产的茶玫瑰面粉。但是梅特卡夫利用哈纳瓦公司声誉的目的是明显的。品牌及所伴随的设计、包装构成的相似以误导普通顾客的意图非常明显。对我们来说,这似乎是一个不正当竞争案件。事实强烈表明了欺诈故意,将斯蒂尔维尔的茶玫瑰面粉假冒成顾客认为相同的、已建立其良好商誉的原告茶玫瑰。在标有"哈纳瓦"的地方用"斯蒂尔维尔"代替,这无法令人信服其目的是善意或结果是无害的,因为这个标签有"茶玫瑰"一词(已经获取了第二含义),并且有着区别性的包装,这两点在该市场中明显代表着原告的面粉。因此,原告获得了对梅特卡夫的禁令,这与其在该地区确认商标权的诉求无关。参见 Coats v. Merrick Thread Co. ;[1] Elgin Nat. Watch Co. v. Illinois Watch Case Co. 。[2] 如果需要的话,对后一诉求的判决会在最后一次听证会做出,那时候证据预计会比现在更加完整。

结论是,第 23 号案件中的禁令应当被撤销,并且重审的原因与本意见一致,第 30 号案件则应予维持。

撤销第 23 号案件的禁令。

驳回第 30 号案件的上诉。

维持第 30 号案件的禁令。

---

[1] 149 U. S. 562,566,37 L. ed. 847,850,13 Sup. Ct. Rep. 966.

[2] 179 U. S. 665,674,45 L. ed. 365,379,21 Sup. Ct. Rep. 270.

霍姆斯法官的协同意见:

我倾向于同意撤销驳回哈纳瓦公司起诉的判决并且维持禁止向艾伦&惠尔公司颁发临时禁令的判决,并且我基本上同意本院的论证[**365]。但是我认为有必要进一步讨论我们的设想,我们正在处理并未发生州际贸易的几个州的商标问题[*425]。对于该设想,我们面前的问题是州法的问题,因为我们正在考虑的权利是由州主权认为需要时所赋予的。需要引证先例显得太过明显,但这是Trade-Mark Cases的必要推论。这些案件判决,国会不能处理使用在一州公民之间的贸易的商标问题。它的意思是州可以处理它们,并且实际上有时是通过制定法处理的[1],当不用制定法时则是根据州的普通法处理的。

由于多个州的普通法大部分有着相同的渊源,并且它们的商标和不正当竞争法总体特征相同,所以说商标承认无地域限制是很自然的并且大体上正确。

在该案中应被牢记的是,当一个商标首先在一个州被认可后,在另一个州是在新主权的管辖下所授予的权利。新主权并不是被动的傀儡。它在其管辖权限内创造了权利,并且该权利可能是有条件的,例如要求该商标被记载,否则可遭致拒绝。那么问题是阿拉巴马州的普通法在这样的案件中是怎么样的。对我而言,如果一个默默无闻的商标已经使用并在当地具有商誉,州法自然可表明那些善意花费金钱在当地建立声誉的人不应被其他州在先使用的商标攻击,无论远近。直到我被迫接受了一个不同的观点,即这是该州的普通法。对我而言本院所陈述的权利的基础需要这样的结论。进一步参考[*426]Chadwick v. Covell[2]. 如果其他人在阿拉巴马州无法控制的地方使用了商标,他们会来夺取那些在该州已经使用该商标的人的努力成果。

我认为,总是讨论国会管辖范围之外事情的州界限,在另一方面是重要的。我不相信在芝加哥认可的商标可以被竞争者在伊利诺

---

〔1〕 Mass. Rev. Laws, chap. 72, § § 2,3.

〔2〕 151 Mass. 190,193,194,6 L. R. A. 839,21 Am. St. Rep. 442,23 N. E. 1068.

斯州的其他地方使用,仅仅因为它在该地不为人所知。我认为,如果它在州的一处是好的,那它在州的全部地方都是好的。但是当它试图越过州界线时,其可能发现自己受限于根据与伊利诺斯州具有同等权力及该区域最高掌权者所作的批准。如果这个观点被接受,我们能排除所有模糊的问题和阴影的步伐,即很难决定该业务是否扩展到了它们那里。我们对该权利来源管辖范围的基本考虑为上述问题确立了明确的界限。在大部分案件中,管辖权的改变不是重要的,因为新法会取代并适用旧法相同的原则。但是在这里,人民的正义要求州设定一个界限,它可能会这么做,并且本院难说它的行为是错误的。

2. United Drug Corporation v. Theodore Rectanus Corporation [1918]

[阅读提示]

瑞吉斯是马萨诸塞州居民,她在1887年前后以“Rex”作为药物制剂的商标并随后在专利商标局进行了注册。1883年前后,被告西奥多将“Rex”作为药物制剂的商标并使用了十六七年之久。联邦最高法院指出,同样的商标恰巧被两个处于独立且相去甚远市场的生产商使用,以至于同样的商标在各自市场中指示不同的商品,这构成商标侵权的例外。如果将申请人的商标权效力延至其远方贸易市场,这样不仅会剥夺被申请人在此区域因长期持续使用商标所形成的商誉,及为建立业务而花费的大量支出,而且会让申请人从宣传中收获被申请人在当地的实质性利益,同时导致相关公众混淆。

美国联邦最高法院

联合药物有限公司

诉

西奥多瑞克塔纳斯有限公司

编号:第 27 号

判决日期:1918 年 12 月 9 日[1]

皮特尼法官:

1912 年 9 月 24 日,本案申请人——一个马萨诸塞州的公司以一个肯塔基州的公司以及该州的几个公民为被告在美国肯塔基州地区法院西部地区法院提起了衡平法上的诉讼以禁止商标侵权以及不正当竞争行为。

地区法院根据诉状的请求针对被告颁发了禁令。巡回上诉法院撤销该禁令并发回重审,同时指令驳回起诉。本院有位法官准许上诉,我们随后签发了调卷令。根据规定,为上诉目的而提交的材料被视为调卷令的回复。根据司法法典第 128 条(1915 年 1 月 28 日被修订),上诉应被驳回,原因将在调卷令中确定。[* **94**]

基本事实如下:1877 年左右,艾伦 · M. 瑞吉斯作为马萨诸塞州黑弗里尔的居民,开始小范围为消化不良和其他的疾病配置和分发药用制剂,她从自己的姓氏中分离出单词"Rex",并将其申请为识别其制剂的商标。这个单词以一般的商标使用方式使用于陈列在超市中的药品包装盒和包装袋上,最开始是单独使用的,后来她与儿子合作成立了公司"E. M. Regis & Co.",她继续进行适度的规模经营;1898 年,她根据马萨诸塞州法律(Acts 1895, p. 519, c. 462, § 1)将单词"Rex"注册为商标;1900 年该公司根据 1881 年 3 月法案(21 Stat. 502, c. 138)在美国专利商标局进行注册;1904 年马萨诸塞州最高法院根据州法律维持了他们的商标,同时驳回了本案申请人使用

[1] United Drug Co. v. Theodore Rectanus Co. No. 27. Decided Dec. 9, 1918. 248 U. S. 90, 39 S. Ct. 48.

“Rexall Remedies”的商标进行药物制剂的销售。参考 Regis v. Jaynes;[1]后来这家公司在专利局对该商标的争议程序中建立了优先权以对抗本案申请人;随后在 1911 年,申请人购买了具有商标权的营业,并将该商标使用于其他业务,这些业务包括药物制剂的生产以及通过零售药铺的分发和销售,而这些零售药铺的名字就是“Rexall stores”,它们分布于不同的州,其中的 4 家就在肯塔基州路易斯维尔。

与此同时,1883 年前后,西奥多作为一个路易斯维尔的药剂师,被亲切地称作“Rex”,西奥多将这个单词“Rex”当做商标使用于一个叫做“血液净化”的药物制剂上面。他在路易斯维尔以及周边地区[*50]大范围地使用该商标,并且出巨资进行推广和建立商业[*95],所以如果排除瑞吉斯在马萨诸塞州在先使用这个单词可能产生的影响,西奥多有权利将该单词作为商标使用,可是西奥多完全忽略了瑞吉斯的这一情况。在 1906 年,西奥多将他的生意和商标使用权卖给了被告;西奥多以及后来的被告对该标志的使用所持续的时间是从 1883 年以后直至 1912 年提交本诉状为止。

申请人第一次在路易斯维尔或者周边地区的药物销售中使用“Rex”是在 1912 年 4 月,两批将近有 150 箱、价值 22.50 美元的“Rex 消化不良片”被送至该城市的其中一个“Rexall”商店中。在此后不久,这些商店就在其出版的当地新闻媒体上利用这个名字宣传药品。在去年 9 月,申请人将总量约 5 箱的货物运至在肯塔基州富兰克林的店铺,这里距离路易斯维尔大约有 120 英里。没有任何证据表明在这之前,肯塔基州的或者是附近的消费者曾听说过瑞吉斯药品,无论是否以“Rex”商标描述,或者说这个单词对于在肯塔基州的消费者来说,除指向瑞克塔纳斯和瑞克塔纳斯公司以及它们的“血液净化器”外,它曾经还具有任何含义。这的确传达了路易斯维尔及周边地区该单词含义,这一事实是没有争议的。申请人运往肯塔基的第一船货物的几个月前,其在路易斯维尔的一个分销商明确

---

[1] 185 Mass. 458,70 N. E. 480.

告诉申请人,被告一直使用单词“Rex”以指明他自己的药物制剂,并且瑞克塔纳斯先生在申请人运货物之前已经使用了该单词 16 年到 17 年之久。

除商标侵权的问题之外,没有任何证据支持对被告不正当竞争的指控。对此,两个法院都认为,实质上,双方及其前身公司在 25 年到 30 年间善意使用相同商标在不同但略微[* **96**]相关的药方中,尽管使用的地域相去甚远。任何一方都没有意识到对方所做的事。地区法院认为,由于瑞吉斯女士早于瑞克塔纳斯先生采用该标识,申请人享有专有权利将该单词持续地使用在治疗消化不良、胃及其他消化器官疾病的药物制剂上,并不存在针对不正当贸易的利润和损失的估值。可见 McLean v. Fleming;[1] Menendez v. Holt;[2] Saxlehner v. Eisner & Mendelson Co.;[3] Saxlehner v. Siegel-Cooper Co.。[4] 巡回上诉法院考虑到瑞克塔纳斯一直长时间地使用这个标志,并且完全不知道瑞吉斯女士的药剂以及商标,瑞克塔纳斯在这种情形下花费甚多以使其标志知名,并且在路易斯维尔及周边地区以该标志的名义建立了大量的当地经营业务。而另一方面,同样时间段里瑞吉斯女士却什么也没有做,既没有寻找零售商,也没有通过广告使其药物、市场为新英格兰州以外所知,她只是通过相邻各州的零星销售保存业务,也没有努力将贸易扩大到肯塔基州。她和她的继任者应该知道,假定这一领域是自由开放的,就如同瑞克塔纳斯和他的继任者所做的那样,其他人会被她们的沉默和无所作为所误导。所以瑞吉斯女士被禁止反言,不得针对瑞克塔纳斯公司在路易斯维尔和周边地区的持续使用该标识的行为申请禁令。

申请人的所有观点总结起来就是,当商标的首次使用人合理勤勉地扩张其商业疆域时[* **97**],并且作为这种扩张的结果是善意地与同样商标、同样善意的后使用人开展竞争,后使用人在首次使用

---

〔1〕 96 U. S. 245, 24 L. Ed. 828.

〔2〕 Menendez v. Holt.

〔3〕 179 U. S. 19, 39, 21 Sup. Ct. 7, 45 L. Ed. 60.

〔4〕 179 U. S. 42, 21 Sup. Ct. 16, 45 L. Ed. 77.

人进入其疆域之前已在当地扩张商业,所以最终竞争对手要在共同的市场中使用同样的商标提供竞争性的产品,后使用人应当基于先使用人的诉讼而被责令停止使用,即使先使用人是进入该竞争领域的后来者,而后使用人已经在那里建立了业务。这一观点应用于本案是基于这样的假设,即有证据证明瑞吉斯女士和她的公司在从事其药物制剂上使用 Rex 商标的有限及本土商业期间,一直在尽其可能努力拓展其业务。但几乎没有证据支持这样的假设;但是,一旦放弃讨论这个,我们将会错过主要的争论点。

这种所谓的理论建立在基本的错误假设之上:商标权是一个净权利或者全部的权利,就像一个法定的版权或者一个发明专利权,对于这两者的任一种,事实上,与商标权几乎都没有可比性。参见 Canal Co. v. Clark,〔1〕z;McLean v. Fleming,〔2〕商标并不能作为财产,除非附属于采用该商标的、已经建立的业务或者贸易。商标法是广义不正当竞争法的一部分;一个特定标识的权利[* **51**]来源于对其的使用,而不仅仅是采纳该标识;它的作用仅仅是为了指明产品来源于一个特定的生产商,并从其他人的类似产品销售中保护自己的商誉;因而只有与一个现存的经营业务联系起来,它才能成为财产权。参见 Hanover Milling Co. v. Metcalf。〔3〕

商标的所有人或许不能像一个发明专利[* **98**]的所有人那样,作为一种垄断消极地禁止他人使用。参见 United States v. Bell Telephone Co.;〔4〕Bement v. National Harrow Co.,〔5〕Paper Bag Patent Case。〔6〕

事实上,在合理程度上,商标并没有赋予(所有人)垄断权,它只是一种通过在产品上或者其销售的商品和包装上放置一个区别性

〔1〕 13 Wall. 311,322,20 L. Ed. 581.

〔2〕 96 U. S. 245,254,24 L. Ed. 828.

〔3〕 240 U. S. 403,412 –414,36 Sup. Ct. 357,60 L. Ed. 713.

〔4〕 167 U. S. 224,250,17 Sup. Ct. 809,42 L. Ed. 144.

〔5〕 186 U. S. 70,90,22 Sup. Ct. 747,46 L. Ed. 1058.

〔6〕 210 U. S. 405,424,28 Sup. Ct. 748,52 L. Ed. 1122.

的标识或者符号，例如一个商业签名，促进商家商誉保护的便捷方式。

至少在缺少为此目的而制定有效法律的情况下，这意味着一个商标的采用并不意味着保护的权利先于拓展的贸易领域，或者就将贸易准备拓展到的领域，商标可以作为一个地域性权利的声明。我们经常遇到这种表达，即一个商标权不限于领土边界而享有，这只有在使用商标的贸易所到之处才是正确的，此时，当别人在该贸易地域内销售商标权人的商品时，他有权利获得保护。

商标和商标专用权的财产性，规定在几个州的法律中，且对商标的安全和保护也取决于各州法律规定；国会的商标立法权仅用于规范与外国、各州间以及与印第安部落的贸易。参见 Trade-Mark Cases。[1]

代表申请人所声称的所有让步，申请人在 1911 年 4 月收购了瑞吉斯女士和她的公司在此之前所从事的所有业务，这些业务仅限于新英格兰州，在纽约、新泽西州、加拿大以及新斯科舍省有无足轻重的销售量。由于肯塔基州实行普通法原则，所有以上这些都没有在肯塔基州给予她[* **99**]任何权利。参见 Hunt v. Warnicke's Heirs, 3 Ky.[2] Lathrop v. Commercial Bank, 38 Ky.[3] Ray v. Sweeney, 77 Ky.[4] AEtna Ins. Co. v. Commonwealth, 106 Ky.[5] Nider v. Commonwealth, 140 Ky。[6] 该州的判例法上并无任何先例可循，我们也没有发现商标法上对此有任何特殊的规定。虽然有一些少得可怜的立法，但是没有一个能影响这个案例（肯塔基 Stats. § 2572c, subsec. 7; sections 4749 – 4755）。没有什么能阻止肯塔基州（当然，国会可在其权限范围内）授予瑞克塔纳斯肯定性权利，瑞克

[1] 100 U. S. 82, 93, 25 L. Ed. 550.

[2] (Hardin) 61, 62.

[3] (8 Dana) 114, 121, 33 Am. Dec. 481.

[4] (14 Bush) 1, 9, 29 Am. Rep. 388.

[5] 864, 881, 51 S. W. 624, 45 L. R. A. 355.

[6] 684, 687, 131 S. W. 1024, Ann. Cas. 1913E, 1246.

塔纳斯在那个州享有专有权利对抗任何在他之后使用商标的人;但是他是否具有这样的权利,或者说被告是否享有这些权利,也是一个目前还没有回答的问题;也不存在禁止申请人在竞争领域使用这个商标的禁令请求。

无论根据马萨诸塞州法律还是国会法案,还是两者,瑞吉斯商标的注册都能扩大瑞吉斯女士的权利或者使申请人超越于普通法的原则,这是没有争议的,也没有争议的基础。显然,马萨诸塞州法律(Acts 1985,p.519,c.462)没有州外效力。国会在1881年3月3日的法案(21 Stat.502,c.138)只适用于与外国或者印第安部落的贸易,这两者与本案均无关。参见Ryder v. Holt。[1] 也没有任何规定让注册登记等同于权利宣示。1905年2月20日的法案(33 Stat. 724,c.592 [Comp. St. 1916, § 9485 et seq.]),代替了1881年的法案,在扩大使用在州之间贸易的商标保护之时,没有扩大[* **100**]之前的注册登记的效力,除非延续该法案第12条的规定,但该条并不适用于本案;所以我们不需要考虑本法案中是否有规定可以帮助申请人的案件。

毫无疑问,在因使用相同标识的权利而产生的侵权纠纷中,一般的原则应当是先占原则。参见Canal Co. v. Clark;[2] McLean v. Fleming;[3] Manufacturing Co. v. Trainer;[4] Columbia Mill Co. v. Alcorn。[5]但因为买方已经逐渐将商标理解为指示产品来源的标记,以至于第二生产商也尝试像他的竞争者那样使用该标识销售货物。这个规则的理由不能扩大适用到这样一个案件中,同样的商标[* **52**]恰巧被处于两个独立且相去甚远的市场的生产商使用,以至于同样的商标在此市场中指示一物,而有可能在彼市场上指示另一物。这可以说是先占原则的例外,以使其适用于我们幅员辽阔的国

〔1〕 128 U.S.525,9 Sup. Ct. 145,32 L. Ed. 529.

〔2〕 13 Wall. 311,323,20 L. Ed. 581.

〔3〕 96 U.S. 245,251,24 L. Ed. 828.

〔4〕 101 U.S. 51,53,25 L. Ed. 993.

〔5〕 150 U.S. 460,463,14 Sup. Ct. 151,37 L. Ed. 1144.

家。一个真诚无辜的当事人在一个州善意地使用了一个商标，并通过使用该商标在那里开展了贸易活动，而且成为了那个司法管辖区的第一个使用者。而另一人也使用了同样的商标，但只在其他相去甚远的管辖区使用。基于该人的使用相对前一人的使用为首次使用，因此前一人被禁止继续使用该商标，这样做的结果会损害他的贸易活动和商誉。

在一些案件中，联邦法院认为商标在国外的在先使用并不能使商标所有人针对一个比他更早进入美国市场并善意使用类似商标的人在美国享有专有的商标权。[* **101**] 参见 Richter v. Anchor Remedy Co.[1] Richter v. Reynolds,[2]; Walter Baker & Co. v. Delapenha[3] Gorham Mfg. Co. v. Weintraub[4] (D. C.) 196 Fed. 957,961 Hanover Milling Co. v. Metcalf,[5] 有同样的观点：

一般情况下，在同一市场使用同一商标竞争的各方，先占原则的确可以解决问题。但是当两个当事人独立地在同类产品上使用同一个商标，而且他们完全处于独立、距离遥远的两个市场时，先占的问题就在法律上微不足道了。除非至少能表明第二个采用该商标的人选择同样商标的行为会对第一个人利益有损，比如利用了后者产品的声誉获得利润、阻碍其贸易的拓展。

在本案中，如同已经陈述的，瑞克塔纳斯及其公司没有表明其有任何险恶的目的；所以当双方在肯塔基的市场发生竞争之前，引用的段落正确确定了当事人的地位。结果，从我们所说的内容就必然能推理到，申请人作为市场的新进入者，必须受制于先前被瑞克塔纳斯公司及其前身善意取得的权利。相反，如果要求瑞克塔纳斯从该领域离开，以使瑞吉斯女士及其继任者能够享有净权利，并延伸至与其最远端的贸易场所相去甚远的地方：这样不仅剥夺了其瑞克

---

[1] (C. C.) 52 Fed. 455,458.

[2] 59 Fed. 577,579,8 C. C. A. 220.

[3] (C. C.) 160 Fed. 746,748.

[4] (D. C.) 196 Fed. 957,961.

[5] 240 U. S. 403,415,36 Sup. Ct. 357,361 (60 L. Ed. 713).

塔纳斯长期持续的在路易斯维尔及周边使用商标所形成的商誉,而且剥夺了为建立自己的业务而花费的大量支出;相反还能让申请人从向公众的宣传中收获瑞克塔纳斯[* **102**]在当地赋予给这个商标的实质性利益;并导致混淆、使公众对使用 Rex 商标在路易斯维尔销售的产品来源发生误导,因为在申请人进入之前的该市场中,"Rex"商标仅指示瑞克塔纳斯的产品,而非瑞吉斯的。

为了支持其观点,申请人引用了类似的案件,该案被地区法院所援引,可见 McLean v. Fleming, ; Menendez v. Holt,[1] Saxlehner v. Eisner & Mendelson Co. ;[2] and Saxlehner v. Siegel-Cooper Co. 。[3] 这些案例都证明了这样的规则:当侵权证据明确时,衡平法院一般情况下不会拒绝发出对商标权进行未来保护的禁令,甚至由于他的默许或疏忽以至于没有权利向侵权者主张过去的利润时也是如此。在阅读这些案件的判决意见中,可以明显发现,该规则为故意侵权或者欺诈性模仿的案件提供了合适的适用规则;但是它却与我们现在处理的案件事实没有相关性。在 McLean v. Fleming 案中,本院提出的唯一影响被上诉人获得禁令权利的问题是,巡回上诉法院是否错误地查明被告的标签"Dr. McLean's Universal Pills"等侵犯了原告的标签"Dr. C. McLane's Celebrated Liver Pills",以及两者标签之间的相似性是否足以欺骗普通的谨慎的消费者。证据表明从他使用侵权标签开始,被告(McLean)就已经知道 McLane liver pills,这是没有疑问的,这就至少引发了一个重要的问题——他是否并非为假冒原告产品之目的采用该标签。他辩驳说,他的标签导致了对原告的侵权,当这个确定时,禁令的正当性也就清楚了。在 Menendez v. Holt 案中[* **103**],类似地,被告(Menendez)承认,已经存在使用于地板上的争议商标"La Favorita"并且自己正在使用该商标,但是他否认 Holt & Co. 是商标所有人,其主张莱德作为公司的前任成员,有权利使用该商标,并且在他成为被告之前,被告曾经出售过标有"La

---

〔1〕 128 U. S. 514,9 Sup. Ct. 143,32 L. Ed. 526.

〔2〕 179 U. S. 19,39,21 Sup. Ct. 7,45 L. Ed. 60.

〔3〕 179 U. S. 42,21 Sup. Ct. 16,45 L. Ed. 77.

Favorita,S. O. Rider”商标的地板。然而,毫无疑问的是,被告在知道该商标已经由其他人使用的情形下仍然使用该商标。在 Saxlehner 案中,案件事实是独特的,不需再次阐述;禁止[＊**53**]销售故意模仿原告标签的某种瓶装水。在这 4 个案件中,都缺少本案独有的特征。

Allen & Wheeler 案提供的判决基础与本案提到的事实非常接近(可见 Hanover Milling Co. v. Metcalf),[1]以至于没有必要再进行更深入的讨论。瑞吉斯女士和她的公司长时间将“Rex”商标的使用局限于有限的远离争议区域的地区,她们必须要承担这样的风险,即一些无辜的当事人同时使用了同样的商标,并使用于具有类似特征的商品上,他们花费金钱和努力为该商标建立相应的业务;而且因为显然瑞克塔纳斯是真诚善意的,对他人的在先使用毫不知情,他选择使用“Rex”商标并通过花费金钱和精力成功地在路易斯维尔及周边地区为该商标创建了本土性、有价值的经营业务,而且他的这些活动的开展早于申请人进去该领域时。所有的这些努力使“Rex”为人所熟知且在当地成为了瑞克塔纳斯及其继任者的“商业名片”,申请人受到禁反言原则的约束,其不能在这一地区继续使用该商标,以免侵犯瑞吉斯的商标权。因冲突性使用同一商标所导致的混淆[＊**104**]均应归因于申请人知情进入该地区的行为,申请人不能对此起诉。如上所述,被告并未抱怨。

维持裁决。

---

[1] 240 U. S. 403,419 – 420,39 Sup. Ct. 357,60 L. Ed. 713.

3. Dawn Donut Company, Inc. v. Hart's Food Store, Inc. and Stathart Bakeries [1959]

[阅读提示]

商标权人的贸易扩展问题是适用商标善意共存原则的难点。第二巡回上诉法院指出,在地理上完全分割的贸易领域内在零售层面的商标使用行为不可能产生混淆,在同一地区的零售和批发这两个不同的市场层面的同时使用也不可能产生混淆。原告在最近三十年内均未将贸易扩展至被告商业领域,显然难以期待原告未来具有扩展贸易的可能。但是,由于《蓝能法》对注册商标赋予了推定注意的效果,原告可基于之后萌生的贸易扩展意图而禁止被告使用该商标。

美国联邦第二巡回上诉法院

黎明甜甜圈公司(原告——上诉人)

诉

哈特食品商店 & 斯坦特哈特面包店(被告——上诉人)

编号:第 108 号判决,25110 号案卷

判决日期:1959 年 5 月 21 日[1]

拉姆巴德巡回法官:

本案的主要争议在于,原告作为一个在联邦范围内注册了"黎明"和"黎明甜甜圈"商标的甜甜圈和其他相关烘焙食品的批发商,是否有权依据《蓝能法》禁止被告在纽约州环绕罗切斯特的六个县域范围的甜甜圈和烘焙食品的零售上使用"黎明"标志。

案件主要的难点在于,尽管原告许可其组合产品的买家在利用其组合产品生产的食品零售上使用其商标,但将近三十年来其从未许可他人在被告的市场领域内拓展自己零售层面的业务。

我们认为,目前在两个分立的市场贸易领域的甜甜圈和其他烘焙食品的零售销售上使用商标并不存在造成公众混淆的可能,同时,目前也不存在原告会将商标的零售使用拓展至被告市场领域范围内的可能,因而原告现在无权根据《美国法典注释》第十五编第 1114 条(译者按:即《蓝能法》,如无明确指明,本案中法条均指《美国法典注释》第十五编下的法条)获得任何救济。因而,我们维持地区法院作出的驳回原告诉讼请求的判决。

这(驳回原告的诉讼请求)并不意味着被告有权在其贸易领域永久使用该标识。相反,我们认为根据《蓝能法》推定注意义务条款的效力,如果原告将其零售活动扩展至(被告)的六个县的市场领域内,并向地区法院了提出适当的申请和告知,则被告的使用将被禁止。

---

[1] Dawn Donut Company, Inc., Plaintiff-Appellant, v. Hart's Food Stores, Inc. and Stathart Bakeries, Inc., Defendants-Appellants.

关于被告基于原告的商标许可使用模式违反《蓝能法》所提出撤销原告注册商标的反诉,法院的多数意见认为应当维持地区法官作出驳回该反诉请求的判决。

法院的多数意见认为,地方法官查明原告根据《蓝能法》的要求对被许可人销售的商品性质和质量施加一定程度控制的做法并无明显的错误,特别是考虑[*361]被告具有证明其撤销请求的举证责任。我不同意该结论,因为无论是初审的调查还是记录中并无争议的证据都无法表明原告事实上(对其被许可商)所施加的监督和控制达到了何种程度。

我们现在面对的是针对纽约州西部地区法院的判决所提起的交叉上诉。地区法院的判决驳回了原告关于其联邦范围内的注册商标被侵权的请求,同时也驳回了被告提出的撤销原告联邦注册商标的反诉请求。

原告黎明纳德公司位于密歇根州的杰克逊市,其从 1922 年 6 月 1 日起一直在出售给各州(包括纽约州)面包商的 25 ~ 100 磅袋的甜甜圈组合上使用“黎明”商标。从 1935 年它开始出售可以用于烘焙咖啡蛋糕、肉桂卷和烘烤商品这类食品的一系列甜甜圈组合,同样使用了“黎明”商标。1950 年,蛋糕组合产品成为该公司众多产品系列中的一种。

黎明甜甜圈公司的销售代表向面包商发出订购甜甜圈组合的邀约,获得的订单或者直接由原告位于密歇根州杰克逊市的生产甜甜圈组合的工厂直接船运给买家,或者由顾客所在州当地仓库船运给他们。

多年来原告在纽约州的詹姆斯镇一直维持着一家仓库用来将产品装船,但是在 1954 年该诉讼开始之前的一些时候原告撤除了该仓库,自此它的甜甜圈组合直接从密歇根州装船运给纽约州的顾客。

部分买家同意成为原告的特许经营店,原告向他们供应甜甜圈组合,而且原告同意这些买家在广告和包装材料上使用“黎明”商标,并允许这些面包商向消费者出售用甜甜圈组合制造并贴上“黎明”商标的产品。这些宣传材料或者由原告礼节性地提供(免费),或者只收取了适当的费用,但显而易见的,这样的做法刺激和促进了原告甜甜圈产品的销售。

地区法院的发现，除了一家位于罗切斯特的黎明甜甜圈特许专营店，原告在纽约州许可使用其商标的甜甜圈销售区域都至少远离被告的销售区域60公里以上。

地区法院同时发现，过去的18年里原告在纽约州的销售代表从未间断地、有规律地向罗切斯特以及周边城镇的面包商发出订购原告的甜甜圈组合的邀约。在此期间原告获得了一些订单，甜甜圈组合由密歇根州的杰克逊市装船运至罗切斯特。但是，原告甜甜圈组合的购买商从未将其商标用在产品零售销售之上。

被告哈特食品商店拥有并经营着位于纽约州的门罗、韦恩、利文斯顿、杰纳西、安大略和怀俄明六个县的零售连锁杂货店。

被告哈特面包店是纽约的一家公司，且被告是其唯一的股东，该公司生产的产品通过上述杂货店出售，因而也使被告产品的销售领域被限定在环绕罗切斯特的半径45公里的范围内。

对甜甜圈以及其他烘焙产品所做的电视、广播和报纸宣传也同样局限于上述领域。被告的面包店公司成立于1951年4月13日，并于1951年8月30日首次在其产品包装上印上了"黎明"标识。

地区法院查明，被告在采用"黎明"标识时事实上并不知晓原告使用了该标识或者其注册该商标。被告之所以选中该标识主要是因为被告的老板提出的"午夜出炉、黎明交付"口号，被告在1929～1935年期间一直在面包店的经营活动中使用该口号。

但是被告老板坦诚，在决定采取该标识之前的确没有进行调查以确认是否有他人正在使用该标识。原告的商标于1927年获得联邦注册，该注册商标续展至1947年，因此根据第1072条，被告在1947年7月5日也即该商标的有效期截至目前都负有推定的注意义务。

被告的主要抗辩是，由于原告在将近三十年的时间没有尝试在罗切斯特地区在零售层面使用"黎明"商标，所以被告不享有在该地区排他性地使用"黎明"商标的权利。[FN1]

FN1. 尽管地区法院并未裁定双方当事人使用的商标是否近似，但是被告辩称，两者并不构成法律意义上近似，我们的观点却恰恰相反。

我们不认可这个抗辩,因为不符合《蓝能法》所赋予联邦商标注册人的保护范围。

在《蓝能法》出台之前,法院普遍认为,只要使用行为发生在不同市场领域且不可能导致消费者混淆,那么注册商标所有人就不能对一个并不知晓其商标注册但将使用同样商标的相对人提起侵权诉讼。[1] 并不知晓在先注册事实的商标在后使用人是本地区中首次采用该商标之人,其拥有在本市场独占使用该商标的权利。

但是第1072条规定了商标的注册原则,即申请注册人具有知晓已注册人享有商标权的推定注意义务。因此,通过排除善意和不知情抗辩,第1072条为注册商标提供了全国范围的保护,无论注册商标所有人实际只在某地区使用商标。

参见斯特林布鲁林案[2](该案在1952年被重新听审修正)、罗伯茨的《关于蓝能的评论》,[3]阿姆杜的在《商标法律和实践》发表的文章,[4]《哈佛法律评论》上发表的《商标法和不正当竞争的发展》,[5]1952年和1947年的两篇摘记性文章;[6]以及万沃肯伯格的《新商标法》一文。[7]

这正是国会立法的意图,该意图进一步体现在第1115条(a)款和(b)款中,这些条款规定,注册证书是注册人在贸易领域中享有排

---

〔1〕 Hanover Star Milling Co. v. Metcalf, 1916, 240 U. S. 403, 36 S. Ct. 357, 60 L. Ed. 713; cf. White Tower System, Inc. v. White Castle System of Eating Houses Corporation, 6 Cir., 1937, 90 F. 2d 67, certiorari denied, 1937, 302 U. S. 720, 58 S. Ct. 41, 82 L. Ed. 556; Note, Developments in the Law of Trade-Marks and Unfair Competition, 68 Harv. L. Rev. 814, 857 – 858 (1955).

〔2〕 D. C. D. Mass. 1951, 100 F. Supp. 412, 418, modified on rehearing, D. C. D. Mass. 1952, 92 U. S. P. Q. 37.

〔3〕 15 U. S. C. A. pp. 272, 280.

〔4〕 (1948) pp. 332 – 333.

〔5〕 Developments in the Law of Trade-Marks and Unfair Competition, 68 *Harv. L. Rev.* 814, 828, 859.

〔6〕 100 *U. Pa. L. Rev.* 1075 (1952); 21 *St. John's L. Rev.* 209, 220 – 221 (1947).

〔7〕 20 *Rocky Mt. L. Rev.* 76, 80 (1947).

他性使用商标的权利证明。[FN2]

"贸易"一词被定义在第1127条中,其包括了所有可被国会依法管理的贸易行为。

FN2. 第1115条(a)款规定,注册登记证书是注册人享有排他性使用权利的表面证据,第1115条(b)款规定,如果该商标是第1065条下无可争议的商标,该证书将是证明权利归属的确凿无疑的证据。

《蓝能法》的这两个条款明确表明,被告实际不知晓原告的注册商标,其先于原告在纽约州的有限地理范围内将商标"黎明"使用于零售层面的事实并不意味着其享有权利对抗原告在该地区使用"黎明"商标,也不意味着其享有权利同时使用商标[* **363**],因为一旦原告许可商标或由自己在该地区开展零售业务时使用该商标其便不得使用。

原告三十年的时间里未能在被告的贸易领域许可他人使用其商标的情况已不复存在,因为它授权一个罗切斯特地区的面包商使用商标的行为表明它并未抛弃在该地区的权利。

我们认为,第1127条规定的、因不使用而产生的权利抛弃只能适用于当注册商标所有人没有在国家的任何一个地方使用其商标这种情形。[FN3]

FN3. 第1127条规定:商标在以下情况被视为'抛弃':(1)当权利人对商标进行非持续性的使用且没有意愿恢复。权利人是否不愿恢复使用可以从外部环境加以判断。连续两年不使用构成抛弃商标的表面证据。(2)当注册商标所有人的行为,包括疏忽和委托等,使该商标丧失了其指示商品来源的意义。

由于《蓝能法》对注册商标所有人提供全国范围内的保护,一个相反的判决将导致无法界定权利抛弃的地域范围。

即使在《蓝能法》出台之前,那时的商标保护依据州法,且获得保护的"使用"行为发生在一州之内,在我们能够考虑到的情况中也没有案件判决指出,商标所有人在一州部分地区使用商标就意味着抛弃在该州其他地区使用该商标的权利。可见 Jacobs v. Iodent Chemical Co. 。[1]

相应地,由于原告持续地在零售层面使用其商标,其并没有抛弃在被告贸易领域的联邦注册商标权利。

我们拒绝接受被告提出的更进一步的主张,其认为原告由于懈怠而不能够禁止被告在甜甜圈和其他一些烘焙和油炸食品上使用"黎明"商标。

被告声称,原告在纽约州的销售代表商杰西科恩,其除了代表原告之外也代表其他一些公司,每月向被告发出一次邀约。在这起法律诉讼开始的四年前,杰西科恩在被告的一个面包店经理杰克所罗门的办公桌上看到了贴有"黎明"标签的盒子。

初审时,尽管承认看到过被告面包店的其他一些产品包装上使用了"黎明"标签,但科恩却否认其曾经在被告的面包店看到过在包装上使用"黎明"标签的烘焙和油炸食品。地区法院认为由于科恩并非代表原告与被告进行接触的,所以科恩不知晓的这一事实不能归咎于原告。我们同意地区法院的结论。

被告通过提出"懈怠"抗辩声称,原告或者因为原告作为一个公司法人,原告公司的雇员有责任对未经授权使用原告商标的人提起法律程序,但是当其明知或者说应当知晓被告在使用原告商标时却并未提起这样的法律程序,因而使被告在虚假的安全氛围中进一步扩大了该商标使用。

但是,因为它并没有证明原告的纽约销售代表商科恩在任何时候都有责去调查像被告这样,即未从原告处购买甜甜圈组合也没有获得商标使用授权的面包上是否事实上使用了商标,无论被告使用原告商标的行为是否事实上存在,科恩的知晓行为均不能归咎于原告。

要在一个特定的交易中将代理人的知晓事实归咎于委托人,必

---

〔1〕 41 F. 2d 637.

须有证据表明尽管代理人不一定知晓其负有职责，但在一定的时候有义务代表委托人实施相关的行为。参见《代理法第二次重述》第272条及第450页对第272条的附录。因而，原告不受禁反言的约束，不能以懈怠理由禁止原告在被告的贸易领域内[＊**364**]使用注册商标的排他性权利。

因此，我们回到了这一问题上，即根据现有材料，原告是否有足够的证据表明其值得颁发禁令以阻止被告，因在它自己将近三十年的时间里都没有使用“黎明”注册商标的贸易地区内使用该商标。

第1114条确立了当商标被他人未经授权使用时注册商标所有人可以获得禁令救济的标准。该条款规定注册商标所有人只有在他人的同时使用会造成公众将该人与自己使用商标的商品来源产生混淆的情形下才可以获得禁止保护。

因此，如果注册商标所有人和未经授权使用者对于商标的使用处于两个不同以及地理上分割的市场上，同时注册商标所有人也没有可能将其使用行为扩展到被告的市场领域，那么公众混淆就不可能产生。FN4 所以注册商标所有人无权禁止后来的使用者使用该商标。可见 Fairway Foods, Inc. v. Fairway Markets, Inc.〔1〕; Developments in the Law of Trade-Marks and Unfair Competition〔2〕; Sterling Brewery, Inc. v. Cold Springs Brewing Corp。

FN4. 为了支持其提出的禁令救济的主张，原告并不需要证明其商标被现实的使用在相同的贸易领域中。由于请求禁令救济的法定标准是导致混淆的可能性，原告只需要证明在正常的商业经营过程中其会扩展至被告的市场领域就足够了。尽管在《蓝能法》出台之前，法院认为，在后使用商标之人无权阻止商标注册人在后者通过其正常的商业扩张可到达的领域中使用商标。参见 Hanover Star Milling Co. v. Metcalf;〔3〕White Tower

〔1〕 227 F. 2d 193.

〔2〕 68 Harv. L. Rev. 814, 857－60 (1955).

〔3〕 1916, 240 U. S. 403, 36 S. Ct. 357, 60 L. Ed. 713.

System, Inc. v. White Castle System of Eating Houses Corporation;[1] Developments in the Law of Trade-Marks and Unfair Competition。[2] 当然,《蓝能法》表明了国会的意图,即对商标注册人提供全国范围内的保护,后使用者无权获得更大的豁免。

只要原告和被告将他们在烘焙类食品的零售层面上使用"黎明"商标的行为限定在各自分割的贸易领域,可以肯定的是不会导致公众混淆的发生。

地区法院注意到这样一个常识,即由于烘焙食品的易腐特质,他们的零售买家通常会在靠近其住所的合理地域范围内购买,这一合理范围据称是25英里。而超出这个距离的此类商品的零售购买则是出于可以忽略不计的实际考虑。没有意见可以驳斥地区法院的发现,同时在现有的材料中也没有出现可以适用于该案件的相反情况。

而且,我们注意到尽管原告在罗切斯特从事批发生意,但其花费了三年的时间才获知被告使用了其商标并提起了诉讼。这个强烈的信号暗示并没有公众混淆的产生,在地理上完全分割的贸易领域内在零售层面的商标使用行为也不可能产生混淆,在同一地区的零售和批发这两个不同的市场层面的同时使用也不可能产生混淆。

那么关键的问题是,原告是否将在零售层面上使用"黎明"商标的行为一直限定在目前的市场领域范围内,或者说在其正常的商业经营中是否有可能将其零售层面的商标使用扩展至被告的贸易领域。

如果这种扩展是可能的,那么商标的同时使用将得出混淆可能性的结论。

地区法院查明,考虑原告的不作为[* **365**]——在将近三十年的

---

〔1〕 6 Cir., 1937, 90 F. 2d 67, certiorari denied, 1937, 302 U. S. 720, 58 S. Ct. 41, 82 L. Ed. 556.

〔2〕 68 Harv. L. Rev. 814, 857 (1955).

时间里既未通过对零售买家直接做广告也未通过授权许可他人开展零售业务进而将其商标使用拓展至被告的贸易领域,没有合理理由期待原告会将其零售业务拓展到被告的贸易领域。现有材料中有大量的证据支持这一结论,我们不能说它明显是错误的。

我们注意到,原告不仅未能在相当长的一段时间在被告的贸易领域内许可他人使用商标,同时商业发展趋势表明其将在纽约州以及国内的其他地方大幅减少授权许可。1922～1930年期间,原告在全国范围内大约有75～80家商标被许可人,其中11家位于纽约州。在初审发生时原告只列举了16家被许可人,而其中没有一家是在纽约州的。FN5

FN5. 一家位于纽约州波茨坦的面包店,其距离罗切斯特大约200英里远,在这起诉讼发生之后向原告申请了许可经营权。

原告在罗切斯特的批发活动将拓展至零售层面,这一正常的可能性被原告在将近三十年里时间里没有授权许可或者在该地区的零售业务行使商标权这一决定性的事实完全驳斥和否定了。

相应地,因为原告和被告是在完全独立分割的市场领域内的零售销售上使用商标,且没有前景表明原告会将其在零售层面的商标使用拓展至被告的贸易领域,我们可以得出结论,即公众不会对目前的两种商标使用产生混淆,因而原告不能获得禁令救济。更不必说,原告无权获得损害赔偿。但是,由于《蓝能法》对注册商标赋予了推定注意的效果,原告可基于将在被告市场领域内的零售层面上使用商标的意图而有权禁止被告使用该商标。

由于我们认为,基于可能的随后使用意图,原告有权获得禁令救济,我们再次回答被告的抗辩也是合适的。被告提出因为其只是在一州范围内使用该商标,给予原告这样的救济超过了国会制定法律时所应遵守的宪法范围。

很显然国会有权力依据宪法贸易条款对州际间的商标使用提供保护。的确是这样,但唯一相关的问题是,《蓝能法》禁止州内活动的做法是否"足够重大且不利于国会通过该法案所宣称的首要政策”。可见 Mandeville Island Farms, Inc. v. American Crystal Sugar Co.。[1] 该问题的答案似乎在曼德维尔岛农场案中是显而易见的。如果一个注册商标所有人享有的使用商标的权利在各州内都受限于当地企业的先用权或同时使用权,那么《蓝能法》提供给注册商标所有人的保护将会变得毫无意义。

因此我们认为,国会享有必要且适当的权力以阻止一个当地的州内使用者获得任何使用(与联邦注册商标)相同商标的权利。参见洛雷恩杂志公司案和魏卡德案。[2]

原告依据州法声称其有权获得禁令救济。[＊**366**]原告主张,依据纽约法律,即使在没有竞争和混淆情形下,针对商标侵权行为原告也可以获得禁令救济以阻止可能对商标显著性造成的淡化。

韦恩菲尔德法官曾说过,淡化原则的基本原理是指“商标价值的逐渐减少或是削弱。而这是由于有人大量使用与先前使用者相同或相似商标导致的,该使用行为造成了对先前使用者商标财产权利的侵权,并可对该可诉的不法行为主张权利。根据这种理论,这种不法行为并不依赖于存在产品竞争关系或者导致混淆可能才发生”。可见 G. B. Kent & Sons, Limited v. P. Lorillard Co.。[3]

《纽约州一般商业法》第 368 条(c)款针对商标淡化行为提供救济,但是原告并未在纽约州申请注册商标,且该款的第一句将提供保护的对象限定为依据纽约州法律获得商标注册的所有人。原告因而只可主张其普通法上的权利。

尽管依据普通法,纽约州法院有时会在不存在直接竞争的情况下颁发禁令救济,但是原告并未向我们引用任何纽约州在与本案相似背景下作出的判决颁发禁令救济的案件。我们认为,大多数貌似

[1] 1948, 334 U. S. 219, 234, 68 S. Ct. 996, 1005, 92 L. Ed. 1328.

[2] Lorain Journal Co. v. United States, 1951, 342 U. S. 143, 152, 72 S. Ct. 181, 96 L. Ed. 162; Wickard v. Filburn, 1942, 317 U. S. 111, 63 S. Ct. 82, 87 L. Ed. 122; cf. also, Lyon v. Quality Courts United, Inc., 6 Cir., 1957, 249 F. 2d 790, 795; Iowa Farmers Union v. Farmers' Educational & Coop. Union, 8 Cir., 1957, 247 F. 2d 809, 815 - 816; Pure Foods, Inc. v. Minute Maid Corp., 6 Cir., 1954, 214 F. 2d 792, 795 - 796.

[3] D. C. S. D. N. Y. 1953, 114 F. Supp. 621, 630.

提供如此保护的纽约州判决都可因肯特父子有限公司案[1]提出的理由而被区分。

但是即使纽约州的普通法仅仅基于他人同时使用商标的事实就提供商标保护,禁令也只有在该商标已经在该州公众消费中获得了第二含义的情况下才得以颁发。可见 Tiffany & Co. v. Tiffany Productions, Inc.[2] 还可见 Food Fair Stores, Inc. v. Food Fair, Inc.。[3]

本案中原告未能引入任何证据证明,其在零售销售上使用商标的行为使得罗切斯特或者是纽约州其他地区的零售买家意识到这些食品是由它的甜甜圈组合制造的。因而,在这个时候我们未能找到可以支撑向原告颁发禁令救济的证据。

本案最后一个问题由被告针对其反诉请求被驳回提出的上诉提出,在该反诉中被告请求撤销原告的注册商标,因为原告未能根据《蓝能法》的要求对被许可商的商品性质和质量施加控制。

我们一致同意,《蓝能法》要求作为注册商标所有者的许可人有义务采取合理的方法监督并阻止被许可商的误导性使用行为,否则它会面临联邦商标被撤销的后果。第 1064 条表明一个商标因为被"抛弃"而可被撤销。第 1127 条对"抛弃"行为进行定义,包括注册商标所有人的任何导致该商标丧失作为商品指示来源意义的行为或疏忽。

在蓝能法案出台之前,许多法院采取这样的观点,即脱离营业的单独商标许可意味着"抛弃"。可见 Reddy Kilowatt, Inc. v. MidCarolina Electric Cooperative, Inc.;[4] American Broadcasting Co. v. Wahl Co.;[5] Everett O. Fisk & Co. v. Fisk Teachers' Agency,

---

〔1〕 D. C. S. D. N. Y. 1953,114 F. Supp. at pages 630 – 631.

〔2〕 147 Misc. 679,264 N. Y. S. 459, affirmed 1 Dept., 1932,237 App. Div. 801, 260 N. Y. S. 821, affirmed 1933,262 N. Y. 482,188 N. E. 30.

〔3〕 1 Cir., 1951,177 F. 2d 177,185.

〔4〕 4 Cir., 1957,240 F. 2d 282,289.

〔5〕 2 Cir., 1941,121 F. 2d 412,413.

Inc.。[1] 这些案件中的基本理论如下:

商标用于区分商品所有者,同时[*367]维护商业信誉。如果使用商标之人并非该商标指示的营业人,则该商标将误导消费者。因此,使用商标或是商业名称的权利不能被"裸体"转让。可见American Broadcasting Co. v. Wahl Co.。[2]

另一些法院则要自由一些,它们认为商标能够脱离与其相关的营业被许可,只要许可人对被许可人生产的商品质量施加了控制。参见E. I. DuPont de Nemours & Co. v. Celanese Corporation of America[3] 及其中引用的判决。但是即使在杜邦案中法院还是谨慎地指出,不保持对被许可人商品质量控制的裸体授权许可是无效的。参见E. I. DuPont de Nemours & Co. v. Celanese Corporation of America。[4]

《蓝能法》清楚地提出,控制授权许可的后一种案件并不导致许可人抛弃商标权,但是一个"裸体"授权许可却会导致权利被"抛弃"。第1055条规定:一个注册商标或是一个正在申请注册的商标可以或者可能被关联公司合法使用,这种使用的利益必须归于商标所有人或者申请人,同时这种使用不能影响到注册商标或申请注册行为的有效性,而且上述使用的方式不能欺骗公众。

第1127条将关联公司定义为,使用商标的商品或者服务的质量和性质的,任何合法的控制注册商标所有人或申请人或者被注册商标所有人或者申请注册人加以控制的人。

如果没有这种控制要求,商标所有人可以单独将其商标与其关联的商业行为分割开来转让,这将会产生使用相同商标的产品却具有不同质量的危险。参见上引American Broadcasting Co. v. Wahl Co.;Everett O. Fisk & Co. v. Fisk Teachers' Agency,Inc.。

---

[1] 8 Cir.,1924,3 F. 2d 7,9.

[2] supra,121 F. 2d at page 413.

[3] 1948,167 F. 2d 484,35 CCPA 1061,3 A. L. R. 2d 1213;see also 3 A. L. R. 2d 1226,1277-1282 (1949).

[4] supra,167 F. 2d at page 489.

如果许可人不被要求采取合理的手段以阻止其他人对其商标的滥用,那么公众本应享有的制止商标误导性使用的最有效保护手段就被剥夺了。在商标的欺骗性使用发生之前公众几乎难以揭露它,同时在欺骗性使用发生后公众也很难很快地监测到。

因此,除非许可人对被许可人的经营活动施加了监督和控制行为,否则公众在不知不觉中受骗的风险将会升高,这也是《蓝能法》在一定意义上试图阻止的。[1] 很明显,当被许可人使用商标时,维护公众利益唯一有效的方式是给许可人规定合理的手段监督被许可人活动的义务。

因此,有关这些事实的关键性问题是,原告是否对被许可人的活动施加了充分的监督和控制以确保他们卖给公众的使用了原告商标的商品质量。初审法院发现:"鉴于其和被许可人的联系,原告对被许可人使用'黎明'商标的食品质量和性质施加了合法的控制。"

原告和其被许可人属于《1946 年商标法》第 45 条所定义的关联公司。法院大多数的观点认为,和其他事实问题一样,主审法官享有在特定案件事实和背景下确定何种行为达到了对被许可人监督和控制的合理程度的裁量自由,[* **368**]同时尤其是因为被告在这个问题需要承担举证责任,他们认为下级法院的裁决并非明显错误的。

我不同意多数法官所得出的这个结论。他们之所以认为地区法院的裁决并非明显错误是因为,主审法官在决定何种行为构成了《蓝能法》所要求的对被许可人的合理监管时的确享有酌情决定权。但另一方面上诉法院不应接受地区法院的结论,除非这一结论建立在充足事实的基础上。

在我看来,地区法官关于监督活动的唯一调查采用了太过笼统和结论性的术语而显得毫无意义。没有可以支撑的事实调查或者记录在案的毫无争议的证据来表明原告实际上对被许可人实施了监督检查义务。它很难使我们决定这样的监督是否符合立法的要

---

〔1〕 See Sen. Report No. 1333,79th Cong. ,2d Sess(1946).

求。地区法院确实有一些关于监督事实的证据,但是更多的细节事实需要去调查。

原告的被许可人分为两类:一类是原告和他们签订了书面合同要求他们只能购买原告的甜甜圈组合,并要求他们在使用这些甜甜圈组合时严格遵守原告的指示。另一类是尽管他们和原告之间没有书面合同约定来控制使用"黎明"商标的食品质量,但是原告允许他们在零售层面中将"黎明"标签贴在用原告甜甜圈组合制造的甜甜圈和其他烘焙食品上。[FN6]

FN6. 在交叉询问中,原告的老板承认,1949 年和 1950 年期间公司在某些情况下(他的证词中并未讲清具体的次数)确实向那些在包装上使用了"黎明"标识但是商品质量却没有达成合同要求的面包商提供了广告宣传和包装材料。

同时在诉讼期间,原告列明的 16 家"黎明甜甜圈"专营店中,其与其中 3 家的合同已经终止且没有续签。另外 2 家是在原始合同终止后相当长的一段时间后才重新签订。

证据表明这后面的两家面包店在他们各自与原告的专营合同终止后继续使用"黎明"商标并购买了"黎明"甜甜圈组合。

特别不利于原告的事实是,这两家面包商中的一家在特许经营合同终止后的相当长一段时间内仍被允许销售包装上没有原告商标但却是用其甜甜圈组合制造的甜甜圈。

这些合同的确由原告缔结,尽管它们约定,买家在使用甜甜圈组合时必须按原告指示进行且不能掺假,但这些合同却并未约定任何制度性的检查和控制行为。在缺乏制度的情况下原告并不能知晓这些面包商是否在使用甜甜圈组合时遵守了它的标准,也不能知道他们是否真的只是在出售贴有"黎明"商标的、用"黎明"甜甜圈组合制造的产品。

但是,尽管合同没有明确关于对被许可人的活动加以监管和检查的权利约定,但这并不意味着原告的许可方式并不符合《蓝能法》的要求。尽管缺乏被许可人关于调查和监督权的明确授权,但原告可能事实上采取了控制行为。

问题在于，就与原告订有合同以及未订有合同的被许可方，原告是否都对他们实施了足够的控制行为。

现有的唯一记录在案的、原告对被许可人实施了监督的证据是原告的两个当地的销售代表，他们证明经常拜访他们的特定客户，而进一步的证据是这两人当中的科恩，也即原告的纽约州销售代表，他证明在“很多情况下”他确实有机会检查和观察其客户的经营活动。现有的记录并不能表明，原告的其他销售代表是否也作出了类似的努力以观察被许可人的活动。

而且，科恩的证据并不能清楚地表明其监督行为的性质以及其多久进行一次这样的活动。他的证据表明，观察被许可人活动的机会被限定于“那些我可以走进商店里的情形”，他的证据甚至引起了质疑：科恩是否具有足够的使用原告甜甜圈组合的技术知识，以对被许可人的行为进行充分的监督。

科恩未能及时将被告使用“黎明”商标的行为向原告报告的事实也引发了人们更进一步的质疑：科恩对原告在纽约州的被许可人施加的监督程度究竟如何。

因此，我不认为我们可以根据现有的记录断定，原告是否通过训练有素的员工对被许可人施加了定期的、周到的检查活动，我们也不能断定，原告是否只是通过技术上未经训练的员工对被许可人实施了偶然性的、草率的检查。后一种检查很难构成满足《蓝能法》要求的足够监督。

因而，要求反诉方提供关于该问题的更广泛的调查比在证据不足和不确定的情况下冒险作出裁决更为合适。如果地区法院发现原告并没有对被许可人施加足够的控制，我将要求地区法院判决撤销原告的商标注册。

但是除非地区法院找到，原告在批发层面向面包商销售甜甜圈时存在滥用商标的证据，撤销原告注册商标决定只能被限定在面向消费者的终端食品上使用商标的行为。这种撤销决定处于法院的权力范围内。

第1110条特别规定，在任何有关注册商标的争议中法院有权裁定全部或部分撤销商标。而且,部分撤销裁定必须符合第1051条(a)款(1)项,该条款规定申请人应当在商标的原始注册时列明"使用该商标的商品以及在该商品上使用商标的模式或方法"。

地区法院驳回了原告关于法院颁发禁令以阻止被告在烘焙和油炸食品上使用"黎明"的诉请以及被告提出的反诉请求。上诉法院维持了这一判决。

4. General Electric Co. v. General Electric Co. Ltd. [1972]

［阅读提示］

根据商标善意共存原则，只要商标的使用起初并无欺诈故意，但是却由于之后不可归责于商标专用人恶意或其他过错情形，产生了商品的欺诈风险，此时，法律仍然保护该商标。然而，如果商标专用人过错行为在该商标的使用中占有一席之地，衡平法院不会给其颁发停止侵权的禁令。这是“寻求衡平救济者需有洁净之手”的衡平法原则的特别适用。

通用电气集团(美国)
诉
通用电气公司[1]

法官 Reid,Diplock,Simon of Glaisdale 及 Kilbrandon:

1906 年,被告——一家英国公司将其公司名称的大写首字母在不同类别的电子产品上注册为商标。1907 年,上诉人——一家美国公司,在其中一个相同的电子产品类别上注册了商标,该商标是公司首字母以书写体样式被囊括在一个装饰性的圆圈内(即"环形商标")。随后,被告将其公司首字母 G. E. C 在相同和其他电子产品类别上分别注册为商标,并在之后的 40 年里主要使用该商标。这两家公司分别在各自国内市场上属于家喻户晓的企业,并且在全球范围向其他国家出口其产品,并在这些国家进行市场竞争。由于公司名称的相似性以及规模和知名度的相似,不可避免的,当这两家公司的产品在同一个商场竞相销售时,部分购买产品的公众会产生混淆,他们只知道购买的产品是"通用电气公司"或"通用电气"生产的,而分不清究竟是上诉人还是答辩人所生产的产品。但这不意味着环形商标和 GEC 的商标就一定会被误认成对方,它们显然是有显著区别的并且各自具备与众不同的特征。追溯到 1907 年,上诉人在电气产品上注册的这个环形商标也不会使上诉人的产品与答辩人的产品引发混淆,因为当时答辩人还处于企业发展的初期。

答辩人通过提起动议的方式提起诉讼,要求撤销上诉人的环形商标并变更登记册。格雷厄姆 · J. 法官驳回了上述动议。在上诉中,上诉法院仅仅因为如下理由即裁定撤销商标:1967 年 7 月 20 日,也就是提出撤销动议的那天,该商标的使用可能构成《1938 年商标法》第 11 条项下的"可能欺诈或导致混淆",属于该法第 32 条项下的"完全错误地留在登记册"。

对于上诉人的上诉:

---

〔1〕 [1972] 1 W. L. R. 729.

法院予以支持。原因如下：

(1)该标记已在登记册上是初始登记有效及证明注册人商标所有权的初步证据，然而受到相同或类似商标的注册所有权人可以共同使用的限制。

(2)假如商标在首次注册时即有可能造成欺诈、引起混淆，那么它可能会因没有足够注册理由而被驳回，除非商标所有权人在商标首次注册前已经进行商标的共存使用因而有权获得注册。

(3)假如在商标首次注册时引起混淆的可能性非常低，但由于发生在首次注册日和申请撤销日之间的事件而导致混淆，那么该商标就不会作为注册错误而被撤销，除非由于商标所有权人或者是商标所有权人之前的所有权持有人的一些过错行为而导致的造成欺诈的可能性。

(4)商标容易基于上述原因被撤销，但法院对此有自由裁量权，它可以裁决不撤销商标，而是对其施加一些条件和限制。因此，既然没有证据显示上诉人实施了错误的行为，那么法律也就没有撤销商标的理由，法院也就不存在行使裁量权的问题。

对上诉法院上诉案件的上诉：

这是上诉人美国通用公司对1970年3月19日上诉法院的裁定所提起的上诉，该裁定准许被上诉人通用集团依据1969年格雷厄姆·J.法官颁布的法令提起上诉。

此次诉讼是基于被告在衡平法院提出的更正商标登记册内容的动议，动议要求撤销原告的注册商标，包括特别代表公司首字母的缩写G.E环形商标。该商标的注册号为291,287，是原告于1907年3月13日依据《1905年商标法》在第六类别上注册的。该类别主要包括以下产品：电子机械产品及零部件（此类别项下），电气设备及零部件（此类别项下）、原动机及零部件（此类别项下）。

格雷厄姆·J.法官驳回了此次动议。上诉法院撤销了上述决定，并裁定撤销G.E环形商标（该判决仅受本次诉讼的限制）。

里德法官：

1972年4月26日，我阅读了学识渊博，品行高尚的迪普洛克法官的一篇演讲,对其中提到的观点我均持赞同意见,只一点除外。我赞同 Eve J. in Woodward Ltd. v. Boulton Macro Ltd. (1915) 32 R. P. C. 173 案的观点:商标法第 11 条仅具有限的适用意义。如果这点没有错误,那么我可以得出一个相同的结论:这个上诉应该被准予,但应采取一个更为简单便捷的方式。我相信只有我采取这个观点,我不认为这个做法有任何目的,它既没有表明我赞同 Eve J 法官的理由,也没有说明我得出这个结论所采用的方法。

准予该上诉请求。

迪普洛克法官:

法官阁下,该案的当事人一方是在纽约州成立的美国公司,一方是英国公司。他们的公司名字几乎是一样的,其中,美国公司自 1892 年成立以来一直使用通用电气公司作为公司名称。英国公司在 1903 年开始使用通用电气有限公司的名称。双方均生产和销售各式各样的电子机械产品,包括家庭用的电子产品。两家企业均得到了蓬勃发展。双方分别在美国和英国地区是家喻户晓的公司,都大量向其他国家出口产品并在这些国家参与市场竞争。由于公司名称的相似性以及规模和知名度的相似,不可避免的,当这两家公司的产品在同一个市场竞争性销售时,部分购买产品的公众会产生混淆,他们只知道购买的产品是"通用电气公司"或"通用电气"生产的,而分不清究竟是美国公司还是英国公司生产的产品。假如消费者仅听说过其中一家公司,那么他很可能会认为他购买的产品是通用电气公司或者是通用电气生产的,即使该产品事实上是另外一家公司生产的。假如消费者两家公司均听说过,那么它会产生如下疑问:该产品究竟是哪家公司生产的,但只有在关乎他自己的利益的时候,大概他才会进一步询问情况。

早在 1906 年,英国公司即将其公司名称的大写首字母在不同类别的电子产品上注册为商标。1907 年,美国公司在其中一个电子产品类别上注册了商标,该商标的首字母文字(G. E)被包括在一个装饰性的圆圈内,简称为"环形商标"。随后,英国公司将其首字母样式 G. E. C 作为商标在相同和类似产品进行注册,并在过去的 40 年中一直延续使用,我将称该商标为“G. E. C 商标”。

我并不主张环形商标和 G. E. C 商标会被误认为对方。这两个商标毋庸置疑都是具有显著性并且与众不同。关于这个问题,1937 年两家公司在海外竞争市场领域内达成了协议,而不是在其各自的国内市场上。该协议中说明:英国公司可以使用英国通用电气有限公司的名称,美国公司可以使用美国通用电气公司的名称,但英国公司只能使用 G. E. C 商标,而美国公司只能使用环形商标。协议的目的是为了降低两家公司产品产生混淆的可能性。协议中已经考虑到的两个商标的显著差异将会帮助区分其对应的产品。

在本法庭上,我并没有想要主张以下观点,尽管它曾经被主张过但最终失败了,即 1907 年当美国公司的环形标志首次申请注册时,它被美国公司用作生产的电子产品的商标,并且有可能在美国公司的产品和英国公司的产品之间引起混淆。只有当消费者看到环形商标时才会产生混淆,不仅因为首字母的 G. E 字样暗示着“通用电气”,而且“通用电气”的文字也暗示着是英国公司的产品。但我们没有任何理由可以推出:在电气行业发展的早期以及该英国公司在英国商誉积累的早期,电气产品的购买者可能会存在这些思维步骤——这些均是对产品来源发生欺诈或混淆的前提。没有任何证据可支持上述观点;1907 年注册官注册环形商标的事实表明,他当时根本没有考虑任何混淆的可能。

法官阁下,环形商标的首次注册并没有任何问题。当首次在注册本上登记时,这并非《1938 年商标法》第 32 条第 1 款中所指的“无充分理由注册登记”。本次诉讼的主要争议是,作为 1907 年所发生事件的结果,当英国公司提起诉讼要求撤销商标的注册时,该商标即 1967 年 7 月 20 日的文件中所说的“注册错误”。

1907 年至 1967 年间美国公司在英国的贸易历程和它及其关联公司使用环形商标的情况是十分复杂的。金 - 格雷厄姆法官对此作了详细的叙述,其中包括可以参考的细节问题。由于案件的发展,从大法官法庭到上诉法院直至您现在所在的法院,我觉得有必要说的,值得再次重复的,就是法官所总结的、与上诉案决定相关的事实。

诉讼历史

这个案件有着一段富有变化的经过。案件开始于一个特殊的异议动议申请。在起诉中提及的主要观点是美国公司使该商标无权再受保护,因为它授权两家子公司——单一通用电气制造公司(简称“Simplex”)及字母电器用品公司(简称“Monogram”)在英国范围内使用商标。但上述两家公司并没有将环形标志作为商标进行充分使用,而仅仅是将标志分别与其公司名字组合在一起。单一电气曾经在英国进口和销售过美国公司生产的标有环形标志和标有GENERAL ELECTRIC 字样的产品。

在金－格雷厄姆法官提出针对这些理由的反对意见之前,大多数的理由都可以被简单定义为许可异议。在听证会之前不久,英国公司暂时离席以举出进一步的证据表明环形商标在电子产品上的普遍使用可能会造成欺骗或者引起混淆,因此基于商标法第 11 条美国公司注册的行为是违法的。这项证据的出现似乎被采纳并主要用于支持许可异议。该证据构成单独撤销环形商标的理由的主张在金－格雷厄姆法官面前的争论中显得不那么重要,并且他也不会以此作为定案依据。在判决中,金法官驳回了许可异议申请,并发现了根本不存在足够的证据能够表明环形商标基于许可协议与SIMPLEX,MONOGRAM,或 GENERAL ELECTRIC 字样一起组合使用会引起欺骗或混淆可能性的事实。他据此驳回了英国公司撤销环形商标的申请。

在上诉法院中,争议有了不一样的说法。在申请撤销动议时,普遍使用环形商标会引起欺骗或混淆可能性的这一观点在金－格雷厄姆法官审理时期一直是一个附带主张,但现在它成为了上诉法院三位法官一致同意上诉的唯一依据。没有一位法官赞成许可异议,尽管只有 Cross L. J 法官给出了反对的具体理由。根据《1938 年商标法》第 32 条第 1 款的规定,法院有权在自由裁量权范围内撤销该商标,因此法庭在得出该环形商标注册错误的法律结论之后判决撤销该商标。这与金－格雷厄姆法官的做法截然不同,金法官认为如果该商标在法律上处于弱势地位,那么他会谨慎使用其自由裁量权。

但这富有变化的案子并未就此结束。1967 年 7 月,上诉法院审判的焦点主要集中在环形商标的普遍使用是否可能会引起欺骗或混淆,而没有进一步关注环形标志作为商标或商标的一部分使用进而产生混淆的情况是否符合了《1938 年商标法》第 11 条中所说的"被剥夺了衡平法院保护的权利"的问题。这个问题的重要性在您的法庭上首次出现。

法官阁下,纵观案件的发展历史,上诉并没有在最初阶段即被接受,对此我不能不表示我的遗憾。从动议通知书上各种各样的反对理由中,我们可以明显地看到,即使这些理由之后被限定在许可异议上,但法律难题和事实仍涉及其中。因为缺席答辩,双方均没有对此问题作出说明,结果最终也没对此进行说明,直至双方参加了此次听证会。这大大拖延了听证会的进度,并且增加了听证费用。它也剥夺了法庭对初审法官和上诉法官审判意见的优势,至少在一个对上诉的决定非常重要的法律问题上是这样的。有很多简单的案子涉及申请撤销注册商标,在这些案子中由书面证词支持的动议通知的普通程序往往是准确及高效的。然而从表面上看,此次诉讼很可能会比较复杂,并要求精确的定义。我希望未来如果发生相似的情况时,可以行使权力责令双方交付诉状。

案件事实

我认为,环形商标由美国公司及其子公司在英国地区使用的问题与本次诉讼判决有着很大的关系,因此简要说明如下:

(1)从 1900 年到 1952 年,美国公司通过英国公司汤姆森－休斯顿有限公司(简称 B. T. H)以独家代理方式销售其生产的商品。B. T. H 公司是一家生产公司。关于标有环形商标的进口商品销售数量的证据是稀少和不确定的。金－格雷汉姆法官认为有可能是因为销售的规模很小。

(2)在 1952 年,美国公司和 B. T. H 之间的商业联合基于美国的反托拉斯法被终止。但美国公司生产的进口产品的销售以及附着的环形商标仍然有效。尽管与英国公司在英国的总销售相比,这些产品的销售数量和销售额非常小,但英国公司承认,1952 年至 1965 年之间的销售数据在绝对数量上非常可观而不能被忽略。

(3) 在 1965 年至 1967 年 7 月 20 日间,标有环形商标和 SIMPLEX,MONOGRAM 或 GENERAL ELECTRIC 字样的产品大量被销售。这要归功于美国公司在英国注册成立的子公司 Simplex 和 Monogram 以及在纽约成立的全资子公司——国际通用电气公司。

(4) 该美国公司和一家英国公司——管道投资有限公司是 Simplex 公司和 Monogram 公司的两大股东。美国公司拥有 Simplex 公司的 51% 的股份以及 Monogram 公司的 49% 的股份,它控制这两家公司生产标有环形商标的产品。

(5) Monogram 公司得到美国公司的许可将环形标志与 MONOGRAM 字样一起组合使用,但 Monogram 公司并没有作为环形商标的注册使用人在注册簿上进行登记。

(6) Simplex 公司同样也得到美国公司的许可在电子产品上使用环形商标,并且在 1966 年 3 月 10 日,其作为环形商标的注册使用人在该产品上注册登记。依据同一个许可协议,美国公司也许可 Simplex 公司在未注册的其他类别上使用环形标志,但不作为商标。金-格雷汉姆法官发现,根据该许可协议,Simplex 公司事实上确有在一些未注册的电子产品上使用环形标志。

(7) 英国公司和美国公司一开始即发现,考虑他们名称的相似性,确实在英国及其他海外市场上存在产品混淆的潜在危险性,英国公司认为没有什么比两家成功的企业达成合意更为重要的事情。为了他们各自的利益,混淆必须被最小化,只要有这个可能性,两家公司都应该尽力去尝试。

就各自公司名称和商标的使用,英国公司尚未以可执行协议的方式或禁止反言的方式确立任何权利。

(8) 如果在英国家用电子产品上普遍使用环形商标,那么很有可能大量的消费者会认为环形商标上的 G. E 缩写代表着通用电气,我们推论很大一部分比例的消费者仅听说过英国公司而不知道美国公司,我们进一步推论得出消费者会将标有环形商标的产品与英国公司进行联系。

混淆可能性

上述(1)~(7)的案件事实是由金-格雷汉姆法官总结得出的。在听证会的最后,上述问题已经不是双方的争论焦点。上述第(8)个推论的事实是由上诉法院得出的,依据的是以英国公司名义发出的调查问卷中的答案以及他们自己的主观判断:如果他们去购买标有环形商标的家用电子产品,他们自己是否也会产生混淆。

金-格雷汉姆法官拒绝得出上述推论。但是正确说来,因为在金-格雷汉姆法官审判之前该案子是如此发展的,所以他直接考虑的是环形商标事实上已经在英国使用,尽管也许构不成普遍使用,但该标志总是与 SIMPLEX,MONOGRAM 或 GENERAL ELECTRIC 字样一起组合使用。他认为缺乏说服性的证据证明已经有混淆产生而且后果非常严重。就我个人而言,我认为缺少问卷调查的形式。但是任何标志当做商标进行使用是否可能会引起欺骗或混淆的问题与《1938 年商标法》第 11 条中所说的禁止注册有关。这个假设的问题最初出现在首次商标注册申请中。该标志在未来作为商标使用,并且接受任何正常和合理的使用,作为申请注册所有权人有权在注册的产品类别上正常使用该商标。因此在 the Bali Trade Mark[1] 案中,该法院认为:尽管现成包装的 Bali 商标被撤销,并且该商标完全不能与同一市场中量身定制的 Berlei 商标相媲美,但仍必须考虑以下事实:两个标记在同一类别的产品上申请注册会赋予商标所有权人未来以现成和量身定做的包装方式使用商标的权利,而这会导致两个产品在同一市场上进行竞争。

欺骗和混淆可能性的问题出现在一个已经大量被使用的注册商标的撤销申请中,缺少证据证明实际混淆的情况已经出现,而这对

---

〔1〕 Berlei (U.K.) Ltd. v. Bali Brassiere Co. Inc. [1969] 1 W. L. R. 1306;[1969] R. P. C. 472.

于法院确定是否应该行使自由裁量权撤销该商标而言是一个强有力的因素。但在任何关于行使自由裁量权撤销商标的问题被提出之前,它无法决定相关的假设性问题的答案一定是肯定的,例如:在将来是否任何正常公平地商业性使用商标的行为都会有可能引起欺骗或混淆?假如有证据证明过去确实存在实际混淆的情形,那么它强烈暗示着混淆也可能会持续,但是过去混淆事实证据的缺乏可能在很小程度上说明了,商标过去的使用或过去的影响商标使用的特殊情形将不会再继续防止混淆的发生。

作为美国公司的代表,我认为上诉法院太过依赖于他们自己的感觉来决定是否普遍使用环形商标会引起混淆,而这是错误的。他们应该只考虑公众调查意见中的证据,而不需要考虑他们自己是否也会产生混淆这一主观观点。

法官阁下:当商品作为消费品或家用产品不是像平常那样向公众销售,而是在特定的市场上向参与特定交易的人们出售,习惯于在该市场上开展经营活动的销售商对欺骗或混淆可能性的判断是非常关键的。尽管法官会运用他的常识去判断评估证据的可信性和证明力,但他无权通过他自己是否会混淆的主观看法去补充证据的不足。在这个案件中,该做法可以运用在标有环形商标出售的大型工业电力机械上。但对于面向普通大众销售的消耗品和家用产品,是否该类消费者会因产品上标有环形商标而有可能受到欺骗或产生混淆的问题则应留给陪审团解决。我认为,假如这个问题现在像以往一样由陪审团审判,那么作为陪审团的一员,同时也是普通大众有可能是该产品的潜在消费者。他们不但会考虑其他普通大众受误导的证据,同时也会运用他们的常识去判断和考虑他自己是否也会被骗或产生混淆。

当这案件是由一个法官独立审判或由多位上诉庭的法官审判时,这个问题将不再是一个陪审团需要解决的问题。法官解决这个问题的方法会和普通的陪审员一样,他也是一位潜在消费者。他应该警惕不能让他自己的习惯或性情来影响案子的审判,但他在法律实践中的训练应该已经让他对此习惯,这也保证一个案子的公正性就如同陪审员是依靠成员数量保证的。像此类问题，法官有权利用自己主观看法来判断，例如自己会不会受骗或产生混淆，这样做的话就可以不仅仅局限在法庭传唤的证人所提供的证据。

美国公司同样主张，如果产品来源混淆的产生是由于两家不同制造商名称的相似性，而任何一家公司都可以让潜在消费者将该商标与其产品联系起来，那么混淆也就是名称之间的混淆，而不是商标之间的混淆，而只有后一种混淆才在商标法第 11 条中予以规定。我不认同上述观点，商标的重要性正是基于其与产品之间的联系，它让潜在消费者记住它是运用在何种商品上的。我不认为区分混淆究竟是来源于生产商名称的相似性，还是商标设计或字样的相似性有任何意义。我认为，商标法第 11 条囊括了各种关联形式的混淆。

法官阁下，我作为英国公众的一员，由于很多年前就已经知晓了两家公司，因此我是特殊的。我不会因为环形商标在电子消耗品上的普遍使用而产生混淆。然而我的常识说服我，对于没有这个特殊知识的大量普通公众而言这很有可能会产生混淆。就本案而言，我认为上诉法院的判决是正确的。

问题的解决

相应地，我现在去思考依据上述(1)至(8)总结的案件事实，根据《1938 年商标法》第 32 条第 1 款，1967 年 7 月 20 日环形商标的注册是否是一个仍保留在注册簿上的错误注册，具体论述如下：

任何人的权利会受到侵犯，如果不予在注册簿上记载或被注册簿遗漏或无充分原因予以注册，或注册错误但仍保留在注册簿中或注册登记时有错误或缺陷。此时，申请人可以按照规定的方式诉诸法院，以及受制于《商标法》第 54 条的规定，法庭会按照其认为合适的方式生成、撤销或改变注册。

很显然这一条款关注这么一个问题：一份注册申请在最开始的时候即发生错误会导致大量的问题发生，变成了一份保留在登记册上的错误申请。“错误保留在登记册上”的法律用语首先出现在

《1905年商标法》第35条。《1883年英国专利法》第90条中规定了有权撤销的情形限于"无充足原因即予以注册"。但这条被上诉法院[1]解释为授权法院撤销最初注册时合法但后经过大量使用成为违法的商标。《1905年商标法》的修改仅仅是在词语表述上发生变化,因此毫无疑问上诉法院所拥有的权利是《1883年商标法》中的相关条款所赋予的。

稍后我会阐述驳回美国公司提交的意见的原因。《商标法》第32条是纯粹的程序条款,明确规定了如何行使商标法其他条款如第15条第3款、第26条第1款、第27条第4款、第28条第8款、第10款以及第29条第4款所赋予的撤销权利。该条款本身只是规定了要去遵守以上条款,并没有赋予任何撤销权利。我同样驳回了英国公司提交的意见认为"错误保留在登记簿中"的词句赋予了法院自由裁量权以撤销任何继续使用会与公众政策相背的商标,尽管继续使用不违背商标法中的明示或默示的禁止性规定。我认为,一个合法的注册申请只有在符合商标法第32条第1款的规定时才能被撤销:若在商标申请时,商标法的其他条款禁止其继续存续于登记簿。上述禁止规定不限于明示授予撤销权利的条款。它们包括了[* **740**]所有真正含义是使"继续保留"是违法的条款。

我完全同意上诉法院观点,即认为1967年7月20日将环形标志作为商标进行普遍使用有可能会引起混淆,并且继续在登记簿上保留此商标是被《1938年商标法》第11条所禁止的。

第11条为:任何事物,如果在使用中会造成欺骗或混淆,或由于其他原因无权受到法庭保护,或者违背法律、道德,或属于丑恶形象,此种事物作为商标或商标的组成部分注册,应属违法。

他们也认为作为登记簿上的一员继续使用该标志并没有被《1938年商标法》第13条排除在外。

第13条第1款:在注册簿A部注册商标有关的一切法律程序中(包括本法第32条提及的申诉),在A部的原始注册,从注册之日起

---

〔1〕 In re J. Batt& Co. 's Trade Mark (1898) 15 R. P. C. 534.

七年期满后,应作为在一切方面有效。但有下列情形之一者除外:

(1)注册是通过欺骗取得的;

(2)商标本身违反本法第11条规定。

他们认为本案符合第二个除外情形。

上诉法院的判决理由包括第11条中提及的两个问题。第一个问题是禁令采用"不得合法注册"的词句来阐释,第二个问题是具有潜在欺骗性或混淆性的商标注册禁令的限制是否是被其使用"可能会受到法庭保护"这项要求强制附加的。第13条的规定帮助回答了第一个问题,但没有解释第二个问题。

上述两个问题均不能只按照字面分析回答。

一个问题的关键在于,在第11条法条的条款阐释中"注册"是指在登记簿上建立一个条目的行为还是它同时也指在登记簿上保留该条目的状态。在日常英语用法中,任一解释都行得通。

关于第二个问题,是一个语法问题,描述相关的不合格的事物的主导短语是"其使用不受法庭保护"。"由于其可能会引起欺骗或混淆或其他"的用词组成了一个附属条款,其句法功能是为了限制不合格事物涵盖的范围。这确实为不合格事物不受法庭保护找到了理由依据。但若要字面解释附属条款中的"其他",就会得到条款涵盖的范围非常广泛能包括不合格事物不受法庭保护的任何理由的结果。因此这条款就会变成缺乏任何限制作用,也就没有任何功用了。进一步来说,在主语中使用虚拟语气会导致意思含混不清,这也与保护被剥夺权利有关。

法官阁下:为了贯彻、不阻碍商标法潜在的政策,《1938年商标法》特定条款规定的含义只有在整体考虑这部法,解释这特定条款中的字词(除非语法上完全行不通)时才能予以确定。

立法史

《1938年商标法》不是一个自足的商标法典。正如其长长的标题所揭示的,该法融合了之前议会的三部法律:《1905年商标法》、《1919年商标法》以及《1937年商标法》。因此,必须回溯到这些法律以确定该法(《1938 年商标法》)所欲实现的隐藏在后的政策。然而,《1905 年商标法》本身也是一部融合和修正有关商标规定的法律。《1905 年商标法》的第 11 条和第 41 条重新规定在《1938 年商标法》的第 11 条和第 13 条中,从字面上看,后者进行了微小的修改以限制在注册员方面商标的效力,但没有语言上的其他变动。然而,《1905 年商标法》第 11 条是《1883 年专利、外观设计和商标法》的重新制定,虽有微小变化,但没有修改任何与本案相关的文字或词语。《1905 年商标法》第 41 条替代了 1883 年法案的第 76 条,存在较大修改。

为了确定《1938 年商标法》第 11 条中语句的含义,我们必须越过 1905 年法案到 1883 年的法案;但由于 1883 年法案本身仅仅在于修正和融合相关商标的规定,且第 73 条仅仅在字面上复制了《1875 年商标登记法》第 6 条第二部分的语言,所以,最终应回到《1875 年商标法》。

同样的,《1938 年商标法》第 13 条复制了 1905 年法案第 41 条的语言,后者则替代了 1883 年法案第 76 条的部分,因此,为了确定 1938 年法案第 13 条的立法目的,我们应关注之前存在的法律,以确定修正案所修正的那些缺陷。这同样引导我们回到 1883 年法案,且由于第 76 条对 1875 年法案第 3 条在语言上没有任何实质修改,最终我们还得回到 1875 年法案。

在商标成为任何制定法对象之前,商标中的财产权就得到了普通法的认可。1875 年法案本身没有创设商标权。正如其标题所揭示及其条款所证实,该法仅规定了商标注册及其效果、商标所有人专有权的不注册及为保护这些专有权所提供给他的救济。因此,必须借鉴 1875 年普通法上的商标来解读 1975 年法案。我使用的"普通法"包括当时独立的衡平法院所适用的衡平原则。

法官阁下,为确定 1938 年议会通过的商标法含义,我们这种考察法律起草的方法可能会饱受批判,不仅有必要考察过去 63 年的立法史,还有必要参与到其他被视为古籍研究的法律体系中,即普通法的状态在第一部制定法修改之前已经存在近一百年的历史了。

但在我看来，旨在融合现存法的《1938年商标法》只有在当这种方法被认为有助于制定法的解释时，才能被称为是一部明智的法律。

1875年之前的普通法商标

生产者在其制造的产品上对显著性商标的使用，有着非常古老的历史，但是在法律上将商标视为无形财产权利的一种，是在19世纪的前叶由衡平法院首次确认。据称是由科特纳姆法官在Millington v. Fox[1]一案中确立。它判决，在请求禁止侵权人停止使用商标的禁令时，没有必要确立侵权人的主观欺诈故意。

商标中的财产权具有特殊的特征。与专利权和版权一样，商标权也是一个垄断，是禁止他人使用商标的权利。但是，它与营业的商誉联系在一起，其无法脱离商誉独立存在。为能成为财产权的标的，商标必须具有显著性，消费者必须能识别载有该商标的商品，以表明载有同一商标的商品具有同一来源且这些产品的质量载有商誉。商标中的财产因此只有经过专有人公开使用而获得且因不使用而失去。这种财产可转让、继承和分割，但只有与其使用的营业的商誉一同进行处分。

由于专有权的唯一权利就是禁止其他人使用，保护其权利的最初救济只有停止侵权的禁令。尽管19世纪的普通法接受故意和欺诈侵权时的损害赔偿，但是禁令就是仍然是主要救济方式。禁令的衡平救济是裁量性的，1875年法案通过之前，行使这种裁量权的方式的原则逐渐由衡平法院建立。

这种特征的财产权呼唤所有人垄断、作为载有商标的商品购买者的公众，与其他竞争者之间利益冲突的平衡。衡平法院在1875年对这种平衡进行了实质性的工作。

公众的利益要求他们不应受到商标的欺诈。商标不应制造商品的谎言。这里主要有两种欺诈的类型：(1)对载有商标的商品特征的虚假标识；(2)对商品来源的虚假标识，如产品是其他生产者制

---

[1] (1838) 3 My. & Cr. 338.

造的。

但是公众不受商品来源欺诈的利益与商人善意采用商标且通过公开使用获得有价值商誉的财产权是一致的。在19世纪早期,商业大部分还具有地方性;不同地域的商人可能善意地采用相同或近似商标。在这些情况下,他们各自产品的销售不存在竞争并因此不会产生公众欺诈问题。然而,随着交通的快速发展,19世纪前半叶市场也扩大了。在各自商品上使用近似商标的商人的产品,因此可能面对同一潜在消费群体销售,这些消费者面临着误解产品来源的风险。而且,由于商标是营业商誉的附载,如果营业商誉被分割,商标使用权可由两个以上的继承人获得,例如,当营业之前由合伙方式或者两个以上的工厂或商店的方式进行。为了满足这种情景,善意共存原则应运而生。根据该原则,只要商标的使用起初并无欺诈故意,但由于之后不可归责于商标专用人恶意或其他过错情形,产生了商品的欺诈风险,此时,法律仍然保护该商标。然而,如果商标专用人过错行为在该商标的使用中占有一席之地,衡平法院不会给其颁发停止侵权的禁令。这是"寻求衡平救济者需有洁净之手"的衡平法原则的特别适用。

在善意共存情形下,任一商标所有人均不得限制另一方使用商标,但对进行霸占使用侵犯商标的行为,任一商标所有人均可获得禁令。可见 Dent v. Turpin[1] and Southorn v. Reynolds。[2]

为使商标成为专有权标的而需有显著性的要求,是商人之间相互冲突权利融合的另一例证。商人不得占有对描述其产品的普通文字的使用,也不能阻止其他商人将这些文字善意描述自己类似商品。然而,这一原则直到1875年法案的通过才得到完整的发展。

《1875年商标法》的主要缺陷在于:第一,在专用权人提起的任何商标侵权之诉中,他都得提供公开使用的证据以证明商标权;第二,希望采用某一商标区分其商品的商人很难找到路径以发现其使用可能侵犯他人已经通过公开使用创立的专用权。《1875年商标

[1] Dent v. Turpin (1861) 2 J. & H. 139.

[2] (1865) 12 L. T. 75.

法》的明显目的就是，不改变普通法下商标的主要特征，同时为这些缺陷提供务实的救济。

1875 年商标登记法

1875 年法第 10 条规定了商标为完成登记而应有的组成要素。其规定如下：

"为本法之目的：一商标应具有如下一种或多种基本样式；即，以某种特殊或区别性方式印刷、铭刻或雕刻的个人或公司名字；或者个人或公司的书面标志或其复制品；或者显著性的图案、标记、标题、标签或符号；上述样式附加任何文字、词语或图形或文字、词语或图形的结合；本法出台之前作为商标使用的任何特殊及显著性的词语或图形或文字的结合，都可根据本法登记。"

这在基本样式和可接受的附加事项之间形成了区别。尽管 1905 年法案抛弃了在基本和可允许事项之间的区别，但这些要求在随后的法案中得到了延续和体现。但即使在 1875 年法案中，一个可注册商标的基本特征是具有显著性。

然而，1875 年法案并未改变普通法规则：一个标记只有经过专用权人公开使用才能成为商标，而且这种公开使用是首次使用人获取商标权利的唯一方式。在一标记使用之前或停止使用之后，该法并未授予该潜在商标的注册。

该法规定了商标及专用人名字注册制度。为劝说专用人注册其商标，该法提供了积极和消极激励。消极激励体现在第 1 条后半段：……1876 年 7 月 1 日之后，除非商标已根据本法完成登记，一人无权提起诉讼阻止本法下商标的侵权。

我必须明确的是"登记"（to register）这一动词，它在此以被动形态使用，它不仅指在登记册上完成注册，还包括完成首次注册后持续在登记册上，以及其关注商标可从登记册上移除。第 7 条明确这种从登记册中移除的权力规则。

第 2 条到第 4 条包含了这种积极的激励。第 2 条规定了法律后果或者商标注册区别于商标专用人注册之处：

“商标必须注册在特定商品或商品类别上;一旦注册,则应连同该特定商品或商品类别上的营业商誉一同转让及继承,且这种商誉可确定,但商标注册应被视为等同该商标的公开使用。”

本条的前半部分使注册商标可适用于[* **745**]商标仅能存在于营业商誉的普通法规则。后半部分通过使登记等同于公开使用弥补了现行法的一个缺陷,并因此消除了在任何侵权之诉中证明实际公开使用的必要。

第6条对特定种类商标的注册施加了禁止性规定。这些规定附属于第10条规定的商标应由显著性事项构成的规定:

“若无法庭的特别准许,注册员不应在与已注册商品或商品类别相同的商品或商品类别上注册相同商标,也不应在相同商品或商品类别上注册可能导致欺诈的近似商标。不应将如下文字注册为商标的一部分或与商标一同注册,由于这些文字可能导致欺诈或其他情形,这些文字的排他使用不能受到保护;或任何侮辱性设计。”

本条第一部分处理商标的原始注册。本部分为注册员的行为提供了禁止性规定,但授权法院决定允许注册相同商标,尽管公众可能对产品来源引发欺诈的风险。作为司法政策的一种,法院根据该法行使这种裁量权从而保全了善意共存原则。善意共存原则确立于根据微量规则可予忽略之所在,实践中允许最多三人在类似商品上注册相同或近似商标,但是授权注册员拒绝超过三人注册,因为此时商标将丧失显著性。例如,In re Jelley, Son & Jones' Application。[1]

本条第二部分规定“不应注册”的词语,这施加了基于特定事项注册的绝对禁止,除非落入第10条的界定之中。这明显是为了阻止专用人通过注册使如下特征的商标获得保护:衡平法院本可行使裁量权拒绝授予专用人以禁令禁止霸占侵权。商标使用本身包含欺骗公众风险的事实还不足以剥夺保护商标、制止霸占人的侵权,只要欺诈的风险是由于善意共存使用造成,那么在本条第一部分和第

---

[1] (1878) 46 L. T. 381.

二部分之间即无冲突。不受保护的理由,如"因为导致欺诈或其他",不会限制保护的范围。对欺诈的特别指示可能基于如下事实:直到1875年,对产品特征的虚假标识,如在Pidding v. How[1]一案,或对产品来源的虚假标识,如在Perry v. Truefitt[2]一案,是衡平法院拒发禁令的最普遍的理由。"或其他"这几个字视情况或可能包含没有通过使用获得权力或者因为不使用而丧失权利的情形。

第6条的背景和第1条一样,在我看来,"登记"应当不仅指初始注册的行为,还包括准许在登记册上持续的行为。如果将1875年议会的意图解读为商人在初始注册时真实描述了其注册的商品特征,则即使专用人之后故意改变商品特征造成注册商标成就谎言,该注册商标仍应受到保护,这种解读显然不合理。

很难去想象一个案件,一个初始注册不具有欺诈性的商标,随后变成具有欺诈性,除非专用人自己的不诚信行为。但是,在相同或近似商标的善意共存场合,不存在任一商标专用人的过错行为,而可在共存使用期间产生欺诈。这种情况,每一专用人都保留制止霸占人侵权的权利,尽管无权制止其他善意专用人使用相同或近似商标。第6条没有使这种注册或持续使用成为非法。

《1875年商标法》第3条和第4条规定了商标专用人注册的法律效果:

"商标首次专用人的注册是该商标专用权的表面证据,且注册后的五年后,将成为该商标专用权的确凿证据,只要还存在本法条款规定的营业商誉。"

"首次注册专用人之后的每一注册商标专用人,就该商标,均处于如同其权利乃首次注册专用人权利之延伸的同一地位。"

第3条中"专有权"应被解读为受到第6条规定的善意共存之人的权利控制。

与第2条和第6条相比,第3条和第4条并不处理商标本身的注册,而处理作为注册商标专有人的名字注册以及这种注册对使用

---

[1] (1837) 8 Sim. 477.

[2] (1842) 6 Beav. 66.

商标的普通法权利之效力。还需观察的是,本法的商标专用权并非商标登记产生的制定法权利,而是作为一种普通法权利根植于登记作为证据的专用权人。

1905 年商标法

1905 年通过的商标法被认为是现代意义上的商标法。该法产生的基本变化是,商标专用人的登记成为商标专用权权利的来源,而不再仅仅是普通法上通过公开使用获得的权利的证明,但是这一专有权明确受到使用相同或实质相同商标的其他注册所有人的共存权利的控制。该法还通过引入商标的制定法概念,授权商标实际使用之前的注册。

第 3 条:"……为指示该商品来源于商标专用人的生产、选择、认证、交易或许诺销售之目的,已经使用或准备使用在商品上的商标。"[* **748**]但是,它包含从登记册移除未使用人的商标的明确条款——这一权利在《1875 年商标法》下隐含在必须实际使用商标的普通法意义上。该法还剥夺未经使用的未注册商标所有人任何请求侵权损害赔偿以及停止侵权禁令的权利;但保留了普通法下该商标提起仿冒之诉的权利。

导致欺诈的相同或近似商标的注册条款出现在《1875 年商标法》的第 6 条,并规定在《1905 年商标法》的第 19 条和第 21 条,这两条给予法院准许注册相同商标的明确法定权力,只要构成善意共存使用——这是一种行使《1875 年商标法》第 6 条第 1 部分授予法院的一般裁量权。

SIMON OF GLAISDALE 法官:

法官阁下:我有幸能够阅读学识渊博,品行高尚的迪普洛克法官准备的演讲,并且我完全认同他的观点。基于他所提出的理由,我同意上诉申请。

KILBRANDON 法官：

法官阁下：我有幸能够阅读学识渊博，品行高尚的迪普洛克法官准备的演讲，并且我完全认同他的观点。基于他所提出的理由，我同意上诉申请。

5. PB Food Ltd. v. Malanda Dairy Foods Ltd. [1999]

[阅读提示]

商标使用的时间长短是适用善意共存原则的一个重要因素。在这个案件中,一方使用商标的时间不长,但考虑到使用者的善意以及远方使用的因素,注册员和法院均认为可以成立善意共存使用,关键问题是如何附加注册和使用的限制条件。正如注册员指出,考虑到这两个标志的实质相似性以及它们被运用在相同产品的事实,如果这两个商标在相同的市场领域使用,将会出现非常大的混淆可能。然而,如果这种使用是独立的且被限制在西澳大利亚州和北昆士兰州这两个遥远的地理市场的话,混淆的可能性可以控制在很低的层面。

澳大利亚联邦法院

PB 食品公司

诉

马兰达甜品公司[1]

判决日期:1999 年 11 月 17 日

法院判决如下(CarrJ 法官):

1. 这项申请在一定程度上获得允许,只要注册员 1998 年 12 月 15 日作出的决定稍作改变,因此申请人可在两个月的期限内指定其同意注册的地域限制范围,注册员决定中指出的两个月可以延长至自本判决之日起两个月。

2. 否则驳回申请。

3. 申请人需支付被告申请注册的费用。

判决理由

介绍

1. 这是一起上诉案件,根据《1955 年商标法》第 51 条(以下简称 1955 法案),来自注册员根据 1955 法案第 50 条作出的商标注册的决定。1998 年 12 月 15 日注册员拒绝了申请人的 CHOC CHILL 商标注册申请,除非申请人在该决定后两个月内将注册限制在西澳大利亚州。申请人寻求如下裁定:其注册的商标不应有地域限制,或者作为备选,少一点地域限制。

事实背景

2. 申请人在西澳大利亚州成立。当其申请注册 CHOC CHILL 商标时,它的名字是彼得斯(西澳)有限公司。申请人以“彼得斯”和

---

〔1〕 [1999] FCA 1602.

“布劳尼斯”的名义进行交易。它生产且销售冰淇淋以及其他的一些日常用品。其奶制品部门生产白色奶、调味奶、冰淇淋、果汁、蛋羹、酸奶、甜点、蘸料和奶酪。

3. 1992 年 4 月 1 日,申请人第一次使用 CHOC CHILL 商标来销售它的部分调味奶产品。它也开始根据牛奶不同的味道而使用该商标的各种变体。这些变体包括 COFFEE CHILL、BANANA CHILL 和 BERRY CHILL。从那以后,申请人一直都在西澳使用包含了 CHILL 字样的标志销售调味奶。

4. 1992 年 5 月 7 日,申请人申请注册 CHOC CHILL 商标用于澳大利亚境内第 29 类范围内的所有商品。

5. 被上诉人是澳大利亚合作食品有限公司的全资附属公司,它是以经过注册的企业名称“Dairy Farmers”进行交易。它在北昆士兰州经营牛奶农场的业务。1992 年 9 月 23 日(在申请人第一次使用 CHOC CHILL 商标的前五周),被上诉人第一次将 CHILL 商标用于其生产的调味奶的营销。从那以后其在昆士兰州和北部区域一直沿用该标志销售调味奶。

6. 1994 年 5 月 9 日,被上诉人提交了编号为 630247 的 CHILL FLAVOURED MILK 商标注册申请。考虑到该标志中第二和第三个字的描述性特征,我将该项申请视为被上诉人致力于取得 CHILL 商标的所有权。在本院的聆讯中,申请人承认被上诉人是 CHILL 商标的所有人。在注册员面前,它否认了这个所有权。

7. 当 1992 年 5 月 7 日,申请人提出在整个澳大利亚注册 CHOC CHILL 商标时,无论是申请人还是被上诉人都没有注意到相对方的使用情况。申请人诉称,且该诉称是无可辩驳的,申请人直到 1992 年 12 月才意识到被上诉人对 CHILL 商标的使用。

8. 1996 年 2 月 2 日,被上诉人提出了对注册 CHOC CHILL 商标的异议通知。

注册员的决定

9. 注册员认为,异议人 Malanda Dairy Foods Limited(本诉讼阶

段中的被上诉人）在诉请其为 CHILL 商标的在先使用者方面是成功的。注册员认为，被上诉人在申请人提出申请之时就已经建立了对 CHILL 商标的所有权。注册员进一步认为，CHILL 商标与 CHOC CHILL 存在实质上的相似，CHOC CHILL 是申请人力图申请注册的商标。

10. 随后注册员转向思考另一问题，即是否存在诚实的共同使用或者其他的一些特殊情况，使得准许 CHOC CHILL 的注册申请是合理的。出于方便考虑，我将会用“申请人的标志”或者“它的标志”来代称 CHOC CHIL。注册员发现存在诚实共同的使用，但是是在限制的范围内。她进一步发现，考虑到这两个标志的实质相似性以及它们被运用在相同产品的事实，如果这两个商标在相同的市场领域使用，将会出现非常大的混淆可能。然而，如果这种使用是独立的且被限制在西澳大利亚州和北昆士兰州这两个遥远的地理市场的话，混淆的可能性可以控制在很低的层面。但是正如注册员发现的那样，每一方都希望能够扩充其使用商标的地域范围，注册员认为，她应该考虑的问题是在当前的申请中施以何种地域限制将是公平合理的。

11. 关于不便性，注册员认为，如果他们能够继续使用他们的商标，那么双方提出的比对方更加不便的主张都不能成立。

12. 注册员总结得出，共同使用的时间太短以至于不能以此作为充分的理由来准许申请人的商标注册申请。然而，她考虑到存在其他一些特殊的情况能够准许该注册。注册员认定的这些特殊情况是，双方开始使用的间隔时间极为短暂以及他们在遥远分割的市场中使用近似商标。注册员考虑到，如果她拒绝申请人的商标注册，被上诉人编号为 630247 的商标申请（申请人的申请作为异议申请）很有可能获得认可。到时候申请人会基于其从 1992 年以来就一直在西澳大利亚州使用该标志的理由再次提出申请，根据《1995 年商标法》（以下简称 1995 法案）的第 44（3）条，很有可能获得限制在该州范围内的注册许可。注册员认为那些就是能够允许她根据第 34（1）条行使自由裁量权的特殊情况，而她也正准备这么做。注册员的决定是，如果申请人两个月内同意将其注册限制在西澳，那么她会根据第34(1)条准许该注册申请。

上诉的理由

13. 在本案中,上诉人提出的上诉理由是:

(1)注册员错误地认为,被上诉人使用的CHILL商标与申请人的CHOC CHILL商标(以及它的变体COFFEE CHILL、STRAWBERRY CHILL、VANILLA CHILL、等)相同,或者实质上相同;

(2)注册员错误地认为,根据1995法案第34条第(1)款,申请人对于CHOC CHILL商标没有建立起善意共存使用;

(3)注册员认为,存在特殊的情况可以准许申请人的CHOC CHILL(以及它的变体)商标获得注册,但是其错误地认为该注册应该受到西澳大利亚州的限制。

14. 在听讯过程中,申请人抛弃了上诉理由中的前两项即:

注册员错误地认为,被上诉人对于CHILL商标进行微量且分离的在先使用足以证明被上诉人对该商标的所有权。

注册员错误地认为,被上诉人是CHILL商标的所有人。

法律框架

15. 由于申请人的申请在1996年1月1日之前处于悬而未定的状态,1995法案的条款仍能对其适用——参见1995法案的22部分。

16. 1995法案第40条明确指出,自称是某一商标的所有人可以以该商标中的部分A或部分B向注册处提出注册申请。本案的争议点在于如果CHOC CHILL商标与被上诉人的CHILL商标相同或实质上相同,那么申请人就不是该标志的所有人且只能根据1995法案的第34(1)条取得注册。

17. 1995法案的第34条第(1)款内容如下:

“在善意共存使用或者其他一些特殊的情况,登记员可在其认为适合的情况下,准许两人或以上在相同商品或服务或其他商品或服务上注册相同或欺骗性相似,或若不是善意共存使用或其他特殊情形则构成欺骗性近似的商标,只要符合登记员施加的条件和限制。”

……

二、是否存在善意共存使用使得准许申请人的商标申请是合理的?

申请人的主张

40. 申请人主张,注册员错误认为其无权基于善意共存使用注册 CHOC CHILL 商标。

41. 申请人接受已经得到确认的、关于判断善意共存使用标志的六个标准。然而,申请人主张这个列表不具有穷尽性。这个列表,源于 John Fitton & Co. Ltd. 's Application[1] 中的裁决,但是反过来它的裁决又是主要来源于 Lord Tomlin 在 Alex Pirie & Sons Ltd. 's Application[2] 中的认定,其包含了:

共同使用的善意;

使用的持续期间、地域和规模;

可能发生的混淆的程度;

是否有任何混淆的实例事实上发生了;

可能对双方产生的相关不便性;

任何的条件或者限制。

42. 申请人指出,毫无疑问它的使用是诚实的。它并不知道被上诉人的 CHILL 商标,直到它开始使用 CHOC CHILL。

43. 申请人信赖上述权威案例,因此它提出,一旦共同使用的善意已经建立,其他的因素就会显得不那么重要。可见 Buler Trade Mark;[3] Granada Trade Mark。[4]

44. 至于使用的程度,申请人提到,其使用期间为 1992 年 4 月 1

〔1〕[1949] 66 RPC 110.

〔2〕[1933] 50 RPC 147 at 159 - 160.

〔3〕[1975] 92 RPC 275 at 289.

〔4〕[1979] 96 RPC 303.

日开始使用 CHOC CHILL 到 1992 年 5 月 7 日提出注册申请。它指出尽管这段期间是一段相对较短的期间,但在那段期间使用商标频率是很高的。更进一步,它的使用应该直接与被上诉人的使用作比较,后者也是一段相对较短的期间,在 1992 年 2 月 23 日到 1992 年 5 月 7 日之间。

45. 申请人指出,关于可能产生的混淆程度问题,能够看出被上诉人使用 CHILL 与申请人使用 CHOC CHILL 是相当不同的。即使将架子上的商品并排一起作比较,也存在很小的混淆可能。申请人的该项比较可见附件 JCN12 和 JCN13。

46. 申请人指出,在任何情况下,申请人的产品和被上诉人的产品没有也不可能出现在相同的货架上,因为被上诉人在昆士兰州以外没有以 CHILL 商标销售任何产品。更进一步,不存在任何证据表明被上诉人意欲以 CHILL 的名义在昆士兰州以外销售产品,而申请人的证据表明申请人意欲在整个澳大利亚销售它的 CHOC CHILL 商标的产品。

47. 即使产品并排销售,申请人指出,1995 法案第 34 条第 1 款也准许一定程度的混淆。可见 Buler Trade Mark;[1] Olin Corp v. Pacemaker Pool Supplies。[2]

48. 申请人指出,没有证据证明被上诉人的标志和申请人的标志之间存在事实上的混淆。考虑到这两个标志分别被限制在昆士兰州和西澳大利亚使用,这并不奇怪。

49. 至于相对不便的问题,申请人指出如果它不能在全国范围内注册 CHOC CHILL 商标,它将会遭受到实质性的不便,因为它意图在整个澳大利亚范围内销售 CHOC CHILL 商品。基于申请人和被上诉人之间的争议,它已经推迟了在东部州销售产品的计划。申请人指出,如果它不能在那些州取得 CHOC CHILL 商标的注册以及如果被上诉人取得了 CHILL 标志的注册,当申请人在这些州销售产品时它将会承担被被上诉人起诉侵犯 CHILL 商标的风险。如果申

---

〔1〕 [1975] 92 RPC 275 at 289.

〔2〕 [1984] 4 IPR 526 at 530.

请人能够获得 CHOC CHILL 商标的注册且没有地域限制，那么它可以对这种侵权诉讼提出抗辩。

50. 作为一种选择，申请人指出，如果 CHOC CHILL 获得除昆士兰州和北部领域以外的澳大利亚获得注册，申请人具有的不便会显著减少。尽管它可能不能够在昆士兰州和北部领域销售产品，但是它可以在其他一些重要的市场销售产品，如在新南威尔士州和维多利亚州销售。

51. 申请人指出没有证据表明，被上诉人意欲在昆士兰州以外销售 CHILL 产品。申请人援引的证据表明，与被上诉人有关联的公司是以 DARE 作为商标在新南威尔士州和维多利亚州销售调味牛奶的。

52. 申请人主张，衡量上述各个因素，根据善意共存使用，CHOC CHILL 的注册申请应该获得准许。

被上诉人的主张

53. 被上诉人主张，注册员正确查明了应根据特殊情况而非善意共存使用给予申请人救济。

54. 被上诉人主张，五个星期的使用不能建立起善意共存使用。即使二又四分之一年也被认为是异常短的。可见 Re Peddie。[1] 此外，没有证据表明在此阶段已有销售数量。处理这一问题的正确做法是，将被上诉人作为商标的所有权人，因此有权将它的商标在整个澳大利亚境内注册。申请人无权登记注册，但是在特殊情况下可以要求行使自由裁量权。

55. 对于申请人的意图，被上诉人指出相关的时间段从 1992 年 4 月 1 日到 1992 年 5 月 7 日。在此阶段没有任何证据表明申请人有意愿在西澳大利亚州以外的地方销售它的产品。另外，任何这种意图都与善意共存使用无关。在这方面只关注实际使用（作为回应，申请人指出其意图与注册员行使自由裁量权是有关的）。

---

〔1〕［1943］61 RPC 31 at 36 – 37.

我的推理

56. 在我看来,申请人确实证明了 1955 法案第 34(1)条的善意共存使用。

57. 申请人的使用是善意的已经达成共识,因为它直到 1992 年 12 月才知道被上诉人 CHILL 商标的存在。

58. 我不同意申请人提出的,一旦善意使用得以建立其他任何相关因素都不再重要的观点。正如我对权威案件(包括 Granada Trade Mark)的解读,善意是基本的,但是不足以致使其他的相关因素不重要。

59. 正如被上诉人指出的,不存在一个已决案件表明五个星期可被认定为支持善意共存使用的足够期间。然而,Lord Hanworth MR 在 Pirie[1] 中阐述:

"在所有案件中一定的使用时间段应在其成为第 21 条下的商标使用人之前完成,这是不可能的"[第 21 条等同于英国 1955 法案第 34(1)条]。

60. 我认为,这五个星期的期间必须在被上诉人使用的背景下进行观察,后者本身只有 10 个星期。在地域方面,有证据表明申请人在相关时间段的销售行为遍及整个西澳大利亚州。销售的数量也是大量的。我推断这些内容来自 Peter Clark 先生 1997 年 1 月 15 日作出的法定声明中的第 4 段和第 6 段。Clark 先生宣誓证明这样的事实:当被上诉人在 1992 年 4 月开始销售 CHOC CHILL 产品时,其在电视上以及销售网点上做了广泛的广告宣传。在 1992 年 6 月 30 日截止的会计年度内它授权批发商以 CHOC CHILL 商标销售的销售价值达到 $2,652,127。这些销售额是在 12 个星期内完成的。为了获得这个期间前五个星期内的销售额,我已经假定(可能没有正当理由,但是这一行为并不是精确的)利用 12 个星期的平均数额。结果是这 5 个星期的销售额接近 $1,105,000.00。Clark 先生,在相同法定声明的第 7 段中宣誓证明,在相关的 12 个星期中以

---

[1] [1943] 61 RPC 31 at 212.

CHOC CHILL 名义在西澳大利亚销售产品的广告支出是＄269,164.00。根据平均法作出相同的测算,我认为可以合理地推测出申请人在相关 5 个星期内的广告支出是大约＄112,000。基于 1992 年 4 月 1 日开始造势,它在那个阶段的支出可能会比平均值高。

61. 我反对申请人提出的,如果它的标志取得注册成功可能产生的混淆程度问题。我已经发现这两个标志是实质性相同的。对于申请人提出的不存在混淆可能性的主张,我审查了其提交的附件。它们是附件 JCN12 和 JCN13,是双方各自调味奶包装盒上的标注。尽管这些附件具有不同的色彩,但“CHILL”一词在被上诉人的包装盒上是非常显著的,且申请人使用 CHOC CHILL 的包装盒上“CHILL”一词也是最显著的。通过检查 Clark 先生法定声明中的附件 PMC6,PMC7,PMC8 和 PMC9,我形成了相似的印象。我的评价是,如果双方在同一地域市场使用 CHOC CHILL 和 CHILL 销售产品,将会存在很大可能性的混淆。Jane Cassidy-Norrish 小姐在 1997 年 1 月 15 日的法定声明中描述了 CHILL 商标的产生过程。在法定声明的第 5 段中 Cassidy-Norrish 小姐引用了“CHILL 调味奶产品的范围”。Cassidy-Norrish 小姐展示了一份由申请人的广告代理商——Marketforce 准备的备忘录,其罗列了当时申请人纳入考虑范围内的各种商标的清单。这份备忘录非常关注“CHILL”一词。我认为如果双方以各自的标志在相同的市场上进行商业活动,存在实际混淆的可能,与公共利益相违背。我同意权威案例所表明的第 34 条第 1 款准许一定程度的混淆。然而,在我看来,当考虑是否应该附加某些条件时,混淆的问题是特别重要的。

62. 不存在任何证据表明已经现实地出现了混淆事例。这并不奇怪,因为申请人的贸易被限制在西澳大利亚州而被上诉人的贸易发生在昆士兰州和北部区域。

63. 在我看来,对各自当事人产生的相对不便主要取决于,作为条件的形式附加合适的地域限制。我发现这些问题在某种程度上存在重叠的情况。申请人在它的意见书概况中对此表示认可,我将在下文处理这方面的问题。

三、注册员错误附加了地域限制的条件了吗?

申请人的主张

64. 申请人部分依靠了意见书,该意见书中涉及了善意共存使用的问题。它强调如果不能在西澳大利亚州以外注册且使用 CHOC CHILL 标志,它将会遭受非常大的苦难。特别需要说明的是,它将不能将其成功营销的调味奶产品打造成全国品牌的战略。被上诉人而不是申请人率先使用以 CHILL 单词为特征的商标的事实是偶然的。实际上,这两家公司开始在相同的时间和不同的区域使用以"CHILL"一词为特征的商标。因此申请人指出,这正是第 34(1)条所指的场景。

65. 申请人建议对于登记员和法院来说存在两个可供选择的方案。第一,登记可能会获得许可从而支持申请人在整个澳大利亚的使用。被上诉人可能基于其标志取得一个类似的登记。结果可能是每一方都可以在整个澳大利亚与对方展开竞争但是每一方都可以防范其他竞争者意图使用这些标志。第二,登记申请应该在除昆士兰州和北部区域的澳大利亚境内获得认可。申请人推测如果那样,被上诉人可能获得除西澳大利亚州以外的澳大利亚境内的注册。

被上诉人的主张

66. 在注册员面前,被上诉人反对任何申请人商标的注册。在本院的审讯中,被上诉人承认登记员有限制的授权是合理的。

67. 被上诉人主张,附加地域限制的条件应该获得支持,不管申请人的使用被定性为善意共存使用还是仅仅基于特殊情况。参见 Alex Pirie & Sons Ltd. 's Application at 159 – 160;John Fitton & Co. Ltd. 's Application;cf Olin Corp v. Pacemaker Pool Supplies. 被上诉人主张,尽管案件提交到联邦法院进行重新审讯,但是联邦法院应该特别重视注册处或者注册员的意见,这已成先例:Eclipse Sleep

Products Inc. v. Registrar of Trade Marks,[1] Registrar of Trade Marks v. Muller.[2]

68. 被上诉人同样依靠意见书,该意见书也涉及了善意共存使用。

我的推理

69. 申请人争议的核心在于,它已经证明了在西澳大利亚州之外的地方以 CHILL 标志销售调味奶的意图,然而被上诉人虽然引出了一些证据表明了其标志的全国性,但是没有任何证据表明被上诉人有将标志用于昆士兰州和北部区域以外地域的意图。申请人指出注册员错误认为,在下文的段落中(从她的推理的 14 段开始)双方都希望拓宽商标的地域使用范围。相关的内容如下:

任何条件或者限制

两个商标的采用和共同使用超过六年的历史表明,如果它们继续像以前一样在远距离分开的区域使用,这两个标志能够以不存在混淆或者冲突的方式共存。通过对它们的使用附加互相排斥的地域限制可以达到这一结果,但是由于任何一方都希望拓宽他们的商标使用范围,我必须考虑我现在面临的问题,对其注册该附加怎样的地域限制是公平且合理的。

70. 我想到一个问题,基于行使自由裁量权的目的,申请人意图在西澳大利亚州以外的地方使用 CHILL 商标的考虑是否应该限制在从 1992 年 4 月 1 日到 1992 年 5 月 7 日 5 个星期的时段中。被上诉人是这样主张的。基本原则似乎表明,申请的命运取决于提出申请的日期——参见 Shanahan 先生对于该问题的研究,在他著作中的第 39 段及其引用的案件。

71. 然而,在我看来,第 34(1)条能够被合理地认为是正常注册程序中的一种例外类型。在这个问题上尽管不存在直接相关的权威案件,在某种意义上似乎对我而言,存在自由裁量的空间,且发生

---

〔1〕 [1957] HCA 86;(1957) 99 CLR 300 at 321 - 322.

〔2〕 [1980] HCA 35;(1980) 144 CLR 37 at 41.

在申请日后的事项也应在行使自由裁量时考虑在内。权威案例已经接受,对各方的相对不便是一个相关的因素。当行使或者重新行使自由裁量权时以及被迫将源于行使自由裁量权时的相对不便考虑在内时,仅仅考虑7年之前就已经存在的情况,这看起来多少有点武断。

72. 我建议考虑在上文以及之后认定的5个星期中双方的各自意图。

73. 在这个问题中相关的善意共存使用被限制在西澳大利亚州。存在一些很轻微的迹象表明,申请人在相关的5个星期时间内意图在西澳大利亚州以外的地方使用该商标。在克拉克先生的第一份法定声明的第11段他写道:

"虽然,考虑到产品在西澳大利亚州压倒性的成功,我们公司一直希望能够以CHOC CHILL商标的名义在澳大利亚的其他州提升产品的销量和知名度,包括南澳大利亚州、维多利亚和新南威尔士州。"

74. 克拉克先生援引备忘录那一段之后的内容称,在西澳大利亚州所采取的市场策略将同样地用在东澳大利亚州。这份备忘录是在1993年2月4日签署的。Cassidy-Norrish小姐在1999年8月5日的宣誓书内对这个问题提供了一些证据。在第16段她阐明:

"……大体而言,PB Foods的战略目标在于将其运营推广到澳大利亚剩余的地域以及海外的市场。这一PB Foods的商业计划是自从我1989年加入到该公司以来一贯的宗旨。"

75. 我考虑了那份宣誓书中的第16~19段的内容。在第19段,Cassidy-Norrish小姐就其所知大致指出了申请人在20世纪90年代早期的战略。然而,我同意J. T. Schoombee博士(他与A J Davidson先生一起作为被上诉人的顾问出现)的意见:不存在源于这5周期内签署的文件以表明申请人这段时间意图将其商标CHOC CHILL用于西澳大利亚州以外的地方。

76. 我不准备基于此轻微的证据去查明,在此相关的时间段内(例如从1992年4月1日到5月7日)申请人意图在西澳大利亚州以外的地方使用该商标。我同意申请人从那时候开始就已经形成了这样的意图且有大量的证据对此表示支持。关于这项考虑,最使人信服的确凿证据是申请人与 Franklins (Vic) Limited 签署的在维多利亚州大卖场销售调味奶的合同。这些产品是否以 CHOC CHILL 名义销售,这仍然有些疑问。克拉克先生在 1997 年 1 月 15 日法定声明的第 12 段公开了这一问题。但是他在法定声明相关段落中提出的文件援引产品时使用的是“Brownes Chill”。然而,基于本次注册申请的目的,我可以假设申请人意图使用 CHOC CHILL 商标。正如该合同体现的,没有发生任何销量。

77. 我同意如果它的商标的注册被限制在西澳大利亚州,那么,申请人将面临实质性的不便。第一,潜在的产品销售收入损失,这些收入本可在其他州以此商标销售产品而得。第二,如果它决定在其他州使用这一标志,可能会面临由被上诉人发起的侵权诉讼的损失。还存在其他一些之前总结的问题,包括不能成为全国性品牌。

78. 但是这些不便对于任何不具有商标所有权的人都会存在。法案的目的不是通过登记取得所有权而是登记所有权,尽管这些注册授予了多项利益包括对侵权行为的保护。在此层面上思考,第 34(1)条能够被用来作为对一般法定情形的例外,通过提供善意共存使用和其他一些特殊情况使注册合法。

79. 没有案件表明第 34(1)条或相关条款授予的自由裁量权能够在共存使用发生地以外的区域内被行使。在 Fitton 案的第 116 页,助理审查官似乎认为这是公理,即根据《1938 年商标法》的第 12(1)条取得的注册不能延伸到先前使用区域(英格兰和威尔士)以外的区域也不能及于先前相关商标没有涉及的产品(用于出口的产品)。在 Olin 案中,申请人取得了在整个澳大利亚范围内的注册,但这是基于第 34(1)条适用于该注册西澳大利亚州。在我看来,这并不是一个基于善意共存使用在使用之地以外的范围获得注册的案件。然而,我可以假定,没有裁决的情况下,根据 1995 法案,在善意共存使用区域以外的范围可获得注册。

80. 在我看来,申请人的意见书忽视了基本的事实,即尽管被上诉人使用 CHILL 标志被限定在昆士兰州和北部区域,但它还是该标志的所有人,有权在整个澳大利亚获得注册。它是该标志的作者且它是第一个使用它的人。必须承认,被上诉人的第一次使用仅仅领先了 5 个星期,但是申请人抛弃了该时间是微不足道的观点,申请人明确承认了被上诉人对该标志的所有权。

81. 我认为在行使我的自由裁量权时我有权考虑,且我也是这么做的,特殊的事实即被上诉人已经就他的标志提出了申请且被上诉人的证据表明这个标志已经取得了一些全国范围的曝光。这是通过赞助一支运动队(它的比赛在昆士兰州以外的其他地方转播)和在昆士兰州以外的地方带领它的产品参加农业展览会取得的。我从这些证据中获取的信息是,被上诉人处在这样一个位置或者正在向这个位置前进,即它能够使用它的标志在昆士兰州和北部区域以外的地方销售调味奶,如果它选择这么做的话。

82. 在那种情况下,我并不认为将申请人的申请限制在西澳大利亚州会成为决定性的或者主要的因素使得申请人遭受比被上诉人更大的不便。我考虑到,正如证据表明的,即使被上诉人没有在昆士兰州和北部区域以外以其商标销售产品的意图,在它的道路上设置障碍对它而言是不利的,如果它将来会走这条路。

83. 准许标志在整个澳大利亚境内注册或者在昆士兰州和北部区域以外的澳大利亚注册,我不认为这是在合理地行使第 34 条第 1 款授予的裁量权。我这么说,是因为:第一,基于我上文直接罗列出的理由。第二,正如我早于这些理由中提出的,我认为这些相同的标志产生混淆的可能性非常大。

84. 我认为,注册员通过将注册限制在西澳大利亚的方式准许注册,完全适当地行使了其自由裁量权。

总结

85. 基于上述的理由该申请将被否决。

6. McCormick & Company, Incorporated v. Mary McCormick [2000]

[阅读提示]

这又是一起澳大利亚联邦法院处理的涉及商标善意共存的典型案件。根据先例,判断善意共存原则的因素包括:共存使用的善意;使用的时间、地域和销售数量的范围;争议商标之间混淆可能性的程度;是否有混淆的例子已被证明;并且如果允许注册,将可能对当事人引起的不便。尽管法官认定本案中商标的共存会导致(一定程度的)混淆,但仍然认定构成商标善意共存。善意共存使用原则意味着应容忍市场中一定程度的混淆。使用商标可能欺诈或导致混淆的单纯事实,不必然足以支持禁止此种使用的禁令。

澳大利亚联邦法院

麦克米克股份公司(上诉人——交叉被上诉人)

诉

玛丽麦克米克(被上诉人——交叉上诉人)

判决日期:2000 年 9 月 15 日[1]

法院判决如下(Kenny J 法官):

1. 准许上诉。

2. 驳回交叉上诉。

3. 商标登记处的(简称“登记人员”)注册员决定核准注册第 574023 号申请的文字商标“MCCORMICK'S”和“MCCORMICK'S INSTANT BATTER SIMPLY ADD WATER”,但应符合批注:“根据第 41 条(3)(a)款,对于这一系列商标的注册仅限于昆士兰州和新南威尔士州。”上述决定被驳回。

4. 对于上文第 3 条该商标的注册被否决以替代登记人员的决定。

5. 诉讼程序的花费被保留。

6. 问题被延期处理。

判决理由

1. 这是根据《1995 年商标法》(以下简称《商标法》)第 56 条提起的上诉和交叉诉讼,源于商标注册员在 1998 年 5 月 21 日针对申请人对答辩人的注册异议所作出的决定。注册员决定的理由可见:McCormick & Company Inc v. McCormick。[2]

---

[1] [2000]FCA1335.

[2] [1998] 42 IPR 515.

诉讼历史

2. 被告玛丽麦克米克在1992年3月9日提交了第574023号商标申请，请求两个文字商标的注册，它们是"MCCORMICK'S"和"MCCORMICK'S INSTANT BATTER SIMPLY ADD WATER"。该申请最初包含了第30类的所有商品，即该类下的所有商品；包括即溶米粉在内的米粉，干果，包括花生在内的坚果。在审查的过程中，申请的商品被限制在了"即溶米粉"范围内。

3. 根据商标法第41条(5)款，商标的受理于1996年2月22日在澳大利亚商标官方杂志上公布。本案中的申请人麦克米克股份公司(以下简称"麦克米克公司")在1996年5月22日提交了异议申请书。注册员1998年3月4日听取了事实。

4. 在注册员主持的听审程序中，麦克米克公司的异议基于三点理由，它们是：

(1)玛丽麦克米克的商标与麦克米克公司的商标构成实质性相同或误导性相似，且该公司商标注册的商品种类与她注册的相似[第44条(1)款]；

(2)玛丽麦克米克的商标与麦克米克公司的商标构成实质性相同或误导性相似，且该公司的商标在玛丽麦克米克商标注册的优先日之前已在澳大利亚享有声誉。由于存在商誉，玛丽麦克米克申请在特定种类商品上使用商标可能会造成欺骗或引起混淆(第60条)；并且

(3)玛丽麦克米克的商标不足以将其所注册的商品与他人的商品或服务相区分[第41条(2)款]。

5. 注册员认为玛丽麦克米克的商标与麦克米克公司的商标构成误导性相似，并且即溶米粉产品与该公司在其注册商标下出售的商品相同。注册员查明，双方的商品都"添加了多种食物以达到增强其味道的目的"，[1]玛丽麦克米克的商标"违反《商标法》第44条(1)款的规定"。然而注册员发现，玛丽麦克米克已经"成功履行了

[1] 42 IPR at 520.

证明在扩展至昆士兰州和新南威尔士州范围内建立起善意共存使用商标的义务”。[1]

6. 注册员否决了麦克米克公司的观点,后者认为玛丽麦克米克不能根据第44条(3)款推翻该公司根据第60条提出的异议。[2] 尽管争议中的商标被查明与另一商标构成误导性相似,但注册员认为麦克米克公司的注册商标在市场上与“玛丽麦克米克的”商标已经共存很长时间了。如之前所表明的,无证据显示“玛丽麦克米克”在选择其商标MCCORMICK'S时的动机是欺诈性的。更重要的是,不存在充分的证据使我相信之前存在任何的商标欺诈或混淆。事实上,如果欺诈或混淆,如异议人的证据所显示的从1985年开始已经引起其注意,那么异议人拥有足够的时间和机会要求玛丽麦克米克注意并采取措施制止。

调查结果,就注册员看来,是对该公司根据第60条提出异议的充分回应。最终,注册员否决了麦克米克公司的观点。该观点认为,玛丽麦克米克的商标不足以按照第41条的要求将其所注册的商品或服务与他人的商品或服务相区分。最终,注册员说:总之,我发现玛丽麦克米克根据商标法第41条(5)款获得了争议系列商标的注册。她在昆士兰州和新南威尔士州使用其商标满足了第44条(3)款关于善意共同使用的要求,并且在本案中没有任何更好的理由说服我不进行这样的判断。由于异议是就基于第41条和第60条的原因而言的,我否决了该异议。对于该决定不应存在任何上诉,我同时指定第574023号系列的商标注册应附加如下批注:“根据第41条(3)(a)款,这一系列商标的注册仅限于昆士兰州和新南威尔士州。”

本节中对第41条(3)款(a)项的参考似乎也是对商标法第44条(3)款(a)项的参考。但并非如此。

7. 根据1998年6月10日的上诉通知,麦克米克公司对注册员的裁定提起了上诉。玛丽麦克米克提交了答辩说明,并在1999年7

---

[1] 42 IPR at 525.

[2] 42 IPR at 527.

月1日进行了修正。随后她又在1999年8月4日提交了交叉上诉的通知。

8. 麦克米克公司的四个主要上诉理由如下：

- 注册员错误认定玛丽麦克米克在昆士兰州和新南威尔士州已经证明了建立起善意共存使用商标的义务。
- 注册员错误认定本案是一个合适的依照第44条(3)款行使有利于玛丽麦克米克的自由裁量权的案件。
- 注册员错误认定玛丽麦克米克对其商标的使用不会对麦克米克公司的声誉造成欺诈或引起混淆。
- 注册员错误认为对第60条的适用应符合第44条(3)款的规定。

9. 根据其修改后的答辩说明，玛丽麦克主张：

- 自己的即溶米粉产品与麦克米克公司注册商标的商品不是“相似商品”，因此第44条(1)款不能阻止其商标的注册，并且
- 第60条(b)款不能阻止其商标的注册，因为该使用不会因为麦克米克公司商标的声誉而可能造成欺诈或引起混淆。

在其交叉上诉的通知中，玛丽麦克米克对注册员将其商标注册限制在昆士兰州和新南威尔士州的部分决定提起了上诉。

背景事实

10. 麦克米克公司从1962年起在澳大利亚直接和通过其全资附属公司——麦克米克食品澳大利亚私人有限公司（以下简称“麦克米克澳大利亚”）出售食品。麦克米克澳大利亚生产产品并将其产品销售给零售行业，包括超市。此外，早从20世纪80年代中期开始，麦克米克公司和麦克米克澳大利亚就在澳大利亚出售米粉给速食供应商。如今，麦克米克澳大利亚生产并将其产品（例如米粉、调味粉和面包屑）出售给速食供应商、食品加工公司和食品服务公司（例如宴会场地、旅馆和医院）。所有网点的销售量都十分可观。

11. 麦克米克公司是一些商标在澳大利亚的注册拥有者。麦克

米克澳大利亚经麦克米克公司的许可在澳大利亚使用这些商标。在本诉讼中,麦克米克公司依赖以下的注册,这些注册都享有优先日期。

编号	种类	商品	商标
175887	30	香料、佐料、调料、调味食品的榨取物和浓缩物	BANQUET McCormick
175888	30	香料、佐料、调料、调味食品的榨取物和浓缩物	Mc McCORMICK
182356	29	蛋黄酱和其他做沙拉和食物的调味品,脱水土豆	Mc McCORMICK
182357	29	蛋黄酱和其他做沙拉和食物的调味品,脱水土豆	BANQUET McCormick
351903	30	药草和香料,调味汁,调料和肉汁	Mc McCORMICK
351905	29	包括蛋黄酱和生菜沙拉酱在内的沙拉调味料	Mc McCORMICK

我将这些商标称为“the McCormick & Co marks”。

12. 至少从1995年开始,麦克米克澳大利亚也在商标“GOLDEN DIPT”下向零售商店出售米粉和面包屑混合物。GOLDEN DIPT的范围被发展为仅销售鱼的超市专有的品牌。在美国,GOLDEN DIPT范围的包装都在正面标有注册的 MCCORMICK 商标。然而在澳大利亚,MCCORMICK 商标出现在 GOLDEN DIPT 包装的侧面。麦克米克澳大利亚被认定为经销商。

13. 玛丽麦克米克和她死于 1984 年 8 月的丈夫,在 20 世纪 70 年代早期第一次以"McCormick"的名义商业性出售米粉。出售米粉产品的决定产生于麦克米克夫妇的炸鱼和炸土豆片生意,他们从 20 世纪 60 年代后期开始就在昆士兰州因尼斯费尔的路边大篷车经营该生意。在"麦克米克即溶米粉"词语下的米粉产品首先是从大篷车出售给公众的,之后则是在当地的超市进行销售。因此,玛丽麦克米克在昆士兰州的艾尔和凯恩斯开始向超市提供她的米粉产品。

14. 20 世纪 70 年代中期,麦克米克夫妇出售了他们的炸鱼和炸土豆片生意,并搬到了因尼斯菲尔欧尼斯特街的伴有一间临近商店的公寓。他们在该商店中生产并销售该商标的米粉产品。1979 年,麦克米克夫妇购买了一套房屋,其附随着一家小型工厂。直到 1995 年 5 月,玛丽麦克米克所有标商标的米粉产品都是在该工厂里生产和包装的。

……

28. 考虑了上文提及的因素,我发现玛丽麦克米克的即溶米粉商品与麦克米克公司的商品在《商标法》第 44 条(1)款的定义下是具有相同特征的商品。

善意共存使用

29.《商标法》第 44 条(3)款规定如下:

如果注册员……信服:

(a)两个商标间存在着善意并存使用;或

(b)由于其他情况,这样做是适当的。

注册员可施加任何其认为适合的条件或限制接受申请人的商标注册申请。如果申请人的商标只在特定区域使用,限制可包括将该商标的使用限于该特定区域。

"限制"一词在第六条中被定义:

使用商标的排他性权利在商标注册时所设的限制,包括如下的权

利限制:

(a)使用的方式;或

(b)在澳大利亚特定领域内使用;或

(c)使用在出口的商品或服务上。

尽管满足了第44条(1)款,但玛丽麦克米克主张,因为自己的“善意并存使用”而应获得商标注册。麦克米克公司反驳了这一点。该公司声称注册员不应该支持玛丽麦克米克,或者如果注册被允许,也应仅限于昆士兰州。

30. 只要善意并存使用或者其他适于如此操作的情况出现,第44条(3)款给了注册员接受申请的自由裁量权而不是本应按第44条第(1)款拒绝申请。权威先例已经确立了根据第44条(3)款判断注册该否接受的标准,其中包括:

(1)共存使用的善意;

(2)使用的时间、地域和销售数量的范围;

(3)争议商标之间混淆可能性的程度;

(4)是否有混淆的例子已被证明;并且

(5)如果允许注册,将可能对当事人引起的不便。

参见 In Re Alex Pirie & Sons Ltd.'s Application;[1] In Re John Fitton & Co. Ltd.'s Application;[2] 和 Stingray Surf Co. Pty Ltd. v. Lister (1997) 37 IPR 306 at 310-311。这些要素并非应予考量的穷尽性因素,但它们是具有指导意见的:参见 In Re Electrix Ltd.'s Application。[3]

使用的善意

31. 当事人的权利在申请注册之日被确定——在本案中是1992年3月9日。参见 Southern Cross at 594-95;In Re Simac S p A

---

[1] [1932] 49 RPC 195;[1933] 50 RPC 147 at 159-160.

[2] [1949] 66 RPC 110 at 112.

[3] [1957] RPC 369 at 379.

Macchine Alimentari ' s Application;[1] Aromas Pty Ltd. v. Aroma Coffee & Tea Co. Pty Ltd. ;[2] and Trepper v. Miss Selfridge Ltd.[3]

32. 共存使用的善意是指“商业诚信,与常见的诚实有所不同”。参见 In Re Parkington & Co. Ltd. ' s Application.[4] 在该案中法官 Romer 说:当开始考虑商标的使用是否构成善意使用时,在初审中考虑商标的采纳情况是相当重要的。

玛丽麦克米克的证据是,她和丈夫选择“MCCORMICK' S”作为其即溶米粉产品的名称是因为这是他们的姓并且“人们将米粉与我们在路边大篷车出售的有特色的炸鱼和炸薯条相联系”。她承认在选择名称的时候,意识到某种混合药草、辣椒粉、胡椒粉和罗勒产品在“MCCORMICK”牌子下销售。但她指出,该公司在因尼斯菲尔超市出售的商品的范围当时极其有限。她声称,她并不认为自己对“MCCORMICK”的使用会造成任何与该公司商品来源的混淆,因为就她所知,该公司生产的即溶米粉非常不同。进一步而言,在她生意的范围内,“MCCORMICK”的使用是与他们夫妻所做的大篷车生意相联系的。

33. 仅仅依据他们夫妻当时选择“MCCORMICK”时玛丽麦克米克知晓该公司在其商品上使用商标的事实,不能排除她行为出于善意的结论:参见 Baume & Co. Ltd. v. Moore（A H）Ltd.[5] and Joseph Rodgers & Sons Ltd. v. W N Rodgers & Co.。[6] 我认为,玛丽麦克米克最初对“MCCORMICK' S”的采纳和使用是出于善意的。确实,在诉讼中,麦克米克公司也承认这一点。无论她注册申请的原因是什么,没有证据使我对她在 1992 年 3 月 9 日的行为有不同的看法,应该在这一日对任何共存使用的善意进行评估。

---

〔1〕（1987）10 IPR 81（“Simac”）at 90 - 91.

〔2〕（1997）40 IPR 75（“Aromas”）at 86.

〔3〕（1991）23 IPR 335 at 346.

〔4〕（1946）63 RPC 171 at 182.

〔5〕[1958] RPC 226 at 235;[1958] Ch 907 at 921.

〔6〕（1924）41 RPC 277 at 291.

玛丽麦克米克使用的性质和范围

34. 之前已经提到了,玛丽麦克米克的证据是她和丈夫于20世纪60年代后期到70年代在其经营炸鱼和薯条业务的大篷车销售“McCormick's”即溶米粉,之后他们搬入了一家炸鱼和薯条商店,他们将产品出售给超市和其他炸鱼和土豆商店。我认为麦克米克的米粉生产生意尽管规模小但是蒸蒸向上。直到20世纪70年代末,他们的市场始终限于昆士兰州。

35. 玛丽麦克米克主张(并且我认同),她丈夫1984年8月去世后她将所有精力投入在米粉生产生意上。该生意在20世纪80年代中期更进一步,她为多米瑞私人有限公司(以多姆斯经销商名义交易,简称“多姆斯”)提供服务,在先前经销商的地方充当经销商、销售代理和顾问。我注意到玛丽麦克米克记忆力不好,对细节不大能记住。多姆斯的管理主任邓尼斯摩根先生的证据与玛丽麦克米克的证据存在冲突。我倾向于采信摩根先生的证据。他的证据比较清楚并且与他能提供的文件相一致。

36. 玛丽麦克米克在参与多姆斯之前,即1989年之前的销售量的文件证据很大程度上依靠她的纳税申报单来确定。它们中的信息来源于她的银行存折、支票簿和银行陈述,很少的原始记录还保存着,它们大部分已经丢失或在暴风中损害,或在普通的商业过程中损害,或以其他方式损害。多姆斯自己在1992年之前没有销售记录。进一步的说,玛丽麦克米克所能提供的早于1992年的这些销售数字的可靠性值得商榷。一方面,其中一些列入了米粉之外的产品;另一方面,一些则没有计入即溶米粉生意中发生的费用。当考虑发生了什么的时候这一切都必须被考虑在内。

37. 玛丽麦克米克未能提供在1979年之前的即溶米粉销售数字。她提供的1979~1991年的销售净额数字如下表所示:

年份	销售净额(美元)
1979	22,418.06
1980	35,040.20

续表

年份	销售净额(美元)
1981	无法获取
1982	无法获取
1983	58,349.00
1984	69,541.87
1985	74,530.67
1986	73,225.03
1987	94,112.36
1988	104,284.11
1989	118,837.15
1990	142,854.02
1991	156,261.38

38. 1992 年之前无记录记载即溶米粉销售的州范围。玛丽麦克米克提供证据,在 20 世纪 80 年代后期,她的即溶米粉产品在维多利亚和南澳大利亚的零售商处销售,尽管无任何文件证据证实她的主张。有顾客的信件作为证据表明在 1979 年 5 月前该产品已在维多利亚、1979 年 10 月的南澳大利亚以及在 1982 年 10 月之前的塔斯马尼亚岛销售(这些信件同样表明这种销售已停止了或非常分散)。有证据显示,20 世纪 80 年代中期,玛丽麦克米克的产品在悉尼的杰威尔超市销售了 18 个月。1991 ~ 1992 年间在维多利亚、1992 年 1 ~ 2 月间在新南威尔士州、1992 年 2 月在西澳大利亚有零售商的发票记录。来自相关顾客的信件询问产品的获取途径,表明玛丽麦克米克的即溶米粉 1992 年前在新南威尔士州不是始终可以获取到的。如其在交叉询问时所承认的,1992 年其产品在昆士兰州之外的零售销售量并不大,尽管她将其视为十分重要。

39. 玛丽麦克米克提供证据说明,为了宣传产品,她在 1991 年 10 月出现在了一个国家电视秀上。然而证据显示,其在广告上的投入,无论是在昆士兰州之内还是之外,直至 1992 年是相对较少的。她在 1992 年之前在新南威尔士州和维多利亚(以及昆士兰州)宣传她的产品(例如,1998 年在墨尔本的一个交易秀上)。1994 年 9 ~ 10 月新南威尔士州、1994 年澳大利亚首都领域、1994 年 5 ~ 11 月西澳大利亚(在 1994 年 9 月的报道中保留)以及 1994 年 7 月和 1996 年 8 ~ 10 月维多利亚的超市中的展示记录,表明起码 98% 的这些争议的展示中并未听闻过玛丽麦克米克或她的产品。

Food Service $ Sales						
YEAR	QLD	NSW	VIC	SA/NT	WA	TOTAL
1992	97717					97717
1993	115695					115695
1994	123930					123930
1995	116842					116842
1996	128227					128227
1997	123292		3690	5700		132682
1998	128422		7230	5175		140827
TOTAL	834125		10920	10875		855920

40. 多姆斯提供了 1992 年和随后年份的销售数据。他们提供了下列超市和食品服务的销售额。

超市袋装销售额(美元)							
年份	昆士兰州	新南威尔士州	维多利亚	SA/NT	西澳大利亚	全国	总计
1992	132600	5539	7556	5059	10531		161285
1993	97900			10087	12571		120558
1994	139000	755	416	10466	14632		165269
1995	131000	522	8507				140029

续表

超市袋装销售额(美元)							
年份	昆士兰州	新南威尔士州	维多利亚	SA/NT	西澳大利亚	全国	总计
1996	91772		15308		6007	17445	130532
1997	90458		31984		6480	22008	150930
1998	125308	10945	35935		19594	59386	251168
总计	808038	17761	99706	25612	69815	98839	1119771

这些数字支持了如下结论:1992 年 3 月 9 日之前玛丽麦克米克即溶米粉产品的大部分销量是在昆士兰州,尽管在新南威尔士州、维多利亚、南澳大利亚和西澳大利亚也存在着一些销售。

41. 证据未显示过去十年中或之前在昆士兰州之外的年销售量,它可能少于 1992 年。过去的十年中,在昆士兰州之外的销售量可能很小。直到 1992 年,只有 17.8% 的玛丽麦克米克的即溶米粉的超市销量以及 11.1% 的总销售量是在昆士兰州之外。之后几年的销售数字表明,除了昆士兰州,其他州即溶米粉的销售有着变化的历史。证据并未披露在 1992 年 3 月之前,是否除了昆士兰州,新南威尔士州的即溶米粉销量比诸如维多利亚、南澳大利亚或西澳大利亚的多。

因为商标相似所导致的混淆?

42. 玛丽麦克米克的律师指出善意共存使用例外的存在暗示着一定程度混淆的默许:参见 In Re Alex Pirie & Sons Ltd.'s Application;[1] 49 RPC 207 at 213 - 4 and In Re "Buler" Trade Mark。[2] 当不存在实际或广泛的混淆证据时,注册会被核准。例如,在 Jean Patou Parfumeur v. Crisena Corp Pty Ltd.[3]一案中,法官指出,

---

〔1〕 (1932) 49 RPC 195 at 206.

〔2〕 [1975] RPC 275 at 289.

〔3〕 (1990) 20 IPR 660 at 664 -5.

由商标共存使用引起的混淆可能性不是特别高,只要一个商标指向昂贵和高级市场的产品,而另一个商标则指向普通公众享有的不昂贵产品。参见 Aromas at 88 and Emdon Investments Pty Ltd. v. Shell International Petroleum Co. Ltd.。[1] 当混淆可能性特别高时,注册也可能被允许:参见 No Name Restaurants Pty Ltd. v. No Name Restaurants (Cesare) Pty Ltd.。[2] 在布勒中,法官格拉汉姆认为:

混淆可能性的程度相对不重要……只要申请人注册的善意被证实,这样的话在所有情况下他的商标都该被注册。

当评估混淆的可能性时,必须假定商标是以正常和合理的方式在使用。参见 Simac at 84, Bali Trade Mark (No 2),[3] and Woolworths at 383 and 391。因此必须考虑当事人会对他们商标进行何种使用。

43. 自从1996年6月起,玛丽麦克米克即溶米粉的零售袋装上不再仅列出"MCCORMICK'S"一词,同时还列了玛丽麦克米克的肖像和名。如麦克米克公司认为的,这构成了新商标的使用。只有提供给食品服务行业的10千克盒装即溶米粉标了"MCCORMICK'S"一词。就目前的背景来看这当然是不重要的。事实是,如果她在本案中被允许注册了异议商标,玛丽麦克米克可能在未来仅使用"MCCORMICK'S"在超市或零售点销售她的产品。这可能使她开放地改变商标使其与公司的商标更为接近,只要她始终不参与仿冒或其他违法行为,例如违反《1984年商标实施法》的第52条和第53条。

44. 在本案中,存在着现实的危险,双方对商标的使用会使购买者对两者的产品是否具有相同来源产生疑惑。混淆的可能性部分是由商标的相似性引起的。如之前已经提及的,注册员发现玛丽麦克米克的商标与麦克米克公司的商标构成误导性相似。在该上诉案中这个发现无可置疑。显然,名称"McCormick"在本案中是商标中的显著要素。已经提到:

将具有共同显著性要素的商人名字作为商标使用……总是可能

[1] (1988) 12 IPR 525 at 534.
[2] (1996) 36 IPR 488 at 497.
[3] [1978] FSR 193 at 219.

引起混淆并且大部分一定会导致实际混淆，特别是当名字是那些公司或虚构人物名称或其自然缩略语时。

参见 Johnson & Johnson v. S C Johnson & Son Inc.。[1]

45. 混淆的可能性也会是因为这一事实引起的：玛丽麦克米克在与麦克米克公司通过相同渠道销售以及向同样消费者销售的商品上寻求商标注册。如之前所提到的，玛丽麦克米克的即溶米粉在超市销售，麦克米克公司的香料、调味料和类似产品也是如此。超市的布局是相对标准化的，因此玛丽麦克米克的即溶米粉普遍地会与麦克米克公司的调味料、香料和类似产品就近摆放。玛丽麦克米克的 150 克即溶米粉的价格低端，并且大量地与麦克米克公司的超市商品相同。尽管可以期待顾客对这类产品超市购买时有所思考，但是他们不会像买更贵的产品那样细致检查。

46. 麦克米克公司根据以下证件证明实际混淆。

证　人	证　据	日　期
麦克亚当	超市混淆的实例 在墨尔本的一个产品博览会上贸易商混淆的实例	1996 ~ 1997 年
戈兹沃西	公司接话员每年收到顾客询问玛丽麦克米克即溶米粉的 1 ~ 2 个例子	1994 ~ 1998 年
凯	公司雇员收到顾客询问玛丽麦克米克即溶米粉的 1 个例子 在过去六年公司雇员收到顾客询问玛丽麦克米克即溶米粉的 2 ~ 3 个例子	1992 年之前 1992 ~ 1998 年
艾丝睿	在过去五年公司雇员收到顾客询问玛丽麦克米克即溶米粉的 2 个或更多的例子 在过去四年公司雇员收到顾客询问玛丽麦克米克即溶米粉的 4 或 5 个例子	1989 ~ 1994 年 1994 ~ 1999 年

[1] (1984) 3 IPR 429 (“Johnson & Johnson”) at 436.

续表

证人	证据	日期
麦克斯威尼	在过去六年公司雇员收到顾客询问玛丽麦克米克即溶米粉的4~6个例子	1993~1999年
伊夫斯	麦克米克澳大利亚销售代理关于玛丽麦克米克即溶米粉混淆报告的参考	20世纪80年代中期
威瑞	超市混淆的实例	1985年
拉芝	顾客混淆的实例	1998年
克赖顿	收到的顾客混淆的报告	1994年
麦克米克	3封来自玛丽麦克米克的顾客的信件表明对其即溶米粉产品来源的混淆	(1)1987年10月9日;(2)未标日期;(3)1988年4月12日

47. 麦克米克公司引用的证据大都较为概括。没有证人对收到的顾客询问有清楚的记忆,他们记不清何时收到或其频率。大部分证据关乎1992年之后。我认同麦克米克公司律师的主张,由于相关产品不昂贵的性质,实际混淆的例子很难发现或证明。即使这样,我认为所有证据显示,实际上对玛丽麦克的即溶米粉产品已存在一些混淆。至多其倾向于证实,如该案所期待的,对玛丽麦克米克的即溶米粉产品存在来源混淆的可能性。

48. 如之前提到的,证据显示麦克米克公司最近在超市以"GOLDEN DIPT"出售一种即溶米粉产品,并且该产品未被发现在玛丽麦克米克的产品附近。该公司根据该事实有计划引进一种即溶米粉产品并置于玛丽麦克米克即溶米粉袋装的附近,但根据法律意见,该公司并未实施该计划、使计划的结果悬而未知。足够清楚的是,如果双方随后在零售行业用争议商标销售即溶米粉,那么使用误导性商标在大致相同的产品之间存在直接竞争。该公司目前对于即溶米粉没有任何相关的注册商标，然而它拥有的是随后在第30类（包括盐、胡椒、香料、蛋黄酱、果酱和调味料）所有商品上的商标注册申请。公司的目的就我看来，目前与混淆问题无关。如果玛丽麦克米克成功了，公司可否会在一些场合以麦克米克公司的商标出售即溶米粉并不确定。这是否会发生我还未进行讨论，很显然这之后将被考虑。

49. 因为相似的原因，我不认为该公司基于信赖行业销售地位而获得了支持。对于当事人而言，不存在行业销售的实际混淆的证据并且也未提出实际混淆的主张。如之前所提到的，麦克米克公司从20世纪80年代中期开始向速食行业提供即溶米粉和类似产品，尽管这一事实在该行业以外不大为人所知。玛丽麦克米克已经向食品服务行业供应她的即溶米粉产品。然而证据显示当事人的即溶米粉产品指向该行业市场的不同部分，换言之即不同类型的顾客。然而，该公司试图依靠玛丽麦克米克关于潜在混淆的证据。玛丽麦克米克曾经陈述，如果麦克米克公司大批米粉产品和她自己的产品在同一个仓库且如果她被迫以“Mary McCormick”销售其产品，那么仓库管理员可能会在完成订单时误写公司的产品。不需要考虑在行业部门相关时间的商标使用，这就是，如公司所说承认了混淆的可能。问题又产生了：如果玛丽麦克米克成功获得她的申请，公司是否可能会将其大件米粉产品以任何相关方式出售？考虑到该公司无任何相关即溶米粉的商标注册，我不建议在该问题上进行推测（同样未进行过认真讨论）。我不将此混淆的问题与我目前考虑的问题相联系。

便利平衡

（a）申请人使用的性质和范围

50. 从1962年起，麦克米克公司在澳大利亚直接以及通过它的全资附属公司麦克米克澳大利亚出售食品。1992年3月之前，麦克米克公司商标被广泛使用在零售产品上，尤其是超市。这些产品的销售过去是（并且现在也是）实质上以州和州为基础的。公司花费了（并且现在仍在花费）大量的金钱在零售市场的广告上。足够清楚的是，公司零售行业带有麦克米克公司商标的食品数量远远大于玛丽麦克米克在即溶米粉上生意的数量。

51. 在竞争便利性的问题上,麦克米克公司再次提及了商标相似导致当事人商品来源混淆的可能性。尽管这种混淆是要被考虑的一个因素,但如之前提及的,它对于注册申请不是至关重要的:参见 Canon Kabushiki Kaisha v. Brook。[1] 玛丽麦克米克的律师认为,在任何情况下,玛丽麦克米克商标的注册不会明显增加混淆的危险,因为即使未注册,其还是能够继续使用自己的姓名与她的即溶米粉生意相联系:参见 s 122 of the Act, Johnson & Johnson at 432, and Joseph Rodgers & Sons Ltd. v. W H Rodgers & Co. 。[2] 或许应当如此考虑:"尽管根据第 64 条将人名作为商标进行善意使用不会侵权,然而,当因为在先商标的使用或注册可能欺诈或引起混淆时禁止注册这种商标":Johnson & Johnson at 432 and Joseph Rodgers at 291 - 292。如我之前所说,混淆的可能性具有相关性但不是决定性因素。

52. 至少从 1995 年起,麦克米克澳大利亚在临近超市的鲜鱼或熟食单元以"GOLDEN DIPT"商标销售米粉和面包屑混合物。如先前所提到的,MCCORMICK 商标出现在 GOLDEN DIPT 包装的一边,并且麦克米克澳大利亚被认定为销售者。从 1996 年后期开始,公司计划在"SEASON-ALL"(或"MCCORMICK SEASON 'N FRY")名称下引进一种调味米糊和涂层混合物并使用麦克米克公司商标之一。其计划在超市的杂货通道出售该种商品以及公司的药草和香料产品。

53. 从 20 世纪 80 年代中期开始,麦克米克公司通过麦克米克澳大利亚向澳大利亚的速食供应商销售即溶米粉。麦克米克澳大利亚供应给速食供应商、食品加工公司和食品服务公司的米糊、调味面粉和面包屑的销售量是客观的。存在证据显示麦克米克公司商标在速食销售发票上的使用。然而无证据显示该公司在工业包裹或容器的商标的方式。由公司提供给速食行业的这些产品对公司和顾客都是保密的(我注意到玛丽麦克米克的律师建议,《商标法》第 124 条可保护公司在速食生意上对其商标的在先使用)。

---

[1] (1994) 30 IPR 525 at 532, aff (1996) 69 FCR 401.

[2] (1906) 41 RPC 277 at 291 - 292.

54. 麦克米克公司主张,如果玛丽麦克米克胜诉,其需要在其GOLDEN DIPT 商品上移除商标。这绝非一定,然而:会产生许多问题,包括善意共存使用的问题和《商标法》第 124 条的效力问题。公司还主张,如果玛丽麦克米克胜诉了,这将阻止其使用"SEASON - ALL"(或"MCCORMICK SEASON 'N FRY")引进一种调味米粉和涂层混合物并标注麦克米克公司的一个商标。可能:我已经注意到公司已经在所有第 30 类的商品上提交了注册申请,包括即溶米粉,尽管不包括盐、胡椒、香料、蛋黄酱、果酱和调味料。足够清楚的是,该项申请的结果取决于玛丽麦克米克申请的命运。然而在初审中,这是注册员要考虑的问题。

55. 1992 年之后,玛丽麦克米克的零售和食品服务部门的销售都稳定地增长了。总销售量从 1992 年的 68,242 千克增长到了 1998 年的 109,623 千克。在 1998 年,她的 150 克袋装即溶米粉的超市销量总计 251,168 美元。麦克米克公司依赖如下事实,从 1996 年 6 月起玛丽麦克米克即溶米粉的零售袋装不单标注"MCCORMICK'S"一词,同时标明了玛丽麦克米克的肖像和姓。如公司所主张的,玛丽麦克米克不能将其在零售销售的增长归于从她试图注册的商标使用开始。尽管这样的考虑被认为是相关的[参见 Bali Trade Mark (No 2[1])],事实是,即使公司所附加肖像和姓产生了一个新的商标,玛丽麦克米克也没有放弃对旧商标的使用。尽管第一次生产带有"MCCORMICK'S"及其肖像和姓的盒装是在 1997 年,但是所有供应给食品服务行业的 10 千克盒装即溶米粉只有"MCCORMICK'S"一词。在 1998 年,食品服务批发商 10 千克盒装的有 140,872 美元的销售额。

56. 另一个相关因素是,玛丽麦克米克的大部分产品销售仍然是在昆士兰州。在 1998 年昆士兰州以外的销售量最高达到总数的 20% 到 35%。或许保留一小部分早前的州际销量,特别是说,直到 1997 年,玛丽麦克米克没有销售给昆士兰州以外的食品服务行业(如

---

〔1〕 [1978] FSR 198 at 224.

办宴席者、旅馆老板、饭店、炸鱼和薯条店以及类似的)。那一年,她开始出售 10 千克盒装即溶米粉给州际的食品服务行业。

57. 我已经将所有提及的情况考虑在内,包括:(1)在 1992 年 3 月 9 日,玛丽麦克米克的商标使用是善意使用;(2)她的即溶米粉生意不是基于昆士兰州但是大部分的销售持续发生在那里;(3)在 1992 年 3 月前的十年内州外销售量可能很小,并且直到 1992 年,17.8% 的玛丽麦克米克即溶米粉超市销量是在昆士兰州以外,11.1% 的总销量是在昆士兰州之外;(4)相关商标的相似性导致产生了对当事人商品来源混淆的可能性;(5)即使不进行注册,玛丽麦克米克也可以很好地以其自己的名字"Mary McCormick"销售产品;并且这至少不会与目前其在零售方面的展现相分离;(6)麦克米克公司的销售总量遍布各州。在行使第 44 条第(3)款下的自由裁量时,我接受玛丽麦克米克的注册申请,只要将注册仅限于昆士兰州。我不认为当事人要我考虑的其他事项(随后讨论)会让我得出不同的结论。然而,第 60 条提出了其他问题,我最后再讨论它们。

……

(b)麦克米克公司的默许

77. 玛丽麦克米克主张,麦克米克公司从 20 世纪 80 年代中期或者更早开始知晓她对该商标的使用。证据清楚地显示,通过它的雇员,麦克米克澳大利在 1985 年知晓玛丽麦克米克生产她的即溶米粉产品。如果确实如此(我怀疑),这进一步证明麦克米克公司在 1993 年 10 月获得了实际的信息。有证据显示,一位麦克米克澳大利亚的雇员在 1985 年调查了玛丽麦克米克的商业并且在 1995 年 8 月或 9 月造访了她的居所。然而,麦克米克公司很快承认了,它未采取行动警告玛丽麦克米克关于她随后可能的注册申请具有将被异议的风险。在 20 世纪 80 年代后期,有证据显示,麦克米克澳大利亚的管理主任伊夫斯先生被公司专利律师建议,玛丽麦克米克有权使用她自己的姓名并且不能被起诉侵权。该建议大概是基于《1955 年商标法》第 64 条(b)款(现在是第 122 条)。他还建议,当时公司提供给速食行业的大批工业米粉与零售米粉、调料和调味品属于不同类别。伊夫斯先生作证,他认为在20世纪80年代后期没有任何理由可以去质疑玛丽麦克米克的商标,并且只要她不试图去注册则无任何机会采取措施抵制她。根据相关雇员的证据,麦克米克澳大利亚的行为也被该建议所影响:玛丽麦克米克被视为进行“非常小的地区生意”,仅限于昆士兰州北部,而起诉她会有“有害的公共关系后果。”

78. 在本案的情况下,玛丽麦克米克的主张是,正是因为未能对其商标使用采取反对行为,麦克米克公司被视为默许了她随后的注册申请,这种主张不能成立。参见 Electrolux Ltd. v. Electrix Ltd.。[1] 我认为,如麦克米克公司所主张的,竞争对手使用其自身名字与竞争对手试图通过注册其名字而主张排他权,这两者之间是有明显区别的。尽管将自己的姓名作为商标进行善意使用不构成侵权(参见第122条),但商标的注册则不尽然(参见,如,Johnson & Johnson at 432,437)。需要记住的是,注册赋予了单纯使用之外的重要的、额外的权利。参见 Woolworths at 372。

……

90. 根本问题是第60条是否受限于《商标法》的第44条(3)款。登记员认为,这取决于第44条(3)款和第60条分别与《1955年商标法》的第34条(1)款和第28条对应。《1955年商标法》的第28条和第34条是独立和截然不同的条款,都包含在第四部分,标题为“可注册的商标”。

第28条写道:

一个标识——

(a)其使用可能造成欺骗或引起混淆;

(b)其使用与法律相悖;

(c)其构成了或包含了诽谤性事件;或者

(d)其否则不能被法庭授予保护;

不应被注册为商标。

第34款(1)项提到:

---

[1] (1953) 70 RPC 127;71 RPC 23.

在善意共存使用或其他登记员认为适于如此操作的特殊情况，登记员可允许两人以上在相同商品或服务或其他商品或服务上注册实质相同或误导性相似的商标，或要不是善意共存使用或其他特殊情况则构成误导性相似的商标，但应满足登记员施加的条件和限制（如果有的话）。

注册异议构成了《1955 年商标法》第六部分的内容，第四部分未规定第六部分之外的任何异议理由。

91. 第 28 条被认为应服从于《1955 年商标法》的第 34 条，也就是善意共同使用条款，在 New South Wales Dairy Corporation v. Murray Goulburn Co-Operative Company Ltd.[1]中，法官布伦南、道森、图希同意法官戈德龙。法官道森和图希写道：普通法下的商标权附属于营业中的商誉，其不能独立于后者存在。然而，如果商誉被分离，认可同一商标上存在不同使用者的必要性就凸显了，尽管存在混淆可能。每一专用权人均请求对他人的禁令将动摇所有权。而且，19 世纪交通便利性的增加意味着，之前还限定在某一特定区域的、标有欺骗性相似商标的商品，可能被提供给更广泛的消费者，进而在同时使用中产生更大程度的混淆可能。目前已经法典化的善意共存原则正是在普通法上应此而生。它禁止商标所有人对一个实质性相同或欺骗性近似商标的所有人提起侵权之诉，但允许任一所有人获得禁令以禁止对该商标的霸占使用。

善意共存使用原则意味着应容忍市场中一定程度的混淆。使用商标可能欺诈或导致混淆的单纯事实，不必然足以支持禁止此种使用的禁令。迪普洛克勋爵解释（在 General Electric Co. v. General Electric Co. Ltd.），[2]《1938 年英国商标法》的第 11 条以及它的继任款项是以该方式被解读的：在衡平法院拒绝给予商标保护所需的不仅仅是欺诈或混淆。

善意共同使用原则同样是对《1905 年商标法》第 114 条的解释，并且如果，正如我们在案件中所认为的，第 28 条不是用来使任何含义

---

[1] (1990) 171 CLR 363 ("NSW Dairy").

[2] [1972] 1 WLR 729 at 745,748; [1972] 2 All ER 507 at 521,524.

中的相关变化发生效力，它是对第 28 条 d 款使用“否则”一词的解释。这是对第 28 条 a 款的备注。第 28 条 a 款必须与第 28 条 d 款一同解读，这样第 28 条 a 款“使用……可能造成欺诈或引起混淆”是指不但可能造成欺诈或引起混淆，而且衡平法院不给予保护的使用。第 28 条 d 款的“否则”一词因此内涵丰富……

我们认为，上述对第 28 条的理解受到商标法体系的支持。其与第 34 条一致，都允许善意共同使用情形注册实质性相同或误导性相似的商标，但是其他任何解释将允许“积极侵犯”商标之人通过制造注册商标的使用受到欺诈之场景利用侵权。

92. 如法官马森所认可的，将第 28 条 a 款解读为被 d 款所制约，这是很难的：可以自信地说，在整个法定体系的背景下，商标只可能根据第 28 条 a 款被移除，如果它的使用可能造成欺诈或引起混淆。并且这种可能性是因为注册人的过错或可归责行为。然而，为了本诉的目的，我认可，过错或可归责行为必须足够剥夺衡平法院对商标的保护。

参见 Nettlefold 案。法官布伦南未基于第 28 条 d 款，指出“商标法未绝对避免欺诈或混淆，即使是在原始注册申请的情况下，如第 34 条”。

93. 麦克米克公司的律师认为，《商标法》的结构以及本案涉及的条款与《1955 年商标法》明显不同。《商标法》的第四、第五部分在注册程序中分属不同的阶段。导致法官马森以及法官道森、图希和戈德龙认定第 28 条受限于《1955 年商标法》第 34 条，不能适用于新商标法。在第四部分的第 2 章中，第 44 条(1)款为注册员于接受前否决申请提供了理由。第 44 条(1)款明确规定，其受限于第 44 条 3 款，即善意共同使用条款。整个第 44 条是环环相扣的条款。第 60 条作为明确规定注册异议理由的一章，指向接受申请后的情况。第 60 条未表述为受限于第 44 条 3 款，或任何相似的限制，或甚至是整个商标法：相比第 89 条 1 款。表面上这是一个独立的条款。此外，第 60 条显然旨在提供第四部分所列以外的异议理由。第 57 条清楚说明了，异议理由可能是“任何商标注册申请可能被第四部分第 2 章所否决的理由”(包括第44条)。第58条到第62条为异议进一步补充了理由。表面上看,善意共同使用不构成第60条的例外。

94. 而且,在第44条1款和第60条之前存在适度的区别。第44条1款要求将申请人与其他人的商标与商品进行比对。如果注册员得出,两商标构成误导性相似并且他们所申请的商品是同类商品(并且第44条1项b款被满足),那么注册申请必须被否决;这是当然的,除非行使第44条3款的自由裁量,注册员决定允许注册。第60条同样需要对比,这一次是在受理商标与有关日期前已于澳大利亚获得商誉的商标之间进行比对。如果商标之间构成误导性近似的,那么问题是,已受理商标的使用是否会因为该商誉可能造成欺诈或引起混淆。根据第60条,新的调查集中在早前商标的商誉。商誉对第60条的异议是非常关键的:这与《1955年商标法》第28条形成对比,参见Carnival Cruise Lines Inc. v. Sitmar Cruises Ltd. 。[1]

95. 这些区别可能反映出注册程序中误导性相似和混淆发生的不同阶段。关于此点,法官布兰森的观点在Woolworths中是恰当的。她说道:在《1955年商标法》第28条a款中所包含的广义条款现在反映在《商标法》中两个独立条款:第43条和第60条。第43条是反对商标注册申请的理由,它关注提起的注册商标的内在品质,目的在于辨别商标的使用是否可能造成欺诈或引起混淆。第60条是反对注册的理由,其关注所登记的注册商标的使用是否可能会由于在澳大利亚另一商标商誉的原因,造成欺诈或引起混淆。

第43条规定在《商标法》第四部分第2章,而第60条规定在第五部分第2章的事实,在我看来,这反映出对如下实际现状的接受:在接受商标注册及宣传注册申请之前,注册员可接触到的关于可能欺诈和混淆的信息是极为有限的。注册员将处于评估试图注册的商标与已注册商标之间的相似程度的地位。他或她也处于估量已注册商标可能进行的使用,以及如果给予注册,试图注册商标可能会进行的使用的地位。然而,注册员无法合理地被期待认识到已注册商标和未注册

[1] (1994) 120 ALR 495 at 504 per Gummow J.

商标的商誉，或者，例如，所有的澳大利亚人，由于他们的具体情况及所处地理位置不同，可被推定为熟知特定词汇的程度。如法官弗兰奇所指出的，接受阶段不需要对申请进行具体的对抗审查。

情况会随着注册异议通知的提交而发生变化。异议人有权依赖于支撑异议的证据，而注册申请人可依赖于异议答辩证据。通过这种方式，那些仅仅为确定能否接受商标注册申请之目的而通常难以期待被注册员获得的证据，现在因为确定商标能否注册之目的而被注册员接触到。

第八部分的条款，特别是第 88 条第 2 款和第 89 条，关于注册修正和撤回的规定，通过表明新法针对 NSW Dairy 案中情况的回应，可能证实她的分析。亦可参见詹尼斯卢克的大作：《1995 年商标法下的显著性、误导性及混淆性商标》。[1]

96. 我接受，正如玛丽麦克米克的法律顾问所主张，善意共同使用原则源于普通法与早期的商标立法，但我认为《商标法》第 44 条(3)款没有为第 60 条提供例外。相应的，我裁定，根据《商标法》第 56 条的上诉应被接受，而交叉诉讼将会被驳回。我将推翻注册员的决定并拒绝注册。只要当事人有机会去考虑这些理由，我会听取他们关于费用问题的看法。

---

〔1〕 (1996) 7 Australian Intellectual Property Journal 97 at 100 – 101.

7. Anheuser Busch Inc. v. Budejovicky Budvar N. P. [2000]

[阅读提示]

1895 年,百威公司在捷克创办酒厂,“Budweiser”一词是该厂啤酒产地的描述,1875 年安海斯公司在美国范围内使用该商标销售啤酒。双方在全球发生过多次商标争议,也曾达成商标共存协议。英国法院曾判决安海斯—布希公司和百威公司都有权在英国使用“Budweiser”商标。此后因“BUD”和“BUDWEISER”商标的注册,双方互相进入异议程序。英国上诉法院认为,双方当事人之前的诉讼尤其是将“BUD”作为“BUDWEISER”商标注册的案例是一种特殊情况,尽管存在混淆的危险,百威公司对“BUDWEISER”的使用是一种善意共存使用。

安海斯—布希公司

诉

百威公司

英国上诉法院民庭

案件编号:CHANF/1998/0733/4/A3

判决日期:2000 年 2 月 7 日[1]

大法官 Peter Gibson,Judge,Ferris:

判　决

1. 本争议是美国酒厂安海斯—布希公司(“AB”)与捷克酒厂百威公司(“BB”)就“BUDWEISER”商标以及用于啤酒上的相关商标的注册、使用问题在英国法庭持续诉讼中的第三轮较量。

2. 这个商标取自波西米亚的一个小镇,当它还是匈牙利帝国的一部分时,它的德文名称叫“Budweis”,但现在,它属于捷克共和国,捷克语名称为“Ceske Budejovice”。这个小镇几百年来盛产啤酒。百威公司继承了 1895 年创办的一个酒厂。其厂房就在这个小镇中。19 世纪中期安海斯—布希公司在密苏比州创办了其啤酒酿造企业。并于 1875 年在美国范围内使用“Budweiser”作为其销售啤酒的商标。受此启发,安海斯—布希公司还想使用“Budweis”商标生产啤酒,但是这个名字的使用仅仅表示商标,而非指示商品的产地。

3. 1919 年百威公司与另一家出口美国的 Budweis 镇啤酒酿造商对“BUDWEISER”商标在美国的注册表示异议。它们主张“BUDWEISER”一词表示产地,因此提出异议。这次争议使双方达成了一项折中协议,该协议约定百威公司承认安海斯—布希公司在美国以及其他欧洲以外国家在啤酒产品上使用“BUDWEISER”一词的权利,同时,安海斯—布希公司承认百威公司在欧洲、北美以及其他非欧洲国家使用“Budweiser”一词作为表示啤酒产自 Budweis 镇的描述性

[1] WC2A 2LL.

用语。这个协议以及其另一个1939年达成的协议都没有明确双方是否有权在英国把“BUDWEISER”一词作为商标使用。

4. 在1919年之前,百威公司使用“Budweiser”一词作为啤酒产地的描述而非商标,啤酒的商标名称为“Budvar”。这个单词是由“Budweis”的前三个字母和“var”组成的,“var”是一个捷克单词,意思为“酿造”。在1920年至1960年间,百威公司主要用“Budvar”作标签。1960年百威公司在欧洲把“BUDWEISER”注册为国际商标,并于1960年至1970年间把这个商标投入到由德国、法国、英国印刷的出口标签中。在一些地方主要使用“Budvar”一词,而在另一些地方主要使用“Budweiser”一词,但用小字标出“Budvar”。在德国,为了保留两个标签,这两个单词被结合着使用。百威公司于1967年向国际局提出多项注册申请来保护知识产权,其中包括“Budweiser Bier”商标和“Budweis Beer”商标。

5. 1967年之后,在标签上突出使用“Budweiser”一词(“Budvar”用了较小的字体)的啤酒投放到了英国。这种标签用英语阐明“本啤酒是由来自于捷克布达乔维治的百威酿酒厂酿造并装瓶的”。1967年百威公司获得了其百威啤酒厂的名称。在1969年之前,百威公司并未就出口啤酒至英国一事作出实质努力。百威公司在啤酒、麦酒以及黑啤商品上将“BUDVAR”注册为商标,并于1962年将“BUDWEISER BUDBRÄU”注册为商标,但是其并不主张对于“BUDWEISER”一词的排他性权利。1971年,“BUDWEISER BUDVAR”也被注册为商标,同样放弃了对于“BUDWEISER”一词的排他性权利。1973年之前,百威啤酒在英国的销售量并不太大,而且也没有取得卓越的商誉。

6. 1973年起,即使当时的销售额还仅为4000欧元,百威公司的销售额稳固增长。截至1979年夏季中期,百威公司销售了100多万瓶啤酒。自1974年起,零售商Oddbins公司库存并销售百威公司生产的啤酒,并在它们印发的价格单上将其简称为“Budweiser”。

7. 安海斯—布希公司并未在英国销售“Budweiser”啤酒,其仅在美国销售。1945年至1973年间,大使馆和PX(军中福利社)商店并不向公众提供商品，仅为美国公务人员服务。1974 年至 1979 年间，安海斯—布希公司的“Budweiser”啤酒有了少量的公众销售额，总数不超过 240,000 瓶。1962 年至 1973 年间，安海斯—布希公司面向美国公务人员的啤酒销售额为 3,600,000 瓶至 6,000,000 瓶不等。由于来美英国旅客、电影广告以及美国杂志的宣传，“Budweiser”作为与安海斯—布希公司生产的啤酒联系在一起的名称在英国消费者中产生了一定的知名度。

8. 1979 年 8 月 1 日，安海斯—布希公司向百威公司提起诉讼（“仿冒之诉”），希望获得禁令以禁止百威公司以任何方式销售与其“Budweiser”或“Bud” 商标名称相同的啤酒。百威公司提出反诉，同样的，禁止安海斯—布希公司使用“Budweiser”或“Bud”。在 1984 年安海斯—布希公司诉百威公司案中，Whitford 法官判决驳回本诉及反诉。他认为安海斯—布希公司和百威公司均有权使用 Budweiser 商标，因为自 1979 年起该单词已经获得了双重商誉，并且双方均未不正当地获取该商誉且不存在失实陈述。他承认在某种程度上的确存在混淆，但认为根据《1938 年英国商标法》第 12 条第 2 款的规定仍可获得注册。他主张，根据该条款，国会许可了某些情况下两个当事人在相同商品上使用同一个商标。他将“Bud”视作“Budweiser”的简称。安海斯—布希公司提出上诉，但被法院驳回。大量的证据表明“Budweiser”一词与安海斯—布希公司的啤酒关系紧密，同时，也有大量不可否认的证据表明百威公司的啤酒与安海斯—布希公司的啤酒在市场上存在大量混淆，许多人认为两者间存在某种程度上的联系。法院认为关键时间点是 1973/4 年百威公司首次正式进入英国市场，当时安海斯—布希公司作为一家啤酒酿造商在英国的部分消费者之中已经建立起了一定的知名度。但法院进一步分析认为，由于在英国没有面向公众的销售额而且也没有业务，这种知名度并未建立起商誉。安海斯—布希公司并不能在这起仿冒商标案中胜诉。法院判决安海斯—布希公司和百威公司都有权在英国使用“Budweiser”名称。

9. 双方当事人之间的第二轮诉讼（“BUD”案）是由百威公司于 1979 年申请在 32 类啤酒商品上注册“BUD”商标一事所引发的。安海斯—布希公司根据《商标法》第 11 条对该注册申请提出异议。助理登记员 Mr. Myall 认为:根据《商标法》第 12 条第 2 款,"BUD"商标应准予注册,异议无效。在上诉中,Walton 法官支持原裁决。他提到了一些证据,这些证据表明安海斯—布希公司和百威公司啤酒的消费者买啤酒时常将"Budweiser"简称为"Bud"。他认为第 11 条在此处并不适用,因为:

"拒绝注册一个人合适商标的简称,这无法体现公平,正如证据显示的,他的顾客总是这样使用。当然,完全同样的情形也适用于安海斯—布希公司及其顾客,但是如果可以正当使用两个案子中的'Budweiser'商标,我不认为此时衡平法院的如下说法存在任何问题:'但你无法用你客户描述的方式使用商标。'依据公平正义原则,'彼此相连。'"因此,他认同 Mr. Myall 的观点:异议不成立,根据第 12 条第 2 款,本案存在善意共同使用,而且本案还有一个特殊情况,那就是两家酿酒厂的顾客习惯于使用相同的简称,因此两者都有权使用该简称。根据此判决,安海斯—布希公司也在啤酒商品上注册了相同的商标。

10. 另外四个注册申请引发了第三轮诉讼。其中三个申请是安海斯—布希公司在第 32 类商品上注册的。首先,在 1979 年 12 月 11 日,安海斯—布希公司申请在啤酒、麦酒及黑啤商品上注册"BUDWEISER"商标。其次,在 1980 年 6 月 12 日,安海斯—布希公司申请在大瓶啤酒上注册标签商标,该标签将"Budweiser"一词作为主要标志,同时用较小字体在它下面标示"PREMIUM BEER"一词。再次,1981 年 10 月 22 日,安海斯—布希公司申请在啤酒商品上注册标签商标,该标签将"Budweiser"一词作为主要标志,同时用较小字体在它下面标示"KING OF BEERS"。这两项标签商标的申请结果与前一个由 Harkness 助理登记员作出的决定相同。[1] 百威公司于 1988 年 2 月 3 日对这些申请都提出了异议,其理由是:根据《商标法》第 10 条的规定这些商标无法区分安海斯—布希公司的啤酒商品,而且百威

---

〔1〕 (together with the judgment of Rimer J. on the appeal and cross-appeal from him) at [1998] R. P. C. 669, at p. 671.

公司多年持续使用"BUDWEISER"标志。最后,第四个申请是由百威公司于1989年6月28日提出的。从而,百威公司申请在32类"啤酒、麦酒、黑啤、麦芽饮料、所有在32类中但不包括任何向美国大使馆或PX商店提供或销售的商品"上注册"BUDWEISER"商标。安海斯—布希公司于1990年8月24日对此提出异议。

11. 安海斯—布希公司提出异议的理由如下:(1)使用百威公司申请注册的商标可能会引起混淆而且剥夺了他人获得法院公平保护的权利,因此准予注册将违背《商标法》第11条的规定。(2)该标志与安海斯—布希公司的三个申请过于近似,可能导致混淆,因此准予注册将违背《商标法》第12条的规定。(3)百威公司并未也无必要单独使用"BUDWEISER"一词作为商标,因此根据《商标法》第17、68条的规定,该申请是不恰当的。

12. 上述案件的进展进度慢得惊人:助理登记员Harkness先生于1997年7月30日对四个申请作出了决定。此时,《1983年英国商标法》已废止并被《1994年英国商标法》取代。但是,根据普遍的法律适用原则,程序何时开始的就适用何时的法律来裁判。

13. 在Harkness先生的裁决中,他指出:几乎所有在程序中提出的证据在之前的庭审程序中提出过了,而且大多数已经被或多或少的考虑过了。他认为:附加的证据很大程度上仅仅是早先证据的重复或修饰。附加证据表明,自1979年起安海斯—布希公司和百威公司在英国的贸易量持续增加。从而安海斯—布希公司1992年的销售总额达5350万欧元,广告费达550万欧元。百威公司同年销售额刚到550万欧元,广告宣传费为72,282欧元。安海斯—布希公司和百威公司都举证证明他们的产品是如何通过瓶身包装以及宣传材料展示给公众的。安海斯—布希公司与百威公司酒瓶的外观是易于区分的。百威公司的啤酒在瓶身上同时使用"Budweiser"和"Budvar"两个单词。

14. 百威公司的大多数宣传材料使用的是"Budweiser Budvar"词组。但是这些材料中仍然有三个仅仅使用了"Budweiser"一个单词。在courage公司(该公司自1984年起销售百威公司的啤酒)1984/5年的一个宣传单上,印有一个段广告词,单独使用"Budweiser"一个单词。在百威供应中心有限公司(该公司直至1991年年底是百威公司在英国销售啤酒的进口商,自1992年年初起成为百威公司在英国的独家进口商)提供的另一份宣传单上,“Budweiser”一词单独作为大标题出现,副标题为“大号BUDWEISER介绍”,宣传单中还有两处提到“大号BUDWEISER”。然而,宣传单上还有一个贴有“Budweiser Budvar”标志的百威啤酒瓶的图案。在一场争取散装啤酒运动(= Campaign for Real Ale)的小册子上,百威啤酒由“Budweiser”一词单独表示。还有许多的证据表明在啤酒贸易以及社会公众中百威啤酒经常被称为“Budweiser”、“捷克Budweiser”、“Bud”或“捷克Bud”。因此,供职于百威供应中心有限公司的Lynne Zilkha说:

“百威公司在英国的全部啤酒贸易中通常被称为‘Budweiser’或‘捷克Budweiser’而不加‘BUDVAR’。这种情况不仅存在于书面表达还存在于口头表达,其范围覆盖全部的销售人员、零售商以及社会公众。”

尽管这些证据可能被质疑是不具体的,但没有人提出要对这些证据进行交叉询问。Harkness先生认为在仿冒之诉和BUD案的判决中并没有涉及任何对安海斯—布希公司和百威公司使用BUDWEISER商标的权利限制。所以他认为两者都对该商标享有权利,根据《商标法》第17条可以主张所有权。因此,他裁定双方当事人的商标都可获得注册,但他并没有明确处理双方当事人基于《商标法》第11、12条提出的异议。

15. 安海斯—布希公司对Harkness先生准予百威公司注册的裁定提出上诉。百威公司也对Harkness先生准予安海斯—布希公司三个商标注册的裁定提出上诉,但同时百威公司向审理上诉的Rimer法官指出,其主要立场是两公司的上诉均被驳回。法官在判决书中指出,他承认自1973年以来百威公司一直持续使用“Budweiser”作为其商标,而非使用“Budweiser Budvar”标签的组成部分。他提出一项证据指出百威公司的啤酒通常被买卖商或顾客简称为“Budweiser”,他还称仿冒之诉判决的要旨是百威公司有权在啤酒商品上使用“Budweiser”商标,正如安海斯—布希公司有权在啤酒商品上使用

"Budweiser"商标一样，这也正是 Walton 法官作出 BUD 案判决的基础。Rimer 法官表示他赞同该案的处理方法。他认为，如果不涉及安海斯—布希公司，百威公司的商标注册申请没有任何问题，唯一的难点就是安海斯—布希公司是否有效地根据《商标法》第 11 条提出了异议，如果是的话，该异议是否可以根据《商标法》第 12 条第 2 款驳回。他驳回了根据第 11 条提出的异议，其理由是本案中百威公司与安海斯—布希公司同时使用"Budweiser"商标的权利已经在之前的仿冒之诉中确立。他认为，在本案中，两家公司同时善意使用包括"Budweiser"商标，尤其是百威公司啤酒的买卖商及顾客常使用"Budweiser"来指代百威公司的啤酒，是一项足够充分的证据以推翻任何基于第 11 条提出的异议。因此，他驳回了双方的上诉。

16. 在本案中，安海斯—布希公司对驳回上诉的裁定提出上诉，百威公司也对驳回上诉的裁定提出上诉。百威公司的主要论点是同时准予两家公司注册申请的裁定是正确的，因此，两者的上诉均应被驳回。百威公司的另一论点是如果安海斯—布希公司上诉成功，导致百威公司注册"BUDWEISER"商标的申请被拒绝，那么同样的，安海斯—布希公司的商标申请也应当被拒绝。

17. 在这一点上参考与本案争议相关的《商标法》法条和对这些法条的权威解释是十分方便的。

18.《商标法》第 10 条规定"为在注册簿 B 部注册商标，就商标注册或意图注册的有关商品而言，该商标在贸易过程中，能用于将商标所有人有联系或可能有联系的商品，同无此联系的商品区别开来。"根据第 10 条第 2 款的规定，在决定一项商标是否能用以区别商品时，可以从以下方面考虑：该商标是否原本能区别商品；商标通过使用或由于其他原因，是否实际上能区别商品。"商标"这一术语在第 68 条第 1 款中被解释为，"一种使用于有关商品的标志，以表明在贸易过程中该商品与有权使用该标志的所有人或注册使用人之间的联系，而不问是否附有该人的身份证明"。"标志"包括图案、牌子、标题、标签、票券、名称、签字、词、字母、数字或其中某些项目的组合。第 68 条第 2 款规定："本法所称标志的使用应解释为对一种印刷的或其他目力可见的图形标志的使用。本法所称使用标志于有关商品上,应解释为在有关商品上或其他与商品有联系的实物上使用商标。”

19. 第 11 条是这样规定的:

“任何事物,如果在使用中会造成欺骗或混淆,或由于其他原因无权受到法庭保护,或者违背法律、道德,或属于丑恶形象,此种事物作为商标或商标的组成部分注册,应属违法。”

在最早的商标法——《1875 年商标注册法》第 6 条中有实质上相同的规定。正如 Diplock 在《1973 年大英商标法》中解释的那样,为了理解“将无权在衡平法院获得保护”我们必须回到适用《1875 年商标法》之前的衡平法院。他指出:法律认可的商标作为一种无形资产在 19 世纪上叶首次被衡平法院所授予。以下原则于 1875 年确立:

(1)当商标权人要禁止他人使用其商标时,无须证明侵权者存在故意的欺骗行为。商标所有权是一项禁止他人使用其商标的权利。

(2)这种权利是商誉的附属,无法脱离商誉独立存在。商标要能成为实质财产,它必须具有可区分性,即消费者能将贴有商标的商品辨识出来,并将其与其他贴有相同商标且具有良好商誉的商品的来源联系起来。商标的财产权利只能通过公众的使用和权利人的使用而取得。

(3)保护商标的救济原则是自由裁量的衡平法禁止侵权的禁令救济。公众利益要求他们既不能被商标欺骗而混淆商标所附商品的品质也不能混淆商品的来源。但是这种利益必须在买卖商获得的商标权的范围之内,他们通过善意获得并因公众使用使商标承载了良好的商誉。

(4)相同或近似的商标可能恰好被不同地区的贸易商同时注册,因此这个商标所代表的商誉也被分割了。根据善意共同使用原则,起初非基于欺诈故意而使用商标,但由于专用权人恶意或过错行为导致随后欺诈的风险增加,该商标仍有权受到保护。如果他自己的过错行为在后来的商标欺诈性使用中占有一席之地,根据“净手”原则,不予颁发禁令。在善意共同使用的情况下,任何一个商标权人都不能禁止其他商标权人使用该商标,但是可以获得禁令禁止其他任何侵权者。

20. 在第 11 条中，我还需要指出其他两点。一个是，该条给予公众就非法注册的商标提出异议的权利。正如 Macnaghten 法官在 1890 年 Re Dunn's 商标案中[1]所说的，该条款在申请者和公众之间提供了事由。相应地，任何公众成员均可适用该条款。另一点需要指出的是，可能引起欺骗或导致混淆的商标使用行为是否无权获得保护？这是一个假设性的问题。百威公司的 Kitchin Q. C 先生主张，一旦一方当事人有一个商业模式，法院会视实际情况而定。我不同意这点。第 11 条的用语直截了当地说明了由此引发的问题是假设的。正如 Diplock 法官在"GE 商标案"中解释的那样，由第 11 条引发的问题是"一个假设的问题，首次在初始注册申请中产生。它着眼于未来商标使用问题并包含任何日常及正当使用，作为注册所有权人的申请人是否有权在注册商品所属类别的日常贸易中使用商标或对商标进行该种使用。"根据第 11 条提出的异议可否用第 12 条第 2 款推翻是一个明确的问题。

21. 第 12 条第 1 款规定：除依照本条第 2 款规定外，如果同他人已注册并使用于同样或同类商品的商标相同或近似，则该商标不得注册。第 2 款规定如下：

对于善意地同时使用相同或近似的商标，或其认可的特殊情况下使用，可以准许两人以上为，同样商品，同类商品，相关联的商品、服务或商品、服务的类别上的相同或近似的商标办理注册。但法庭或注册官如果认为适当，可以对此种注册附加条件或限制。

无可争议的是，第 12 条第 2 款不仅仅是第 12 条第 1 款的一个例外情形，而且可以推翻根据第 11 条提出的异议。毋庸置疑，第 12 条第 2 款需要考虑商标的实际使用。它给予了法庭或注册官酌情决定权。Tomlin 法官在 Pirie 案[2]中解释这种酌情决定权是如何在特殊情况下操作的：

"在我看来，当满足这两个条件，即上诉人商标的在先注册以及答辩人知晓上诉人的商标落入了其权利范围。那么案子就极易判决

---

〔1〕［1890］7 R. P. C. 311, p. 319.

〔2〕［1933］50 R. P. C. 147, p. 159.

而且在我看来应当判决准予注册,原因如下:(1)考虑因两个相似读音的单词所导致的某种间接的混淆可能性,以及因对一个或其他商标的不准确或错误的印象而导致误解的可能性。我认为混淆的可能性是较小的。(2)选'Abermill'这个单词是出于善意的。(3)已经证明存在5年的善意同时使用。(4)是用户导致混淆而非注册导致混淆,而且商业使用者并未给出混淆的证据。这一事实不能被认为是不重要的,尽管证明所需的经费增加了其难度。(5)上诉人的生意规模较小,而且有几年停滞不前。相反,答辩人将其商标树立起来而且扩大了生意的规模。

正是基于这些事实,拒绝授予答辩人商标注册所造成的困难似乎会超过准予注册给上诉人带来的困难以及给公众带来的不便。"

但是如果要把Pirie案中查明的五个决定性理由当成是每个案件中的决定性标准,那么这是非常危险的。正如Kerly在著作《商标法》第12版所说的那样,

"法院的酌情决定权是不受拘束的,即使存在混淆的可能还是有可能获得共同注册。每个案件都需根据其独有的特点和情况来判决"。

第17条第1款规定:"任何人意欲注册商标,成为使用或意图使用商标的所有人时,必须按规定方式提出申请……"

该条款明确规定:与注册相关的商标使用者是商标权人自己。按照第17条第2款的规定,注册官可以拒绝申请或无条件地接受申请,也可以在按照他认为适当的修正、更改条件或限制的情况下接受申请。

22. 最后一条我认为应当提到的条款是第21条第1款。该条款规定商标所有人如果对商标的某一组成部分单独要求专用权,可以将商标全部及该部分分别作为个别商标申请注册。每一个别商标必须具备独立商标的一切条件,它必须满足第10条规定的条件。这条规则在Parker Knoll Ltd. v. Knoll International Ltd. 案中[1]得以体现。在

[1] [1961] R. P. C. 346.

该案中，原告是 Parker Knoll 商标的注册权利人。法院认为原告无权单独注册"Knoll"一词作为商标，因为有证据表明这个单词在一部分人群中代表了被告的产品，而且这个单词不符合一个独立商标的构成要件，尤其是它无法将原告的产品与别人的商品区分开来。

23. 安海斯—布希公司的 Hobbs Q. C 先生提出了另外两个主要论点来支持该公司的上诉，第一个与第 11 条有关，第二个与第 12 条有关。

他认为，法官判决驳回安海斯—布希公司基于第 11 条提出的异议是错误的。他批评法官基于此作出的论证过程，该案判决是根据法院之前的仿冒之诉判决作出的。Hobbs Q. C 先生认为仿冒之诉判决并不直接对百威公司是否有权根据《1938 年商标法》注册"BUDWEISER"商标起到决定性影响。他主张，如果申请人是因正常和合理使用该商标而提出注册申请的，百威公司的申请必须参考第 11 条提出的假设性问题来判断，据此法院需要考虑欺骗和混淆的可能性。

24. Hobbs Q. C 先生还指出：在 1983 年 My Kinda Town Ltd. V. Soll 案中，[1] Oliver L 法官提出了其附带意见，即当两家经营同样生意的公司实际上已存在混淆的潜在可能时，一方就不能合法地提升这种混淆的潜在可能性使得公众更加受误导。他还提到了 Stirling 法官在 1894 年的 Saunders v. Sun Life Assurance Co. of Canada 案中[2]作出的判决，法院认为被告无权单独使用"The Sun"或"the Sun Life"而不加"of Canada"，尽管事实上这个附加的词组通常因简洁而省略。Hobbs 先生将以下观点描述为一种常识，即如果允许百威公司在其啤酒商品上注册"BUDWEISER"商标将会加重混淆，这种混淆已经在之前的仿冒之诉中被证明确实存在。他认为，这项注册会缩小百威公司啤酒品牌与安海斯—布希公司啤酒品牌之间多年以来存在的差异。

25. Kitchin 先生（百威公司）对以上观点作出机敏的反驳，他认为两公司之间本来就没有差距，因为百威公司已经将"BUDWEISER"作

---

〔1〕［1983］R. P. C. 407, p. 425.

〔2〕［1894］1 Ch. 537.

为商标使用,而且他认为百威公司使用该商标的行为是能够获得保护的。他承认百威公司啤酒的销售可能会提升与安海斯—布希公司的啤酒产生混淆的可能性,但他同时指出《商标法》第 2 条对此问题给出了回答,商标法不影响任何人在仿冒之诉中的权利。因此,如果百威公司将其啤酒商品通过一种可能构成欺骗的混淆的方式来展现,那么安海斯—布希公司有权获得救济以对抗百威公司的假冒商标行为。他支持 Rimer 法官在仿冒之诉中作出的判决,该判决承认百威公司享有与安海斯—布希公司共同使用 Budweiser 商标的权利,并驳回了异议。

26. 关于第 12 条第 2 款,我有几点需要展开分析,我承认尽管百威公司更多地使用"BUDWEISER BUDVAR"词组作为商标,但其在某种程度上也使用"BUDWEISER"作为啤酒商品的商标。在我看来,把第 11 条的测试标准与第 12 条第 2 款的测试标准分开来讨论是较为合适的。我认为仿冒之诉的判决不能构成驳回根据第 11 条提出的异议的决定性因素。我这么说并没有对于该案主审法官的不敬之意。该判决涉及仿冒之诉双方当事人的私权。安海斯—布希公司的败诉是因为在争议开始的最初时刻即 1973/4 年,安海斯—布希公司一边在树立 Budweiser 名称的知名度,一边在证明混淆以及欺骗的风险,此时它尚未在英国获得良好的商誉。根据第 11 条,这是申请者与公众之间的问题。我们应该观察的位置是申请之日(1989 年 6 月 28 日),我们应该考虑的假说性问题是百威公司对 BUDWEISER 商标的正常合理使用是否将导致欺诈或混淆的可能,进而使该商标无权受保护。在 In BALI Trade Mark 案中,[1] Upjohn 法官说道:

"主张某一商标违反第 11 条规定并不需要证明存在构成假冒商标或侵权诉讼所要求的欺骗的实质可能性。如果注册的结果会导致一部分人认为两个商品来源于同一厂家这就足够了。虽然普通人产生合理怀疑就足够了,但仍应当向法院证明如果将欲注册商标记入注册簿,不仅会造成混淆的可能性,而且确实存在实际的混淆危险。"

---

[1] [1969] R. P. C. 472, pp. 496 – 497.

27. 百威公司正常合理使用“BUDWEISER”标志的一种行为是在其商品上贴仅有 Budweiser 一词的标签，并用其作为宣传。这种使用行为应当被认定是有意为之的。

28. “申请人连续多年在英国使用‘BUDWEISER BUDVAR’作为其啤酒商品的商标，据此可认为‘BUDWEISER’商标也在啤酒商品上使用了。”

在我看来，百威公司在啤酒商品上把“Budvar”一词从“Budweiser Budvar”商标中拿掉，的确可能增加其与安海斯—布希公司市场更广且知名度更高的啤酒产品相混淆的可能性。如果不考虑第 12 条第 2 款，是不恰当的。我认为仅因第 2 款保护提起假冒商标诉讼的权利，不能据此认为一个因欺骗或混淆可能性而可驳回的申请可以等同于一个违反第 11 条的申请。适用第 11 条标准无须考虑第 2 款。因此除了第 12 条第 2 款规定的情形，基于第 11 条提出的异议应当是成立的。

29. Hobbs 先生根据第 10 条以及第 21 条第 1 款提出以下反对注册的理由：百威公司不能证明其符合所有独立商标获得注册的条件，因为“BUDWEISER”作为安海斯—布希公司的啤酒商标已经广为知晓。当然，Kitchin 先生基于百威公司的知名度及 BUDWEISER 商标的商誉，在其针对安海斯—布希公司注册申请的异议中也提出了相似的观点。我认识到了在这一观点中的力度，但是，这与基于第 11 条提出的异议是分离的，它过于向第 12 条第 2 款倾斜，该条款明确说明两个贸易商可以获得相同商标的注册。

30. 关于第 12 条第 2 款。要注册他人已使用的商标，申请人必须证明其构成“善意地同时使用”或“特殊情况”或两者兼具。我对这些情况进行逐一判定。

31. Rimer 法官之所以认为这是一起百威公司和安海斯—布希公司对“BUDWEISER”商标的善意共同使用案件，是因为自 1973 年起百威公司一直使用“Budweiser”，不仅作为“Budweiser Budvar”词组的一部分，而且也单独使用。他认为假冒商标案判决的要旨不是百威公司有权使用“Budweiser”作为“Budweiser Budvar”词组的一部分来描述其啤酒商品,而是其有权在啤酒商品上使用“Budweiser”一词,正如安海斯—布希公司也有权使用一样。Hobbs 先生质疑法官的论证。他认为假冒商标案的判决并不决定百威公司有权使用“Budweiser”名称作为商标,该判决导致了一个僵局。他主张百威公司并不构成对“BUDWEISER”商标的善意共同使用。

32. 我自己知道这是一个难点,但我被 Kitchin 先生说服,认可百威公司构成对“BUDWEISER”商标的善意共同使用。百威公司的董事之一 Jiri Bocek 先生在他的申明中明确陈述道:“在英国的啤酒市场,我公司生产的啤酒主要使用‘BUDWEISER BUDVAR’商标进行销售,但是也会使用‘BUDWEISER’标志,而且我们的啤酒商品通常被公众认为是捷克 BUDWEISER 或捷克 BUD 或 BUDWEISER 或 BUD。”除了我在判决中已经提到的百威公司在宣传材料上单独使用“BUDWEISER”的事实以外,还有一点也是很显而易见的,那就是百威公司在使用“BUDWEISER BUDVAR”商标时通常着重于第一个单词“BUDWEISER”,这也是买卖商和公众更容易关注的地方。毫无疑问,在假冒商标案中 Whitford 法官和法庭认为百威公司的确正在使用“BUDWEISER”商标,即使证据证明它是与“BUDVAR”结合在一起使用的。Whitford 法官称,真正的问题是,安海斯—布希公司是否能够禁止百威公司将“Budweiser”一词作为商标使用。关键的一点是,在本领域具有丰富经验的法官认为,该案中安海斯—布希公司和百威公司的处境与《商标法》第 12 条第 2 款所描述的情况类似,另一经验丰富的法官在 Bud 案的判决中也提出了同样的观点。Oliver L. 法官称:百威公司之前有时使用 Budweiser 作为商品名称,有时使用 Budweiser 来表示啤酒产地,但最近,百威公司将其当做商标来使用。[1] 他提到了在 1973 年百威公司首次在英国使用 Budweiser 作为商品名称,他在判决的结尾中认可了 Whitford 法官作出的结论,即安海斯—布希公司和百威公司都有权在英国使用 Budweiser 作为商品名称。Dillon L. 法官将安海斯—布希公司提起的假冒商标诉讼描述

---

[1] [1984] F. S. R. pp. 448 – 9.

为阻止百威公司使用 Budweiser 作为商品名称来销售啤酒的手段。他同样支持 Whitford 法官的结论：该名称具有双重的声誉。O'Connor L. 法官同意 Oliver 法官和 Dillon L. 法官的观点。

33. 他的判决是基于这个前提的。毫无疑问，Walton 法官认为法庭已经判决安海斯—布希公司和百威公司均有权使用"Budweiser"作为商品名称，他们都是权利人。他认为百威公司有权获得"BUD"作为"BUDWEISER"的简称来进行商标注册，如果这是正确的话，就有必要承认百威公司也有权获得未简化的"BUDWEISER"商标的注册。安海斯—布希公司没有对该结论提出上诉，Hobbs 先生也没有质疑这对安海斯—布希公司是一种约束。

34. 基于上述情形，我认可百威公司构成与安海斯—布希公司共同使用 BUDWEISER 商标。Hobbs 先生并没有假设这种使用是恶意的。因为基于事实，这种假设是不会成立的。审理假冒商标案的 Whitford 法官和法庭以及审理 Bud 案的 Walton 法官彻底否定了百威公司构成恶意使用。

35. Rimer 法官还发现，根据第 11 条提出的异议的最主要特殊情况是第 12 条第 2 款。他们构成了案件的特殊情况，尤其是百威公司买卖商和顾客使用 Budweiser 来表示其啤酒产品的行为。

36. Hobbs 先生再次质疑了法官论证的正确性。他认为，这些顾客把"BUDWEISER BUDVAR"缩略为 BUDWEISER 的做法和百威公司自己的做法不能一概而论。但是他承认这种情况也是应当纳入考虑的。在我的判决中想要无视百威公司啤酒商品作为"Budweiser"在贸易中使用和被公众所认知这一事实几乎是不可能的。我同意 Walton 法官在 Bud 案中所表达的观点：顾客提到商品时使用商标中的名称是一种相对特殊的情况。在我的判决中，双方当事人之前的诉讼尤其是将"BUD"作为"BUDWEISER"商标注册的案例也是一种特殊情况。因此，尽管存在混淆的危险，我仍然同意法官的判决：在这种特殊情况下应当推翻根据第 11 条提出的异议。

37. 尽管 Hobbs 先生作出了精彩的辩护，我仍然判决驳回安海斯—布希公司的上诉。Kitchin 先生同意，在这种情况下，百威公司的交叉上诉也应当被驳回,而且无须考虑其第二论点。

……

70. 本院判决驳回双方上诉。

8. C. S. S. Jewellery Company Limited v. The Registrar of Trade Marks [2010]

[阅读提示]

本案为商标注册上诉行政案件,上诉人向商标注册处申请在珠宝服务上注册引证商标相同的商标,注册官认为允许注册会大大增加混淆的可能性风险,因而对争议商标不予注册。法院在判决中认为应分两阶段考量这个问题。(1)争议商标与引证商标是否存在善意同时使用。(2)如果答案是肯定的,在考虑包括公共利益在内的所有因素之后,尽管争议商标在相关商品或服务上的使用可能导致相关公众混淆,注册官是否应行使自由裁量权接受商标注册申请。对于第一阶段的回答,法院认为争议商标构成善意同时使用。对于第二阶段的回答,法院认为尽管允许注册会使得混淆的风险增加。但是,在行使自由裁量权时,基于对所有证据的整体考虑,法院认为混淆风险的增加是微小的而非严重的。因而法院最终裁定准许上诉,注册官作出的相关决定被撤销,注册官应当接受注册申请。

香港特别行政区高等法院

C. S. S. 珠宝有限责任公司(上诉人)

诉

商标注册处(被上诉人)

杂项程序编号:2008 年第 2602 号

承办法官:Hon Andrew Cheung J.

判决日期:2010 年 1 月 11 日

历史背景以及上诉人对本争议商标的使用

……

2. "Chow Sang Sang"和中文"周生生"在香港是家喻户晓的商标。根据证据显示,这两个商标都是在 1934 年左右开始使用的,当时周禹初、周冠岳、周少明三兄弟开始在广州以"生生金铺"和"三生金铺"的名义从事珠宝黄金生意,他们的父亲周芳谱提供了资金上的支持。在 1938 年,三兄弟结束了之前的生意,且在广州开设了第一家"周生生金铺"。选择"周生生"这一名字是取其吉祥之意,即意味着持续的成长或者周氏家族无止境的生命力。由于战争,1940 年三兄弟结束了在广州的生意转战香港和澳门,在香港和澳门以"周生生金行"(英文即为"Chow Sang Sang Jeweller & Goldsmith")的名义从事珠宝生意。

3. 20 世纪 40 年代早期,三兄弟在广东省湛江市建立了一家分支名为"周生生金行"(英文为"Chow Sang Sang Jeweller & Goldsmith")

4. 这三兄弟还有三个同父异母的兄弟,他们是周芳谱和他的妾所生的。这三个同父异母的兄弟分别是周君令、周君廉、周君任。在 1943 年左右,周芳谱生前将他的资产在两个家族分支中作了分配。香港和澳门的商铺将在两个家族分支中进行划分,但三兄弟的家族分支有权优先选择其中两家商铺,同时存在财务上的调整。湛江分支也由三兄弟掌管。两个家庭分支可以并肩地以和睦的方式经营各自的生意。根据该项分配,三兄弟掌管了湛江的分支,并且通过行使其优先权选择了接管香港的商铺,庶出的三兄弟接管澳门的商铺。

5. 1946 年,周芳谱立下了一份中文遗嘱内容如下:我的所有后代都可以使用"周生生"名字,但是他们不得允许外人加入他们的生意,且不得将"周生生"这一名字出售给他人。

6. 周芳谱在次年就去世了。

7. 从那以后,两个家庭分支使用"周生生"和"Chow Sang Sang"整体或者其中部分作为他们的商业名字开设了很多商铺。

8. 1957 年 11 月 1 日左右,三兄弟分拆了合伙事业。周冠岳和周少明接手了周禹初在澳门和香港大埔公路上商铺的股份,周禹初获得了他的两个兄弟在皇后大道中心商铺的股份。尽管合作被分拆为不同的营业,一方面是周冠岳和周少明,另一方面是周禹初,但是都还是继续沿用了"周生生金行" and "Chow Sang Sang Jeweller & Goldsmith"的名号。

9. 此后,周冠岳和周少明在皇后大道西边和亚伯丁主干道上开设了更多的商铺。

10. 20 世纪 60 年代,周禹初在皇后大道经营的中心商铺停止运营。随后,周禹初的儿子在湾仔开设了一家新店,以"粤港澳湛周生生"和"周生生珠宝金行"的名义运营。

11. 在 1968 年左右,周冠岳和周少明分道扬镳,周冠岳仍然继续经营亚伯丁和皇后大道西部的商铺,同时,周少明也以"周生生金行"和"Chow Sang Sang Jeweller & Goldsmith"的名义经营大埔公路和澳门的商铺。1980 年 8 月 4 日,周少明在观塘开设了另一家"周生生金行"("Chow Sang Sang Jeweller & Goldsmith")。

12. 1982 年 3 月 9 日,周少明被上诉人合并。1982 年 3 月 31 日,周少明和他的妻子将"周生生金行"("Chow Sang Sang Jeweller & Goldsmith"),亦被称为"周生生珠宝金行"的资产转让给了上诉人,考虑与账面价值等值加上所蕴含的商业信誉以 1 港元成交。

13. 在 20 世纪 80 年代移民加拿大之后,周冠岳关闭了在亚伯丁的商铺。在 1989 年,皇后大道西部的商铺也出售给了上诉人。

14. 上诉人和他的前身一样,不仅仅在商号上整体或者部分使用"周生生" 和"Chow Sang Sang"的中文和英文,而且在商标上也如此使用。无可争议的是上诉人的事业在这几年获得了蓬勃的发展。

引证商标

15. 至于三位庶出的兄弟,他们以及他们的后代在商业上都表现得非常不错,也是整体或者部分地使用“周生生”和“Chow Sang Sang”作为商号,同时也将其作为商标。根据证据显示,1948年三位庶出的兄弟第一次在香港的上海街开创了珠宝黄金生意。1957年,他们收购了一家名为“Chow Sang Sang Jeweller & Goldsmith Co. Limited”和“周生生金行有限公司”的有限责任公司。1971年,那个公司更名为“Chow Sang Sang Jewellery Company Limited”和“周生生珠寶金行有限公司”,一直沿用到现在。它的母公司是周生生国际集团有限公司,一家香港的上市公司。

16. 1994年4月25日,周生生珠宝金行有限公司(所有人)主要由庶出的三兄弟或者他们的家族所有或者控制,在第14类范围内提出了商标申请,包括金吊坠、金奖章、金饰针、金盾牌(都包括在14类范围内)。该商标是由“A CORPORATE GIFT IDEA BY CHOW SANG SANG”这些单词组成了一个椭圆,英文单词“GOLD”和中文字“金”以更大的字体在椭圆中间突出显示。商标注册申请非常成功。

……

注册官对善意同时使用的意见

22. 如注册官处理的案件一样,在目前的上诉案件中,上诉者严重依赖于《商标条例》第13条:

“(1)当注册官或者法院信服如下事项时,商标条例第12条(拒绝登记的相对理由)不能阻止商标登记——

(a)申请商标与在先商标或其他在先权利具有善意同时使用情形;或者

(b)因其他特殊情况,商标注册是合理的。

(2)根据或者凭借第(1)款获得注册的商标应该受到注册官或法院所施加的合适限制及条件。

(3)本条款不能阻止注册官根据第11条(拒绝注册的绝对理由)的任何理由拒绝商标注册。”

23. 关于善意共同使用,注册官没有怀疑上诉人使用争议商标的善意。然而,他指出,在提出申请(2004年)之前的至少十年内,上诉人没有将“Chow Sang Sang simpliciter”(例如没有任何上诉人的商标或者“粤港澳湛”字体)用于珠宝产品上:第67段阐述该决定的理由。1989年之后就没有发现将该争议商标用于金饰产品了。注册官在核查了呈现给他的证据,包括发票、保证书、报纸和杂志上的广告、招待券以及价格标签之后得出了这些调查结果。

24. 注册官发现,在此十年期间当争议商标被使用时,它通常是与上诉人的其他标志共同使用的,例如上诉人的标志,以及上诉人的中文商号(粤港澳湛周生生)。有时,该争议标志仅仅只是作为上诉人使用的复合标志的一个组成元素。复合标志中其他一些特色元素是由上诉人的其他标志和名称组成的。

25. 至于上诉人的商号——“Chow Sang Sang Jeweller & Goldsmith”,注册官发现近年来上诉人的标志——“CSS”字母——相较于它的商号在上诉人的广告以及优惠券中具有更突出的体现。在后来的几年中,争议的标志和商号通常一起在这些广告和邀请卡中消失。

26. 注册官发现,在提出申请之前的十年或者更久之前上诉人使用的多种名称和标志有一致的趋势。自从1982年上诉人的公司成立之后,CSS标志被显著使用。上诉人的公司名字“CSS Jewellery Company Limited”相较于商号“Chow Sang Sang Jeweller & Goldsmith”获得了越来越多的显著性。CSS字母相较于“Chow Sang Sang”也得到日益突出的显示。以至于在一些情况下如近来的广告和邀请卡中,CSS已经完整地替代了“Chow Sang Sang”。多年来,中文字体“粤港澳湛”也得到了突出使用,在一些媒体报道中,这些字体已被用来区别上诉人与引证商标的所有人。这种趋势并不是偶然的,显然是上诉人刻意为之。注册官因此认为允许上诉人注册该争议商标会大大增加混淆的可能。如果上诉人意图扭转上述趋势转而开始单独使用“Chow Sang Sang”,注册官认为这会增加两家公司商品和服务之间的混淆的可能性。

27. 在这样的情况下,注册官行使自由裁量权拒绝争议商标的注册。在众多纳入考虑的因素中,他特别强调了,如果允许该争议商标的注册会大大增加混淆的风险。

……

善意共同使用以及自由裁量权

29. 在这起上诉案件中,争论的焦点集中于《商标条例》第 13 条第 1 款(a)项,即善意共同使用。这是争论双方的共同点,同时安德鲁 · 廖先生(CW. 林和他一样)针对上诉人认可,根据《商标条例》第 13 条第 1 款(a)项,即使能够成立善意共同使用,注册官仍然享有自由裁量权决定是否同意该项注册。

30. 这是英国的古老法律赋予的权利。不论是根据 1883 年的《专利、外观设计和商标法令》还是 1938 年的《商标法令》,都有明确的条款赋予审查员或者注册官自由裁量拒绝商标注册申请的权利,并且根据判例法,即使善意共同使用已经成立,注册官仍然考虑公共利益因素拒绝注册申请:In re The Australian Wine Importers Ltd;[1] In re Ehrmann's Applications;[2] Kerly's Law of Trade Marks and Trade Names (12th ed) paras 10 – 16 & 10 – 17。因此,在标志性案件 Pirie[3] 案中,劳德 · 汤姆林提出了五项可以考虑的自由裁量的理由用以决定在善意共同使用得以成立之后是否授予注册申请。

31. 在香港,2000 年新的《商标条例》(Cap 559)颁布施行之前,施行旧的《商标条例》(Cap 43,已被废止)管理,该条例在本质上遵循了 1938 年的法令。

32. 1994 年,新的《商标法案》在英国实施。2000 年,我们有了自己的新《商标条例》,类似但不等同于 1994 法案。尽管 1994 法案第 7

---

〔1〕 [1889] 41 Ch. D. 278.

〔2〕 [1897] 2 Ch. 495.

〔3〕 [1933] 50 RPC 147, 159.

条缺乏任何特殊的指引表明，即使已经成立善意共同使用，注册官仍然享有自由裁量拒绝商标注册，一般都认为，根据旧法案作出的判决自由裁量权一直存在，同时公共利益也应该考虑在内：参见，Kerly's Law of Trade Marks and Trade Names（14th ed），从第 9～150 段到第 9～161 段，特别是第 9～159 段。

33. 在我们新的《商标条例》中，在善意共同使用已经成立的前提下，同样也没有任何特殊的指引表明注册官享有自由裁量拒绝商标注册的权利。然而，如文，香港的注册官采纳了存在自由裁量权的观点。廖先生，作为他的委托人对此也没有争议，至少为本上诉之目的。

34. 在那样的情况下，我准备和各方一起，承认并假定如下观点：即使存在善意共同使用，注册官仍然保留拒绝申请的自由裁量权。注册官可合法考虑的一个因素是公共利益问题。

35. 换句话说，在最终分析的意义上，《商标条例》第 13 条第 1 款（a）项带来了两个阶段的考量：

（1）争议标志以及之前的商标是否存在善意共同的使用。

（2）如果答案是肯定的，在考虑包括公共利益在内的所有因素之后，尽管争议商标在相关商品或服务上的使用可能导致相关公众混淆，注册官是否应行使自由裁量权接受商标注册申请。［第 12 条第 3 款（c）项］（当然，这样接受的商标申请受制于任何诉讼上的反对：参见条例第 42～47 条）。

36. 关于第一阶段，注意到这实际上就是一个事实问题是非常重要的。调查的关键是三个问题，即使用、共同使用以及善意的共同使用。此外，这里的使用必须是将争议的标志作为商标使用。因此，举例来说，如果不是将争议的标志作为商标使用，而是将其作为复合标志的一个元素且该复合标志还包含了其他的一些区别性元素，那么对争议标志的使用并不被认为是第 13 条第 1 款（a）项中的使用。这个也是廖先生和颜·约翰先生（以及刘·威廉姆斯）在本上诉案中一致认可的地方。

37. 必须指出，在第一阶段，还无需对如公共利益、混淆可能性等进行自由自由裁量。这些都是应该在第二阶段考虑的问题。

38. 在第二阶段,精确地说,申请人已经使注册官信服申请人商标与在先商标存在善意共同使用。注册官的中心在于考察所有对准许或者拒绝注册的自由裁量权行使会产生影响的因素。公共利益是必须牢记在心的重要因素。就这一点而言,新法和旧法有所区别,根据条例第 18 条 8 款,在先商标或者被引证商标所有人的同意能够使有争议的商标获得注册,尽管争议商标的注册可能会加剧混淆或者增加混淆的可能性,从而损害公共利益。廖先生因此认为,尽管公共利益仍然被作为相关因素考虑,但是其重要性相较于旧法已经有所下降。

39. 受限于考量因素的资格,争议各方一致同意 Pirie 一案中提出的酌情考虑因素具有高度的相关性。它们包括:

(1)在时间、数量和商业领域使用的程度;

(2)商标相似可能造成的混淆程度,后者在很大程度上表明了公众的损害;

(3)共同使用的善意;

(4)任何混淆的事实是否已经实际上获得证明;

(5)如果该商标获得注册,是否可能引起相关不便。

40. 上述考虑是不够全面的,所有的相关因素都应该被考虑在内。注册官及法院的自由裁量权不受干扰。可见 Budweiser Trade Marks。[1] 根据个案事实,一项特定的考量因素相较于其他因素可能有更大的意义,在案件中发现明显相互矛盾的司法陈述时,必须牢记这一点。因此,举例来说,在 Buler[2] 一案中,Graham J. 法官认为如果已经证明了申请人的善意且有关其商标应被注册的其他所有因素也较为正当,可能混淆的程度相对就不重要。在另一方面,在本地的案件 Re Borsalini Trade Mark[3] 中,Godfrey J. 法官表达了这样的观点,商标相似所造成的混淆可能,也就是对公众的可能损害,是法院处理案件中最为重要的考量。

---

〔1〕 [2000] RPC 906.

〔2〕 [1975] RPC 275,289.

〔3〕 [1993] 1 HKC 587,593B – C.

有关两阶段方法的一些困惑

41. 转向本案的事实以及注册官所给的理由,我担心关于两阶段的决定存在一些困惑;或者,至少,商标注册处阐述理由的方式带来了强烈的困惑,这主要涉及两方面:

(1)上诉人在提出申请的之前十年没有单纯使用过争议标志;

(2)在相同的时间段,上诉人在"周生生"之前使用"粤港澳湛"作为它的中文商号和商标。

42. 关于第一方面,注册官发现上诉人在提出申请之前的至少十年内没有单纯使用"Chow Sang Sang"。这是事实,撇开这段时间复合商标的使用,只要"Chow Sang Sang"被使用,上诉人都将它与其他一些标志或者徽标结合使用。它通常与"粤港澳湛周生生"结合使用。然而,注册官总结出,或者至少,在他的推理中留下这样的印象,因此,在十年的时间里不存在将"Chow Sang Sang"作为商标的善意共同使用:参见,例如,理由书的第66~67段。

43. 如果那就是注册官的本意,那么他是不正确的。上诉人当然在这些年间将"Chow Sang Sang"作为商标使用在珠宝产品的价格标签上。确实它与中文名字和标志"粤港澳湛周生生"一起使用,但是这并不意味着这两部分被作为复合商标使用,或者"Chow Sang Sang"没有被作为商标使用。没有法律阻止商人在他的商品上使用超过一个标志。在香港,正如廖先生指出的,商人在同一时间在相同的商品上使用两个或三个商标,即,一个中文标志、一个英文标志以及通常具有的徽标。例子中所有的三个标志被作为一个商标。当然,有时,这三个标志的使用不是作为单一的标志而是作为复合的标志。对于复合标志没有明确的定义,但是当人们看到这样一个复合标志时人们能够识别。

44. 根据最新的被认可的证据,除了价格标签,上诉人也将"Chow Sang Sang"运用在金块中。同样,中文标志"粤港澳湛周生生"与英文标志一起运用在金块上。

45. 在我看来,不考虑上诉人也使用了复合商标,上诉人在相关的时间段内将"Chow Sang Sang"与其他的一些标志或者徽标一起使用的事实,并不削弱其在相关的时间段内将"Chow Sang Sang"作为商标,即产品来源的标志这样的事实。换句话说,注册官所考虑的是错误的。将"Chow Sang Sang"与其他标志或者徽标一起使用与第13条第(1)款第(a)项中第一阶段的认定没有关系。它能够在阶段二发挥作用。但是这个与上诉人在相关时间段内是否对争议商标构成了善意共同使用是完全不同的问题。

46. 第二,在我看来,上诉人同一时间是否在中文名字"周生生"前面增加地理性文字"粤港澳湛",因此,英文标识"Chow Sang Sang"总是与"粤港澳湛周生生"一起使用,这与第一阶段的认定完全不相关。

47. 需要记住的重要内容是上诉人没有寻求注册中文标识"周生生"。它寻求注册的是英文标志"Chow Sang Sang"。此外,根据条例第13条第1款(a)项上诉人所做的构成对"Chow Sang Sang"的善意共同使用。他并不寻求建立"周生生"中文标志的善意共同使用。增加"粤港澳湛"这几个描述性的文字是为了限制"周生生"。它们从来没有被用来来限制"Chow Sang Sang"。

48. 换句话说,对"粤港澳湛"的附带使用与上诉人在此时间段内是否将"Chow Sang Sang"作为商标进行善意共同使用毫无关系。这与阶段一的认定完全不相关。然而,它与阶段二关于混淆风险的认定是相关联的。但是那是一个单独的事实。

49. 就注册官所思考的(例如,第66段阐述的理由)而言,他是错误的。

阶段一:善意共同使用

50. 根据上诉人在价格标签以及金块上使用"Chow Sang Sang"的事实,以及他的商号名为"Chow Sang Sang Jeweller & Goldsmith",我对于上诉人已经确立了共同使用的事实没有疑惑。

51. 我必须补充,上诉人将争议标志用于商号中的行为已经引发了一些争辩。在我看来,这是一场学术上的辩论,因为即使没有这样的使用,我仍然会得出结论,即基于在相关时间内将标志用于价格标签以及金块上的事实，构成共同使用行为的理由已经非常充足了。在任何情况下，我相信引用商号的行为仍然可以构成共存使用。我同意廖先生在他提交的材料中提出的，商号中的“Jeweller & Goldsmith”文字仅仅只是描述性的文字，事实上商号中最富有显著性的部分是文字“Chow Sang Sang”。正如注册官所认为的那样，“Chow Sang Sang”作为引证商标中的一个元素，构成了该标志中最有显著性的一部分，因此如果该争议标志获得注册，会存在混淆的可能。我采纳这一观点，即上诉人商号中的“Chow Sang Sang”构成了其商号中最富有显著性的一部分，在商号中使用“Chow Sang Sang”等同于上诉人将“Chow Sang Sang”作为商标使用。

52. 诚实在本案中是毫无疑问的。根据本案所蕴含的独特历史背景（不管早先的三兄弟合伙能否作为上诉人关于使用该商标的权利前身），诚实不是本案的争点问题。

53. 换句话说，在我看来，上诉人已经通过了阶段一的测试，那就是，在相关时间段内，可以确立争议商标与引证商标的善意共同使用。

阶段二：自由裁量因素

54. 这导致了阶段二的认定，即注册官行使自由裁量。

55. 如果注册获得允许，混淆的可能性就会增加。在更深层次的考虑这个因素之前，必须指出，尽管本案上诉是再审的方式，但作为一般原则或惯例，法院并不轻易地干涉注册官自由裁量。注册官和他的工作人员，当然，在商标问题上具有非常丰富的经验，法院对此表示充分的尊重。然而，在本案中，考虑到上文详细讨论到的混淆或者明显的混淆，在我看来，这突出了注册官解决所面临的双重问题——善意共同使用和自由裁量——的方法，我认为法院有权重新干涉和行使裁量权。当然，这并不一定意味着，法院在重新行使裁量权时必须作出与注册官不同的结论。问题在于法院应该考量所有的相关因素，最后得出一个平衡所有因素的自由裁量。

56. 问题的中心在于混淆的可能。我已经说过，代理上诉方的廖先生也认可混淆可能具有一定的相关性，尽管根据新法它的重要性有所下降。在这里,我们不能忘记历史背景。考虑到这两个标志共同的起源,混淆或者混淆的风险一直存在。正如注册官所指出的,近年来上诉人已经抛弃单独使用"Chow Sang Sang",更值得关注的是,也没有单独使用"周生生",这是事实。上诉人经常将"Chow Sang Sang"与其他标志和徽标结合使用。近年来,"周生生"一直被冠以"粤港澳湛"。此外,注册官注意到上诉人的广告和邀请卡中"CSS"正在替代"Chow Sang Sang"获得更多的使用。证据显示上诉人抛弃单独使用"Chow Sang Sang" 和"周生生"是故意的决定,其目的在于与所有者所提供的产品和服务相区别。

57. 然而,事实仍然是,在相当大的程度上,上诉人和引证商标所有者之间提供的商品和服务之间的混淆可能性已经存在了很长的一段时间。同时不能说公众已经习惯混淆或者混淆的可能,本案与因登记产生的、之前并不存在的混淆案件截然不同。这考虑的问题是混淆风险的增加,几乎从一开始就一直存在,而不是产生之前并不存在的混淆。

58. 作为一个常识问题,上诉人不再单独使用"周生生"的事实比近年来将"Chow Sang Sang"与其他名字和标志结合使用的意义更加重大。香港是一个以中国人为主的社会,"周生生"相较于它的英文"Chow Sang Sang"能够更加鲜明地反映出商标的起源。

59. 但是,我承认香港的绝大多数消费者精通双语,因此,公众如何用中文指称上诉人以及从"周生生" 到 "粤港澳湛周生生"的转变,这都与上诉人使用争议商标特别是如果单独使用该争议商标所产生的混淆可能性相关的因素。

60. 在这方面,上诉人没有提供直接的证据表明其注册"Chow Sang Sang"标志的真实意图。廖先生主张登记是必需的,考虑到引证标志的所有人,当上诉人以所有人的使用方式使用"Chow Sang Sang"标志,上诉人可能会被所有人起诉。根据廖先生的主张,根据条例第19 条第 4 款建立在先使用的抗辩是不容易的,特别是考虑到注册官所持的观点,即三兄弟早先的合作对争议标志的在先使用并不能被视作为上诉人在先使用该争议标志(上诉人不认可这一观点,但是也不希望在本次上诉过程中争辩这一问题)。

61. 必须注意到，没有注册登记的保护，作为在先使用抗辩的善意共同使用不能对抗注册商标所有人的侵权之诉。

62. 理解上述内容之后，现在的注册申请仅仅代表了上诉人的防御行动。考虑近年来的趋势，上诉人无意单独使用“Chow Sang Sang”。

63. 然而，对此没有人能够确定。严先生、注册官认为，如果允许注册，则单独使用商标是一种合理、正常使用争议商标的方式，这种观点是合法的。这可能与上诉人近年来的实践相背离。但是不能排除这种可能性。

64. 在我看来，鉴于证据的状态，如果注册获得允许，混淆的风险肯定会增加。然而，当考虑如何行使自由裁量权时，我们不再仅仅关注理论上的增加。我们必须将所有的证据作为一个整体衡量，评估混淆风险增加会产生如何严重的后果。基于整体的考虑了所有证据，我认为混淆风险增加是平和的而非严重的。

65. 至于时间、数量以及商业领域上使用的程度，我认同这样的观点，即上诉人对争议标志的使用是大范围的。近年来，除了争议商标之外，上诉人确实也使用了其他的标志和徽标。然而，无可争议的是上诉人在珠宝产品的价格标签中已经使用了该争议商标。此外，在金产品方面，争议商标也被运用在金块上面。

66. 证据显示，上诉人的业务已经非常可观，无论是珠宝产品还是金产品。以金产品举例来说：为了销售金块，争议商标已经持续被使用，1992 年到 2005 年期间，销售额从少于 1000 万美元上涨到超过 7600 万美元。

67. 至于上诉人的珠宝业务，1995 年到 2005 年间，销售额从略微超过 5 亿美元到超过 12 亿美元。同一时期，用于促销和广告的费用在 210 万美元到将近 700 万美元之间。

68. 在提出申请之前的十年期间，上诉人在香港的商铺数量大约有十间。我注意到，为完整起见，上诉人也广泛地将商标用于中国香港之外的地区和国家，包括澳大利亚、加拿大、新加坡、中国台湾和澳门地区。

69. 上诉人在相同的时间段内也使用其他标志和徽标的事实并不能减损这样的事实,即对于上诉人而言,该争议标志也是非常重要的标志。

70. 单独使用标志可能不足以区分上诉人的产品与所有人的产品,但是这并不意味着该商标丧失了显著性。“Chow Sang Sang”这一商标仍然是作为上诉人产品和服务的来源标志,与香港的其他贸易商(所有人除外)相区别。我难以接受这样一种观点:仅仅因为商标不足以将所有人的产品服务与众多竞争者中单一竞争者的产品服务相区分,就认为该商标不再是一个具有显著性的徽标。

71. 多年以来,上诉人将“周生生” 连同“粤港澳湛周生生”一起使用。注册官明显表明,缺少限定词“粤港澳湛”(或其英文)单独使用“Chow Sang Sang”不足以作为上诉人产品和服务的来源标志。我不同意以这种方式解读事实。在我看来,上诉人多年来不加任何限定地、结合中文标识“粤港澳湛周生生”持续使用“Chow Sang Sang”商标,仅仅是为了向公众传达这种信息的努力:“Chow Sang Sang”商标指示上诉人的业务、产品和服务,而不是使用“周生生”作为中文商号和商标的竞争者(如所有人)。换句话说,上诉人持续不断地使用英文标志“Chow Sang Sang”,是为了告诉公众“Chow Sang Sang”并不一定意味着“周生生”,后者是所有人的名字和标志,但是可以等同于“粤港澳湛周生生”,这是上诉人自己的名字和标志。这种做法远非表明上诉人已经放弃了英文“Chow Sang Sang”作为其产品和服务的来源标志,与上诉人的中文名字和标志结合使用表明了上诉人坚持认为英文标志也可以代表他的产品和服务,这一开始就在本案中存在。

72. 香港主要是一个华人社会。无可争议的是,所有人商业信誉的很大一部分源自中文名字和商标“周生生”的使用,而非引证商标,引证商标是一个英文组合标志,特别指“公司礼物”。然而,因为“Chow Sang Sang”是“周生生”的英文翻译,当讨论混淆时,注册官应该记住,总体而言,所有人的商誉不仅是由引证的英文标志产生的,而且也有所有人使用的中文名字和标志“周生生”的功劳,尽管“周生生”本身不是一个注册商标,尽管条例第 12 条第 3 款仅仅关注与在先注册商标的相似问题(如这里的引证标志)。双方对这种可能的区别没有提交任何意见,关于这个问题我不希望在具有任何法律意义的基础上继续推进。但是在实际考虑如何行使自由裁量权时,我相信应当牢记这一点。换句话说,很多可能产生的混淆是商誉引发的结果,商誉所指非引证商标,而是因为所有人使用中文名字或者标志“周生生”,这是一个未注册商标。从法律上说,正如不久之前提出过的,这个事实并不意味着我可以忽略这种混淆类型。然而,在如何行使自由裁量权方面,也正如不久之前提出过的,我也不认为法律要求我忽略这些事实。

73. 正如我所说的,上诉人在共同使用中的善意是毋庸置疑的。这不仅仅在确立善意共同使用时有关,而且是平衡行使自由裁量权时必须牢记的重要因素。

74. 不存在实际混淆的例子。然而,这并不奇怪,因为在初始阶段,注册官手中的所有证据都是由上诉人本身提供的。考虑到历史和背景因素,我认为过去已经存在实际混淆的例子。正如我所说的,我进一步认为注册将导致混淆风险的增加。

75. 对上诉人和所有人所带来的相对不便,应该记住的是,由于引证商标的注册,如果拒绝上诉人对争议商标的注册,将产生上诉人将在今后不能使用“Chow Sang Sang”的实际风险。此外,本案已经对风险进行了评估。迄今为止,所有人没有基于引证商标是注册商标的事实采取任何措施阻止上诉人使用“Chow Sang Sang”。然而,有证据表明双方之间的关系近年来已经变得紧张,双方之间在商标注册处针对一些相同或者类似的标志还存在很多未决的异议申请。

76. 另一方面,如果注册获得准许,除了需要单独考虑的混淆问题,并不存在对所有人的实际损害。对争议标志的共同注册并不意味着所有人不可以再使用引证商标或者“Chow Sang Sang”。根据注册官的调查,所有人是“Chow Sang Sang”标志的在先使用者。此外,他还是作为注册商标的引证标志的所有人。

77. 在本案中,法院需要额外考虑的一个因素是历史背景。上诉人将这一事实作为引用条例第 13 条第 1 款(b)项的理由,即“其他特殊情况”。然而,在我看来,这一特殊情况应当在根据条例第 13 条第 1 款(a)项考量自由裁量权的行使时纳入考虑。应该记住,除了在 Pirie 一案中提及的五个特殊考虑因素,法院有权根据个案情况考量其他相关因素。

78. 在我看来,本案中,在考虑条例第 13 条第 1 款(a)项下的自由裁量权应该如何行使时,将历史背景考虑在内是正确且合理的。在本案中,善意共同使用来自历史的衔接,上诉人可以将它使用争议商标的时间以及三兄弟使用“周生生” 和“Chow Sang Sang”标志的时间追溯到半个世纪以前。不管是否严格及技术上说,上诉人可以被描述为三兄弟的合伙事业的接班人,因此也接手了他们对争议商标的使用。本案的特殊事实是,并非只有周氏家族的一条分支能够将“Chow Sang Sang”注册为商标,而是两条分支几十年来都一直在以这样或者那样的形式不间断地使用“Chow Sang Sang”(中文为“周生生”),这种结果将令人非常吃惊。

79. 近年来,上诉人方面以略微与所有人方面不同的方式使用“周生生” 和“Chow Sang Sang”,目的在于使双方提供的产品和服务有所区别。然而,正如廖先生指出的,以这样的理由拒绝上诉人注册“Chow Sang Sang”会实际产生惩罚上诉人通过比竞争者略微复杂的方式使用“周生生”和“Chow Sang Sang”以减少公众混淆的效果。重要的问题以及底线是,上诉人从未停止将“Chow Sang Sang”作为商标使用。

80. 同时,本案中包含了很多不同于百威案的因素,后者涉及美国百威啤酒的商标和捷克啤酒厂商的百威啤酒标志,百威案阐明了,尽管允许捷克啤酒厂商注册“百威”商标将明显增加混淆的风险,但法院允许这一注册。除了其他事项,法院在百威案件中考虑了相关标志使用的不寻常历史。

自由裁量权的结论

81. 每一个案件都应该根据它本身的事实作出裁决。

82. 考虑了本案中的相关事实,特别是,上文提及的考量因素,我的意见是,行使条例第13条第1款(a)项行下自由裁量权应有利于上诉人。在我看来,本案的所有情况都表明应该接受该注册申请。这一切意味着,在这个阶段不应拒绝申请。它并不能阻止任何人通过异议程序(条例第44条)反对注册申请。所有人可以在异议阶段对上诉人的注册申请提出异议。这确实也是法院在行使自由裁量权应时应该考量的一个因素。

83. 在我看来,公正合理地行使自由裁量权要求申请应被允许进入下一阶段。

……

结果

97. 回归到上诉,我裁定准许上诉,注册官作出的相关决定被撤销,注册官应当接受注册申请。

98. 我还将对费用分担进行裁决,上诉人承担70%的上诉费用——费用的减少是基于这样的事实:在金块上使用争议商标的证据仅仅是首次在第一天的上诉聆讯中有用,注册官没有获得其他的证据利益。两位律师将会被给予证书。

99. 我感谢律师提供的帮助。

9. Budě jovický Budvar, národní podnik v. Anheuser Busch Inc. [2011]

[阅读提示]

这是欧洲法院审理的一起经典商标善意共存案件。欧洲法院在这个案件中回答了三个法律问题:第一,关于"默许"的构成条件:当在先商标权人知道他人长期善意使用相同商标,但没有能力提出异议的情况下,不构成默许。第二,关于"连续五年默许而失权"的规则适用。第三,商标善意共存原则的适用。欧洲法院指出,如果在很长一段时间内两个商标同时善意使用,在先商标权人无权撤销使用在相同商品上的相同商标,因为这种使用没有也不会对商标表明商品或服务来源的基本功能产生消极影响。

欧洲法院

百威公司

诉

安海斯—布希公司

判决日期:2011 年 9 月 22 日[1]

(商标——一号指令——第 9 条第 1 款——默许的概念——由默许导致权利的丧失——时限的起算点——时限起算的先决条件——第 4 条第 1 款(a)项——两个覆盖相同商品的相同商标的注册——商标功能——善意共同使用)

2009 年 11 月 12 日,英格兰 & 威尔士上诉法院(民事审判庭)根据欧共体 234 号指令就百威公司诉安海斯—布希公司一案提出初裁的申请,我院于 2009 年 11 月 30 日收到该申请。

大法官分院的组成人员:

初裁的请求涉及对《协调成员国商标立法 1988 年 12 月 21 日欧洲共同体理事会第一号指令》第 4 条第 1 款(a)项以及第 9 条第 1 款的解释。

本初裁的申请是在百威公司(位于捷克小镇的啤酒生产商)与安海斯—布希公司(设立在美国圣路易斯的啤酒商)的诉讼程序中提出的,两者于 2000 年 5 月 19 日同时成为"Budweiser"商标的权利人。

判决

1. 初裁的请求涉及对《协调成员国商标立法 1988 年 12 月 21 日欧洲共同体理事会第一号指令》第 4 条第 1 款(a)项以及第 9 条第 1 款的解释。

2. 本初裁的申请是在百威公司(位于捷克小镇的啤酒生产商)与安海斯—布希公司(设立在美国圣路易斯的啤酒商)的诉讼程序中提

[1] Case C-482/09.

出的,两者于2000年5月19日同时成为"Budweiser"商标的权利人。

法律背景

3. 指令第4条,标题"与在先权利冲突有关的驳回或无效的补充理由",规定如下:

(1)一个商标在以下所列的情况下不得注册,或已经注册的可以宣布其无效:

(a)该商标与在先商标相同,且申请或注册的商品或服务与在先商标受保护商品或服务相同的;

(2)第1款所称"在先商标"是指:

(a)申请日及可能援引的优先权日早于该商标申请日及可能援引的优先权日且属于以下类别的商标:

(i) 共同体商标;

(ii)在一成员国注册的商标,或就比利时、卢森堡及荷兰而言,在比荷卢商标局注册的商标;

(iii)在一成员国生效的国际注册商标;

(b)依照共同体商标条例,就(a) 项(ii)及(iii) 目所指商标,即使其已放弃或灭失,已有效地要求在先使用资历的共同体商标;

(c)本条中(a)和(b)项所指商标的申请,但必须最终获得注册。

(d)在商标申请日及可能援引的优先权日,在成员国已成为巴黎公约第6条之二意义上的"驰名商标"。

4. 指令第5条第1款"商标赋予的权利"规定:

注册商标赋予其所有人以专有权。商标权人有权禁止任何第三人未经其同意,在商业中:

(a)在与其注册的商品或服务相同的商品或服务上使用与注册商标相同的标志。

5. 指令第9条"因默许导致权利的丧失"规定:

(1)当第4条第2款中所指的在先商标所有人知情时,其连续五年默许在该成员国注册的在后商标的使用,该所有人不得以在先商标为由,就在后商标已使用的商品或服务,申请在后商标无效或反对其使用,除非在后商标是依恶意申请的。

(2)任一成员国均可规定,第1款适用于第4条第4款(a)项所指的在先商标所有人,或第4条第4款(b)项或(c)项所指的在先权利所有人。

(3)在第1款或第2款所指的情况下,在后注册商标所有人不得对抗在先权利的使用,即使该在先权利已不能被援引来对抗在后商标。

6. 一号指令被废止并由《协调成员国商标立法2008年10月22日欧洲共同体理事会指令》替代,后者于2009年11月28日起施行。尽管如此,按照本案主要程序中的实质时间,仍应当适用一号指令的规定。

国内法律

7.《1994年英国商标法》把一号指令的内容吸收为国内法,并于1994年10月31日起施行。

8. 为了实施一号指令,《1994年英国商标法》取代了《1938年英国商标法》。

本案主要程序中的争议以及初裁需要解决的问题

9. 根据初裁的申请,自从百威公司和安海斯—布希公司分别自1973年、1974年进入英国市场以来,两家公司各自在其啤酒商品上使用"Budweiser"标志或含有该单词的标志。

10. 初裁的申请还指出:尽管两者名字相同,但百威公司和安海斯—布希公司生产的啤酒并不相同。它们的口感,价格以及外观都不尽相同,另外,在百威公司和安海斯—布希公司共同的市场上,消费者非常清楚两者的差别,尽管两者之间仍然存在些许混淆。

11. 1976年11月百威公司申请注册"Bud"商标,安海斯—布希公司对此提出异议。

12. 安海斯—布希公司于1976年对百威公司提起假冒商标的诉讼,并向法院提出禁止百威公司使用"Budweiser"单词的禁令。百威公司提出反诉,同样的,禁止安海斯—布希公司使用"Budweiser"一词假冒商标。

13. 在等待这些假冒商标的诉讼审判结果时,关于"Bud"一词的异议程序中止了。

14. 1979 年 11 月 11 日,安海斯—布希公司在"啤酒,麦酒,黑啤"商品上申请注册"Budweiser"商标。百威公司对此提出异议。

15. 假冒商标案的本诉和反诉在初审和上诉审中都被驳回了,法院认为双方都没有假冒对方商标,并且"Budweiser"标志已经具有了双重的商誉。

16. 在安海斯—布希公司的异议被驳回之后,百威公司被授予了"Bud"商标

17. 百威公司于 1989 年 6 月 28 日递交了"Budweiser"商标的交叉申请。安海斯—布希公司对此提出异议。

18. 2000 年 2 月,英国 & 威尔士上诉法院(民事审判庭)驳回了双方对对方"Budweiser"商标注册申请的异议,并判决百威公司和安海斯—布希公司都可以注册"Budweiser"商标。根据《1994 年英国商标法》的规定,该案判决所依据的法律为《1938 年英国商标法》,它明确规定在善意同时使用或其他特殊情况下,两个相同或近似的商标可以同时获得注册。

19. 根据以上裁决,双方都于 2000 年 5 月 19 日向英国商标注册局提出就 Budweiser 一词在"在啤酒、麦酒、黑啤"商品上的注册申请。

20. 因此,百威公司在英国获得了两个商标的注册,一个是 Bud 商标(1976 年 11 月提交申请),另一个是"Budweiser"商标(1989 年 6 月提交申请),安海斯—布希公司获得了"Budweiser"商标(1979 年 12 月提交申请)的注册。

21. 2005 年 5 月 18 日,也就是百威公司和安海斯—布希公司注册"Budweiser"商标之后的 4 年又 364 天。安海斯—布希公司向英国商标注册局提交了宣告百威公司注册的"Budweiser"商标无效的申请。

22. 在无效宣告的申请中,安海斯—布希公司提出:首先,尽管两家公司于同一天获得 Budweiser 商标的注册,但安海斯—布希公司的

商标仍然为在先商标,因为根据指令第 4 条第 2 款,安海斯—布希公司递交申请之日早于百威公司。其次,根据指令第 4 条第 1 款(a)项,如果商标和商品都相同,安海斯—布希公司作为在先商标权人有权宣告百威公司的商标无效。再次,"由默许导致权力丧失"的规定在此处无适用余地,因为指令第 9 条第 1 款所规定的五年期限并未届满。

23. 英国商标注册局准予了安海斯—布希公司宣告商标无效的请求。

24. 2008 年 2 月 19 日,英国 & 威尔士高等法院(大法官分院)驳回了百威公司关于"啤酒、麦酒、黑啤"商品的诉讼请求。

25. 百威公司就此判决向英国 & 威尔士上诉法院(民事审判庭)提起上诉。该院认为关于指令第 9 条的解释是不确定的,尤其是其中的"默许"和"期间"的意思。申请初裁的法院还提出了几个问题:指令第 4 条第 1 款(a)项该如何解释?该法院提出,百威公司坚持认为:虽然在商标和其所覆盖的商品都相同的情况下,在先商标权人享有绝对的保护,但我们应当允许存在一种例外情况,那就是当两个商标经过长期善意的同时使用之后,在先商标权人就不再享有绝对的保护。在这种情况下,两公司使用相同商标并不会对商标表明商品来源的担保功能产生任何负面影响,因为此时商标并不仅指其所代表的商品源于一家公司,而是指这些商标表示商品要么来自这个公司要么来自另一家。

26. 在这些情况下,英国上诉法院(民事审判庭)决定暂停审理程序,等待本院就以下问题作出初裁:

(1)指令第 9 条第 1 款中的"默许"一词是什么意思?尤其是:

(a)"默许"一词是共同体法律概念还是可以由各国法院依据国内法律(包括迟延或者长期善意共同使用)来解释的概念?

(b)如果"默许"是共同体法律概念,在知道他人长期善意使用相同商标,但未能禁止的情况下,是否可以认为商标权人构成默许?

(c)商标权人是否在任何情况下都必须先获得注册,然后才可能构成对使用与其商标相同或易混淆的标志的默许?

(2)"连续五年"的时间期限何时起算?是否可以从在先商标权

人被实际核准注册之前起算?如果可以的话起算的条件是什么?

(3)指令第4条第1款的适用能否使在先商标权人胜诉,即使二者长期共同在相同商品上善意使用相同商标,以至于在先商标区分商品来源的功能并非指商标表示该商品源自在先商标权人,而是指商标表明商品要么来自在先商标权人要么来自另一个使用相同商标的人。

对上述问题的考量

第一个问题的(a)和(b)部分

27. 申请初裁的法院希望能确定指令第9条第1款中的"默许"一词是否为欧共体法律概念,如果是的话,在知道他人长期善意使用相同商标,但未能禁止的情况下,是否可以认为商标权人构成默许?

28. 有一点必须澄清:指令第9条第1款并未对"默许"一词作出定义,指令中的其他条文也没有。另外,指令中也不包含任何成员国法律中涉及这一概念的表述。

29. 根据已经的判例法、统一适用欧共体法律的要求以及平等对待原则,必须对欧共体法律条文中与各成员国法律无关的术语作出在整个欧共体范围内的独立、统一的解释,这种解释必须将法条的上下文语境以及立法目的考虑进去。[1]

30. 尽管指令序言的第三条指出"目前尚无必要完全统一成员国的商标立法",但指令或多或少促进了许多实质性规则的统一,换句话说,指令只需将协调限于直接影响内部市场运转的国内规定,但是该序文并非排除实现规则的完全统一。[2]

31. 另外,指令序言的第7条写道,"为了达到协调各成员国法律这一目标,要求原则上在所有成员国注册商标、维持商标的条件应当完全相同"。序文第9条还写道,"为便于商品的自由流通和服务的

---

〔1〕 Case 327/82 Ekro [1984] ECR 107, paragraph 11; Case C-287/98 Linster [2000] ECR I-6917, paragraph 43, and Case C-467/08 Padawan [2010] ECR I-0000, paragraph 32.

〔2〕 Case C-355/96 Silhouette International Schmied [1998] ECR I-4799, paragraph 23, and Case C-40/01 Ansul [2003] ECR I-2439, paragraph 27.

自由提供，注册商标今后基本上在所有成员国的立法中享受同样的保护"。序文第 11 条写道："出于司法稳定的需要同时又不至于不公平地损害在先商标权人的利益，规定'在先商标所有人在长时间默许在后商标使用后，不得要求宣布在后商标无效或禁止其使用，除非在后商标是依恶意申请'是十分重要的。"

32. 鉴于指令的序文，法院认为指令第 5 ~ 7 条有关欧共体在先商标权人的权利的规定会对商标权规则的整体协调产生影响。[1]

33. 相似的，从序言中还能看出指令第 9 条的规定也会对商标权规则的整体协调产生影响，该规定涉及当在先商标权人请求宣告在后商标无效或禁止其使用时，在后商标权人在何种情况下可以依据"因默许导致权利的丧失"的规定来维持其商标权。

34. 因此，依照法院的判例以及指令的条文，尤其是第 9 条，我们应当明白，指令的目的是打破商标权人保护其商标基本功能与其他经营者使用能区分产品及服务的标志这两者利益之间的平衡。[2]

35. 此外，我们还需知道，"默许"一词在指令第 9 条中的概念与其在《共同体商标 2009 年 2 月 26 日理事会规则》第 54 条第 1 款中的概念相同。

36. 共同体商标制度是一个拥有自己目标和规则的自治体系，它的适用独立于任何国内制度。[3]

37. 因此，指令第 9 条第 1 款中的"默许"一词，作为欧共体法律概念，其意义及范围在所有欧共体成员国之间应当是一致的。据此，法院应当依据欧共体法律对这一概念作出一个自治且统一的解释。

38. 关于第一个问题的(b)部分，申请初裁的法院发现：如果指令第 9 条第 1 款中的"默许"一词包括商标权人无法禁止他人使用与其

---

〔1〕 Silhouette International Schmied, paragraph 25; Joined Cases C – 414/99 to C – 416/99 Zino Davidoff and Levi Strauss [2001] ECR I – 8691, paragraph 39, and Case C – 127/09 Coty Prestige Lancaster Group [2010] ECR I – 0000, paragraph 27.

〔2〕 Case C – 145/05 Levi Strauss [2006] ECR I – 3703, paragraphs 28 and 29.

〔3〕 See Case C – 238/06 P Develey v. OHIM [2007] ECR I – 9375, paragraph 65, and Joined Cases C – 202/08 P and C – 208/08 P American Clothing Associates v. OHIM and OHIM v. American Clothing Associates [2009] ECR I – 6933, paragraph 58.

注册商标相同的标志这种情况的话,正如百威案主要程序中所提到的,双方都必然互相构成了超过三十年的对于对方在英国使用"Budweiser"商标的默许。

39. 根据法院的判例,对于欧共体法律未给出明确定义的术语的含义及范围,应当按其在日常生活中的通常意思进行解释,同时还需要考虑它们出现的语境以及它们所处的规则的目的。[1]

40. 此外,欧共体法律的序言部分可以用来解释指令的内容部分。[2]

41. 首先,在指令的大多数语言版本中,序言中第 11 条和指令第 9 条第 1 款所用的词是相同的。英语版本中,序言第 11 条使用了"容忍"(tolerated),指令第 9 条第 1 款使用了"默许"(acquiesced in),但两者其实没有实质区别,因为英国政府在其书面资料中指出,"容忍"(tolerated) 一词的使用并不表示对第 9 条第 1 款的解释可以不那么严格。

42. 其次,我们必须明确一点,"默许"一词在日常用语中有多重普遍的含义,其中一种是"允许继续"或者"不禁止"。

43. "默许"因此不同于指令第 7 条第 1 款中的"同意",后者必须表达出能够被明确证明的正式放弃自己权利的意图。[3]

44. 欧共体法律顾问在她给出的观点的第 70 条中指出,根据指令第 9 条的丹麦语和瑞典语版本,默许者的特征如下:他是消极地且拒绝采取救济措施改变其已知但非自愿的处境。换句话说,"默许"一词的含义是指当他处于可以反对的地位时,仍然不积极采取措施。

45. 依据指令第 9 条第 1 款的目的,"默许"一词的概念必须解释为在知道他人长期善意使用相同商标,但无法禁止的情况下,则在先

---

〔1〕 See, inter alia, Case C – 336/03 easyCar [2005] ECR I – 1947, paragraph 21; Case C – 549/07 Wallentin-Hermann [2008] ECR I – 11061, paragraph 17, and Case C – 151/09 UGT – FSP [2010] ECR I – 0000, paragraph 39.

〔2〕 Case C – 344/04 IATA and ELFAA [2006] ECR I – 403, paragraph 76, and Wallentin-Hermann, paragraph 17.

〔3〕 See Zino Davidoff and Levi Strauss, paragraph 45.

商标权人就不构成默许。

46. 这种解释得到了指令第 9 条第 1 款上下文以及指令目的的支持。

47. 第一,指令序言的第 11 条指出在先商标所有人必须长时间"知情地容忍"在后商标的使用,也就是说,"有意的","完全知情的"。序言的第 11 条还指出不能"不公正地"损害在先商标权人的利益。正如欧共体法律顾问在其给出的法律意见的第 72 条中所表明的,如果在先商标权人由于限制条款被剥夺了请求宣告在后相同商标无效或者禁止后者使用的权利,即使是在他无法这么做的情况下,这也是很不公平的。

48. 第二,正如本判决第 34 段所述,指令的目的是为了打破商标权人保护其商标基本功能与经营者使用能区别商品及服务的标志这两者之间的利益平衡。这一目的表明,为了实现商标基本功能,根据指令第 9 条第 1 款的适用,在先商标权人必须能够禁止他人使用与其商标相同的在后商标。

49. 还有一点就是,欧洲委员会指出,任何在指令第 9 条第 1 款规定的期限内,由在先商标权人引发的行政行为或司法行为的效果都能解释"由默许导致权利的丧失"的期限。

50. 鉴于上述论述,对第一个问题(a)、(b)部分的回答就是,指令第 9 条第 1 款中的"默许"一词是一个欧共体法律概念,当在先商标权人知道他人长期善意使用相同商标,但无法提出异议的情况下,不构成默许。

第一个问题的(c)部分和第二个问题

51. 第一个问题的(c)部分和第二个问题应该放在一起讨论。申请初裁的法院想要确定:指令第 9 条第 1 款中"由默许导致权力丧失"的期限是否可以从在先商标权人核准注册之前起算?如果可以的话起算的前提条件是什么?

52. 我们应当明确的初步观点是,由指令序言第 11 条所引出的指令第 9 条"由默许导致权力丧失"之规定的时效限制,其目的旨在确保法律的准确性。

53. 指令第 9 条第 1 款清楚地说明:当他人使用与在先注册商标相同或近似的标志时,“由默许导致权力丧失”条款所规定的时效限制必须符合四个条件才能开始起算。

54. 第一,由于第 9 条第 1 款中用的是“在后注册商标”,所以该商标必须已经在成员国获得注册。“由默许导致权力丧失”条款所规定的时效限制起算的时间不能仅从在后商标的使用之日起算,即使在后商标权人后来获得了注册。

55. 关于上文提到的在后商标在成员国获得注册这一点,我们必须遵照指令序言第 9 条的规定:“成员国还同时保留完全的自由制定与商标的注册、失效或无效有关的程序;例如可由成员国规定注册及无效的形式,决定在先权利应在注册程序还是在无效程序或者两个程序中援引,如果可以在注册程序中援引在先权利的,规定异议程序或依职权审查程序或者同时规定两个程序;成员国保留确定商标失效或无效的效力的权利。”

56. 第二,在后商标权人的商标注册申请应当是出于善意的。

57. 第三,在后商标权人必须在其注册商标所在成员国使用其注册商标。

58. 第四,在先商标权人必须知晓在后商标的注册,且知晓注册之后对该商标的使用行为。

59. 申请初裁的法院应当确定在主程序中,上述四个“由默许导致权力丧失”条款中时效起算的前提条件是否都满足了。

60. 还有一点需要说明:在先商标是否在成员国内获得注册不是“由默许导致权力丧失”条款中时效起算的必要前提条件。

61. 指令第 9 条第 1 款中规定:此处“在先商标”与第 4 条第 2 款中的在先商标同义。根据指令第 4 条第 2 款之意:未注册的商标也可以构成在先商标,正如第 4 条第 2 款(c)项和(d)项所分别规定的,“(a)、(b)项中所指商标的申请,但必须最终获得注册”,“已驰名的商标”。

62. 因此,对第一个问题(c)部分以及第二个问题的回答就是,在先商标是否在成员国内获得注册不是指令第 9 条第 1 款“由默许导致权力丧失”条款中时效起算的必要前提条件。各成员国法院需要确定的实效起算的前提条件包括：第一，在后商标必须已经在成员国获得注册。第二，在后商标权人的商标注册申请应当是出于善意的。第三，在后商标权人必须在其注册商标所在成员国使用其注册商标。第四，在先商标权人必须知晓在后商标的注册，且知晓注册之后对该商标的使用行为。

第三个问题

63. 关于申请初裁的法院提出的第三个问题：指令第 4 条第 1 款是否可以解释为在先商标权人有权撤销在相同商品上使用的相同在后商标，即使在很长一段时间内两个商标同时善意使用。

64. 有一点必须明确：安海斯—布希公司质疑该问题的可采性，认为该问题建立在如下错误的假定基础上：Budweiser 商标同时指代其和百威公司的商品。此外，安海斯—布希公司在英国市场使用“Budweiser”商标，而百威公司则使用“Budweiser Budvar”商标。

然而，根据本院已处理的判例法，国内法院在事实和法律背景下提交的关于欧盟法律解释的问题，由国内法院负责界定，本院对这些问题的准确性不作审查，因此这些问题具有推定的相关性。[1]

65. 根据上述分析，第三个问题是允许的。

66. 为了回答这个问题，我们必须回顾指令第 4 条“与在先权利冲突有关的驳回或无效的补充理由”。第 4 条第 1 款规定：已注册商标如果与在先商标相同，且申请或注册的商品或服务与在先商标受保护商品或服务相同的，可以被宣布无效。

67. 指令序文的第 10 条写道：考虑到保护注册商标的目的尤其在于保障商标区别产源的功能，在商标和标志相同、商品或服务也相同时这种保护是绝对的。

68. 根据法院的判例法，指令第 4 条第 1 款(a)项适用的情况与

---

〔1〕 See Case C – 210/06 Cartesio [2008] ECR I – 9641, paragraph 67; Case C – 515/08 dos Santos Palhota and Others [2010] ECR I – 0000, paragraph 20, and Case C – 119/09 Société fiduciaire nationale d’expertise comptable [2011] ECR I – 0000, paragraph 21.

指令第5条第1款(a)项的适用情况相同。后者规定了在何种情况下商标权人有权禁止第三方在与其注册的商品或服务相同的商品或服务上,使用与其注册商标相同的标记。[1]

69. 因此,法院对指令第5条第1款(a)项的解释也适用于第4条第1款。因为两者的解释是互通的。[2]

70. 根据法院的判例法,指令第5条第1款(a)项规定商标专有权是为了使商标权人有权保护其作为商标所有人所享有的特殊利益,同时也确保了商标可以实现其功能。因此,商标权的行使范围应当限定于他人使用标志影响到了或可能影响到商标实现其功能的情况。这些功能不仅包括商标区分商品或服务来源的基本功能,还包括一些其他的功能,尤其是保障商品或服务的质量、交流、投资或宣传等功能。[3]

71. 还有一点需要说明,指令第5条第1款(a)项对于在相同商品或服务上相同的商标和标记给予完全保护的规定并不要求提供证据证明存在公众混淆。

72. 在本案中,申请先决审判的法院向本院提出问题:从商标法基本功能的视角应当如何解释指令第4条第1款(a)项?

73. 在这个背景下,按照上文所述,指令第4条第1款(a)项应当被解释为当在后注册商标与在先商标相同且在后商标注册的商品与在先商标获得保护的商品也相同,并且在后商标的使用已经或可能对商标的基本功能产生负面影响时,可以宣告在后商标无效。

74. 在本案中,百威公司在英国使用"Budweiser"商标的行为没有也不会对与安海斯—布希公司所有的"Budweiser"商标的基本功能产生负面影响。

75. 基于这种考虑,本案主要程序中争议情形的情况是一种

---

[1] Case C－291/00 LTJ Diffusion [2003] ECR I－2799, paragraph 41.

[2] See LTJ Diffusion, paragraph 43.

[3] See, inter alia, Case C－487/07 L'Oréal and Others [2009] ECR I－5185, paragraph 58, and Joined Cases C－236/08 to C－238/08 Google France and Google [2010] ECR I－2417, paragraph 77.

例外。

76. 第一,申请初裁的法院申明:安海斯—布希公司和百威公司各自在英国市场上经营啤酒商品,且在涉案商标注册前已经使用"Budweiser"商标或包含该商标的标志将近三十年。

77. 第二,依据英国、威尔士上诉法院(民事审判庭)2000年2月作出的判决,安海斯—布希公司和百威公司共同并且同时获准注册"Budweiser"商标。

78. 第三,请求初裁的申请中还称:尽管安海斯—布希公司在英国提交"Budweiser"商标的注册申请之日早于百威公司,两家公司都自始善意使用其"Budweiser"商标。

79. 第四,在本裁决的第10段,申请初裁的法院发现:尽管名字相同,但英国消费者非常了解安海斯—布希公司和百威公司生产的啤酒之间的差别,因为两者的口感、价格以及外观都不尽相同。

80. 第五,因为两个商标在英国市场上共存,所以尽管商标相同,但由于是不同厂家生产的,安海斯—布希公司和百威公司的啤酒十分易于区别。

81. 因此,正如委员会在其书面资料中写到的,指令第4条第1款(a)项必须被解释为:在本案主要程序的这种情况下,长期的在相同商品上善意共同使用两个相同商标没有也不会对商标表明商品或服务来源的基本功能产生负面影响。

82. 另外,如果将来发生了非法使用"Budweiser"商标的情况,如必须,则可通过不正当竞争法律规定来解决。

83. 根据前文所述,对于第三个问题的回答应当为,指令第4条第1款(a)项必须被解释为在先商标权人无权撤销在相同商品上使用的相同在后商标,如果在很长一段时间内两个商标同时善意使用。在本案主要程序的这种情况下,这种使用没有也不会对商标表明商品或服务来源的基本功能产生负面影响。

成本

84. 对主程序的当事人而言,由于本案程序是国内法院未决程序的一个步骤,关于成本的判决应由国内法院作出。因提交本院审查所产生的成本,而不是当事人的成本,均不可收回。

基于如上理由,本院(大法官分院)因此裁决如下:

1.《协调成员国商标立法 1988 年 12 月 21 日欧洲共同体理事会第一号指令》第 9 条第 1 款中"默许"一词的解释为"默许"是一个欧共体法律概念,当在先商标权人知道他人长期善意使用相同商标,但没有能力提出异议的情况下,不构成默许。

2. 在先商标是否在成员国内获得注册不是指令第 9 条第 1 款"由默许导致权力丧失"条款中时效起算的必要前提条件。各成员国法院需要确定的实效起算的前提条件包括:第一,在后商标必须已经在成员国获得注册。第二,在后商标权人的商标注册申请应当是出于善意的。第三,在后商标权人必须在其注册商标所在成员国使用其注册商标。第四,在先商标权人必须知晓在后商标的注册,且知晓注册之后对该商标的使用行为。

3. 指令第 4 条第 1 款(a)项必须被解释为在先商标权人无权撤销在相同商品上使用的相同在后商标,如果在很长一段时间内两个商标同时善意使用。在本案主要程序的这种情况下,这种使用没有也不会对商标表明商品或服务来源的基本功能产生负面影响。

10. Tivo Inc v. Vivo International Corporation Pty Ltd. [2012]

[阅读提示]

本案涉及被告在后申请,在相同产品上使用与原告近似的商标,并核准注册。争议的焦点包括被告使用商标的情形是否满足澳大利亚《商标法》第11条第3款a项所规定的善意同时使用情形。法院认为被告的举证无法证明其在申请使用商标时对原告的商标并不知情,因而不能构成善意同时使用。

澳大利亚联邦法院

沃尔沃国际公司私人有限公司(原审原告)
迪尔沃股份有限公司(第一上诉人)
迪尔沃品牌有限责任公司(第二上诉人)
诉
迪尔沃品牌有限责任公司(原审被告)
沃尔沃国际公司私人有限公司(被上诉人)
法比奥·格拉西亚(被上诉人)
承办法官:J. 多兹·斯崔顿
判决日期:2012 年 3 月 19 日[1]

介绍

1. 本案的主要问题在于是否应当撤销答辩人的注册商标“沃尔沃”,因为在优先权日,该商标与申请人的注册商标“迪尔沃”构成欺诈性相似,或者说,由于“迪尔沃”商标在澳大利益享有盛名,该商标有可能欺骗或引起消费者混淆。

2. 第二申请人迪尔沃品牌有限责任公司于 2005 年 3 月 22 日成立于特拉华州,并最终由第一申请人迪尔沃股份有限公司拥有和控制。迪尔沃股份有限公司是一家于 1997 年 8 月 4 日在特拉华州成立的上市公司,其拥有迪尔沃公司集团的全部注册商标,这些商标中包括了第 813297 号澳大利亚文字商标“迪尔沃”。申请人于 1999 年 11 月 10 日在澳大利亚申请注册“迪尔沃”商标。迪尔沃商标于 2000 年 7 月 18 日获准注册,权利保护期限为从 1999 年 11 月 10 日申请之日起 10 年,核准使用在下列商品和服务上:

(a)第 9 类:计算机硬件和软件,包括计算机硬件、软件和个性化的外围设备、交互式的电视节目;电视;电视外围远程控制器;通讯设备,包括发射器、接收器和控制器,相关使用软件,以及作为一个单位

---

〔1〕［2012］FCA 252.

出售的随行手册；

（b）第35类：商品的销售和推广以及其他产品的服务；

（c）第38类：收费电视服务，有线电视传输和交互式的音频和视频服务，个性化和交互式的电视传输服务；以及

（d）第41类：娱乐服务，像个性化和交互式的娱乐服务，对个性化和交互式电视节目的在线引导。

3. 除非文意另有所指，我将用“迪尔沃”指代第一和第二申请人。

4. 2008年2月18日，代表并控制第一答辩人沃尔沃国际公司私人有限公司的第二答辩人法比奥·格拉西亚（当时被称为纳特康普国际公司私人有限公司）提交了以下图形商标的注册申请。

（“the Vivo trade mark”）

5. 该申请被受理，沃尔沃商标于2009年4月24日获准注册，澳大利亚注册商标号为第1223930号，核准使用在下列种类的商品和服务上：

（a）第9类：视听通讯设备；以及

（b）第38类：视听设备的数据传输。

6. 除非文意另有所指，我将用“沃尔沃”指代第一和第二答辩人。

……

待裁决的争点

7. 本案有以下待裁决的争点：

（1）是否应当依据1995年《商标法》的第88条第2款a项将沃尔沃商标从登记册中删除或撤销该注册商标，因为其可能因与迪尔沃商标构成欺诈性相似而违反了《商标法》第44条第1款和第2款，且其可能既不满足《商标法》第11条第3款a项所规定的善意同时使用情形，也不满足第44条第3款b项规定的其他情形。

……

迪尔沃的诉求

15. 在本案中,迪尔沃于2011年2月14日提出了快速通道申请,请求法院颁发禁令以阻止沃尔沃使用“沃尔沃”文字或者沃尔沃商标而侵犯到迪尔沃的商标。

16. 由于沃尔沃商标是注册商标,依据《商标法》第122条第1款e项,注册商标权人行使商标权可构成侵权抗辩,沃尔沃商标注册的事实将构成侵犯迪尔沃商标的抗辩。

17. 因此迪尔沃请求依据《商标法》第88条第2款a项撤销沃尔沃注册商标或将其从登记册中删除,因为沃尔沃的注册商标与迪尔沃商标构成欺诈性相似违反了第44条规定,另外依据第60条,因为迪尔沃商标在澳大利亚负有盛名以至于沃尔沃的商标可能会欺骗或引起公众混淆。迪尔沃同时请求依据《商标法》第88条第2款c项从登记册中删除沃尔沃商标,因为在迪尔沃申请修正商标期间,由于两个商标使用的商品会有交叉,沃尔沃商标的使用可能会欺骗或使公众混淆。迪尔沃还请求依据第92条第3款,基于未使用而撤销第38类服务上的沃尔沃商标。迪尔沃主张不构成善意同时使用,也不存在支持沃尔沃一方的其他酌情考量的情形。

沃尔沃的交叉请求

18. 沃尔沃于2011年3月9日提出了快速通道申请,请求基于迪尔沃商标未在电视产品上使用的事实而将其从登记册上撤销该类注册。

背景事实

19. 以下关键背景事实是按时间顺序所作的简明概述,这当中的很多事实将在特定的诉求中更详细地加以讨论。

20. 1997年8月4日,第一申请人成立了公司(即泰利世界公司)。

21. 1999年3月21日,迪尔沃在美国推出了一项“个性化的电视服务”,其包括了一个数字视频录像机(DVR)、远程控制器和播放中心器。DVR是迪尔沃的主要产品(其也被称作个性化视频录像机而为人所知)。当推向市场时,迪尔沃的DVR拥有许多其他该类设备所不具有的颇具吸引力的新颖特点和功能。特别是迪尔沃DVR可以同时录制多个电视节目,可以依据用户指定喜欢的节目类型或是关键词有选择地录制电视节目,还可以根据消费者以往的观赏记录“推荐”电视节目和电影。

22. 迪尔沃也出售远程控制器、硬件、无线适配器、天线、电缆、无线调制解调器插孔、调制解调器发射电缆、无线射频远程遥控扩展器、HDMI开关、USB电话线适配器及相关软件产品,并连同支持服务一道。

23. 1999年5月7日,第一答辩人成立了公司(起初的名称是纳特康普)。该公司由第二答辩人法比奥格拉西亚控制。法比奥格拉西亚拥有电子工程背景,其于1987年建立了一个“IT”市场并做起了生意。1992年纳特康普开始涉足将电脑产品进口到澳大利亚的生意。

24. 1998年5月29日,迪尔沃在美国申请注册“迪尔沃”商标。

25. 1999年7月21日,第一申请人将公司为改为迪尔沃。

26. 在1998年到2008年期间,迪尔沃在美国通过宣传手册和其他一些销售材料在贸易展会、纸质和在线媒介、电视、网站和报纸上投放广告宣传它的DVR和相关的产品和服务。迪尔沃在美国赢得了大量销售的事实是无可争议的。

27. 1999年11月10日,迪尔沃在澳大利亚申请注册“迪尔沃”商标。2000年8月18日该申请获得批准。但是,直到2008年8月的晚些时候,迪尔沃才在澳大利亚提供商品或服务,或是使用迪尔沃商标。但是,在1999年和进入澳大利亚市场期间,迪尔沃和其产品以及服务已在新闻报道、电视节目、杂志、电影、网上聊天室和其他的一些澳大利亚媒体上获得了曝光。

28. 尽管2008年8月之前迪尔沃并没有在澳大利亚销售媒体设

备。但是在澳大利亚一些听说过迪尔沃设备的澳大利亚人购买了其产品并将它们修改使用。2000 年 7 月,堪培拉的计算机程序师李安德购买了一款迪尔沃 DVR。如果不经重大修改,在美国销售的迪尔沃 DVR 无法在澳洲使用,且还需要当地电子程序指引(EPG)信息。

29. 2000 年 10 月,迪尔沃 DVR 被投放到英国市场上。

30. 2001 年 2 月 23 日,迪尔沃商标在美国获准注册。

31. 2001 年 2 月李安德先生在悉尼的一个技术会议上发表了题为“在……迪尔沃的思想里”演讲,5 月,在堪培拉发表了同样的文章。2001 年 8 月,另一个澳大利亚人伯恩博根斯在易趣上购买了两台迪尔沃 DVR。

32. 迪尔沃于 2008 年开始将产品投放到澳大利亚市场上,而在此之前,另一些人也在不同的时间购买了 DVR(详见下述)。

33. 在 2001 年 9 月和 2003 年 12 月之间,技术爱好者和专业人士沃伦·图梅开发了建立 EPG 数据的软件和一个“服务模拟器”,这使澳大利亚人可以在迪尔沃官方发布产品前就享用到迪尔沃 DVR 的任何功能。

34. 2002 年,格拉西亚先生卷入了和微软的官司中,微软声称格拉西亚先生或是他的同行销售了仿冒的微软产品。最终格拉西亚向微软支付了 200,000 美金作为未经授权销售产品的法律代价,并接受了法院颁发的禁令。

35. 2002 年 3 月 3 日,迪尔沃在美国与百思买公司达成了一项关于发行 DVR 和相关产品和服务的独家供应商协议。

36. 2002 年 7 月,图梅先生为澳大利亚的迪尔沃爱好者创建了一份在线“oztivo”邮件列表,2003 年 6 月,在 www. oztivo. net. 上创建了一个相关的在线“维基百科”。

37. 2004 年,格拉西亚先生考虑到 IT 生意相对较低的利润而将其终止,并在接下来 18 个月到两年的时间里转到奢侈游船生意上。

38. 2005 年 3 月 22 日,第二申请人作为由迪尔沃唯一拥有的附属公司成立了。

39. 2006 年 5 月,格拉西亚先生终止了他的游船生意,并做起了进口视听产品的生意。起初,其只是以相关生产商的名称销售产品,不久以后,他决定使用自己的品牌。

40. 格拉西亚先生宣誓佐证,2006 年 5 月,他和妻子开始讨论可能作为商标的意式的冠冕堂皇的名字。

41. 在大约 2006 年 5 月 29 日的时候,格拉西亚先生通知他的图形设计师哈立德他已经选择了"沃尔沃"作为名称。尽管哈立德先生表达了关于该名称可能已经被使用的担忧,但格拉西亚先生明确表明他的选择就是沃尔沃。格拉西亚宣誓作证,在 2006 年 6 月的许多时间里他也考虑将"芬奇"作为替代名称,但在 2006 年 6 月底其最终决定采用"沃尔沃"。这将在下面更详细的讨论。

42. 2006 年 11 月 28 日,迪尔沃和 S. A. 有线电视公司达成了一份关于在墨西哥提供和销售迪尔沃 DVR 的销售协议(2006 年和 2010 年之间,迪尔沃在多个国家,包括加拿大、西班牙、挪威、丹麦、瑞典和芬兰等和其他公司签订了一系列关于提供和销售迪尔沃产品如迪尔沃 DVR、软件和服务等的销售协议或是战略联盟协议)。

43. 从大约 2006 年晚些时候起,为了确定进口的产品,格拉西亚先生调查了在中国的电视制造业,随后开始跟踪中国大陆和台湾工厂的产品制造,这些产品中包括了电视机。

44. 2007 年,包括格拉西亚先生在内总共才拥有三个雇员的沃尔沃(起初被称为纳特康普为人所知)开始销售沃尔沃产品。

45. 从 2007 年 6 月起,沃尔沃开始在澳大利亚以"沃尔沃"名称进口、宣传、发行、销售和许诺销售第一款电子家用娱乐产品,包括了沃尔沃品牌电视和相关的电子产品。截至 2007 年 6 月 30 日,在澳大利亚大售出了大约 658 件沃尔沃商标产品。沃尔沃产品那时候及现在依然主要由中国制造商和沃尔沃关联企业组成的合资企业下的中国工厂制造。

46. 在早于向澳大利亚供应迪尔沃产品的 2007 年 3 月 19 日,迪尔沃与第七网络(运营)有限公司以及 HTS 签订了一份"战略联盟协议",委托 HTS 为迪尔沃产品在澳大利亚和新西兰的独家代理商和迪尔沃商标在澳大利亚的授权使用者。

47. 2007 年 5 月的早些时候,格拉西亚先生约见了图形设计师斯塔沙基斯,打算为沃尔沃品牌设计一个 logo。2007 年 5 月 14 日,格拉西亚先生敲定了在沃尔沃文字顶部配上弧线条纹的 logo,并且从那时起该 logo 就未改变过。

48. 在 2007 年 7 月 1 日和 2008 年 2 月 18 日之间,在澳大利亚大约售出了 3120 件沃尔沃商标产品,总价值大约 100 万美元。如下:

产品	售出数量(件)	价值(美元)
等离子电视	299	136,513
液晶电视	704	323,313
液晶显示器	1100	195,305
便携式 DVD 播放器	1765	349,755
总计	3868	1,004,886

49. 在此期间,迪尔沃产品大约在 100 个史卓菲商店、极好视听商店以及覆盖了大约 200 个到 300 个独立零售商的全国网络上销售。

50. 2007 年 8 月左右,格拉西亚先生同意向一家中国工厂的老板购买该厂五条产品线中的两条的独家使用权来生产沃尔沃电视。

51. 2007 年 10 月和 11 月,沃尔沃在一家中国每周出版的语言杂志了刊登了宣传广告,2008 年 2 月,又在发给沃尔沃代理商的简报中刊登了宣传广告。

52. 2008 年 2 月 18 日,格拉西亚先生在中国申请注册沃尔沃商标。

53. 2008 年 4 月、5 月、6 月和 7 月,沃尔沃品牌在家电零售商杂志上刊登了广告。2008 年 4 月和 5 月,关于沃尔沃品牌的广告出版在 www. current. com. au and www. smarthouse. com. au. 上。

54. 2008 年 7 月 27 日,HTS 开始在澳大利亚销售迪尔沃 DVR。DVR 在澳大利亚的产品推介是由哈维 · 诺曼商店在平面媒体、内部商店和第七电视频道上做的广告宣传来进行。开始产品推介后,HTS 开始在电视、广告、杂志、网络和通过电子邮件简报宣传迪尔沃 DVR 并赢得了销量。销售数据包含在一个保密文件中。尽管售出了相当数量的产品，但是迪尔沃对销量依旧不满意，因为其大幅的少于沃尔沃的销量。

55. 2008 年 8 月，迪克·史密斯开始销售沃尔沃品牌产品。

56. 迪克·史密斯之后在平面和电视广告上，通过它自己网站以及定期在澳大利亚发行的商品目录宣传沃尔沃品牌，并成为了它领先的零售商。超过 700 万份迪克·史密斯商品目录宣传了沃尔沃产品，同时，作为沃尔沃产品的主要零售商，迪克·史密斯售出了大约 120,000件总价值超过 5000 万美元的产品。

57. 根据他的宣誓书，2008 年 8 月左右，格拉西亚先生首次了解到迪尔沃商标。这将在下面更详细地讨论。

58. 但是迪尔沃在澳大利亚关于迪尔沃 DVR 的产品安排与适用在美国市场上的稍有不同，澳大利亚的用户并不需要额外支付诸如 EPG 等关联服务的费用，而在一开始支付了一个总的费用后就有权享用它们。

59. 迪尔沃 DVR 起初只在哈维·诺曼商店出售。随后迪尔沃 DVR 的销售渠道扩大了，现在包括了迪克·史密斯（其在 2008 年 10 月开始销售迪尔沃设备）、JB. 赫－菲、迈尔、克莱夫·彼得斯、RT. 爱德华兹和收音机出租。迪尔沃 DVR 在投放到澳大利亚市场上时，它的零售价格是 699 美金。

60. 除了 DVR，迪尔沃还在澳大利亚销售“外围设备”，包括了远程控制器、无线适配器和西数外置硬盘驱动器。

61. 在 2008 年和 2011 年之间，沃尔沃产品通过它主要代理商出版的商品目录，以及迪克·史密斯的电视广告、各种报纸上的平面广告、代理商的商店、在线和户外广告进行宣传。

62. 2009 年 4 月 24 日，沃尔沃商标成为注册商标，有效期自 2008 年 2 月 18 日起。

63. 2009 年 5 月 21 日，格拉西亚先生将第一答辩人的名称由纳特康普改为沃尔沃国家公司私人有限公司。

64. 2009 年 5 月，迪克·史密斯为迪尔沃 DVR 组织了一场电视广告活动。

65. 2009 年 5 月到 11 月,宣传沃尔沃品牌的广告出现在家庭零售商杂志上,在大约同样的时候,另一些媒体报道了沃尔沃品牌,如澳大利亚个人电脑杂志和 www. current. com. au. 网站。

66. 2009 年年末,格拉西亚先生决定调整沃尔沃产品领域而将精力主要集中于电视,去掉了 HDMI 电缆和数字相框等。

67. 2010 年,沃尔沃开始了一项针对消费者的市场策略,该策略包括了一个新网站和在家电零售商杂志上投放更多的广告。

68. 2010 年 10 月左右,HTS 负责澳大利亚和新西兰的销售经理皮特 · 西蒙斯拜访了梅奈中心史密斯商店,并介绍自己是"来自迪尔沃的皮特",而对方经理回应"哦,你来自沃尔沃"? 在差不多同样这个时候,西蒙斯先生拜访了位于麦克阿瑟购物中心的迪克 · 史密斯商店,并再次介绍自己是"来自迪尔沃的皮特",而对方的销售人员回应"你肯定来自沃尔沃"。当被纠正后,对方的销售人员问道"难道它们不一样"或"它们不是一样的吗"(这将在下面更详细的讨论)?

69. 2011 年 2 月 14 日,迪尔沃提起了现在这场针对沃尔沃的诉讼。

70. 2011 年 2 月 19 日,迪尔沃、第七网络和 HTS 之间的许可和发行协议变成非排他性的。

71. 2011 年 3 月到 6 月期间,沃尔沃在新南威尔士州、昆士兰州和维多利亚州为沃尔沃品牌组织了一场电视广告活动。

72. 在 2010 ~ 2011 经济年度里,沃尔沃产品的销量总计 120,000 件,价值超过了 37,000 万美金。

73. 自从 2006 年起沃尔沃产品的总计销售大约 260,000 件,价值超过 87,000 万美金。这其中大约 90% 是电视机。沃尔沃关于其他产品销售账册如下:4% 的电脑显示器,3. 5% 的便携式 DVD 播放器,1. 18% 的数字相框,0. 9% 的数字机顶盒,0. 75% 的家庭影院系统和 0. 18% 的远程控制器。

74. 沃尔沃产品的零售商包括了迪克 · 史密斯、极好视听、史卓非、双天威电器和大约 200 个独立零售商,他们通过电视、平面、网络、商店在全国范围内宣传沃尔沃产品。

75. 2011 年 7 月 31 日,迪尔沃开始在美国销售电视机。

……

结论

237. ……我的观点是,第 4 条第 1、2 款的要求是满足的。无论基于善意同时使用,还是《商标法》第 44 条第 3 款规定的其他情形,或其他理由,除非法院行使相反的自由裁量权,否则沃尔沃的商标注册应当被撤销。

是否存在善意同时使用

238. 申请商标与在先商标构成商标法第 44 条第 1、2 款下的实质相同或欺诈性相似时,注册官因此拒绝商标注册还受到第 44 条第 3 款两商标成立善意共同使用或“其他情形”,或第 44 条第 4 款持续使用规则而允许商标注册下的法院自由裁量的制约。

239. 在麦考米克案中,J. 肯尼发现了第 44 条和第 60 条之间的本质不同,法官认为第 60 条不受第 44 条第 3 款制约,第 44 条第 3 款并不是第 60 条的例外。

240. 第 44 条第 3、4 款规定的自由裁量权的前提是,诸如善意同时使用的一些情形,作为一个政策,可使登记正当化且其重要性超过避免消费者混淆可能的目标。

241. 第 44 条第 1、2、3 款之间存在一些重叠部分,因为第 44 条第 1 款或第 2 款下的消费者被欺骗或混淆可能的认定,应在善意同时使用问题出现前,但是混淆可能同时有作为行使自由裁量权的因素。

242. 而且,申请人采用商标是否是为了从引证商标的名声中获取利益与申请人的商标是否构成欺诈性相似有关,因为这样的动机就像那种趋势的“专家证据”,这对于同时使用中的善意也至为关键。

243. 汤林法官在 Re Alex Pirie & Sons Ltd's Application[1] 一案

〔1〕 [1933] 50 RPC 147 at 159 – 160.

和助理总监在 Re John Fitton & Co. Ltd's Application[1] 一案中对第44条第3款a项关于善意同时使用认定中考量因素的非穷尽性陈述被肯尼法官在麦考米克案概括如下:

(a)同时使用的善意;

(b)关于使用时间、地理范围和销售量的程度;

(c)商标之间相似可能带来的混淆程度;

(d)是否有任何混淆的例子已被证明;和

(e)如果允许商标注册将给当事人造成的相关不便。

244. 第44条第3款a项中的日期是指申请日,在这个案件中是2008年2月18日。在希尔斯工厂案中,J. 兰德法官认为,优先权日后善意同时使用的证据与第44条第3款a项中的申请并不相关。尽管承认一些相反的具有代表性的判决,包括J. 哈蒙德法官在VB Distributors一案和J. 卡瑞法官在PB Foods v. Malanda Dairy Foods Ltd. 案[2]中的观点,但是兰德法官总结道:

我的观点是,根据第44条第3款a项,在优先权日后善意同时使用的证据与申请并不相关。只有根据第44条第1款已经作出一项认定之后,才能适用第44条第3款a项。与第44条第1款下商标注册异议相关的证据是优先权日之前的证据。如果已经认定申请人的商标与另一个人特定时候在类似产品上已注册的商标构成欺诈性相似,如本案情形,注册官或法院,在考虑不同时间使用商标的事实后有权作出对申请人有利的自由裁量,这种情形最不同寻常。

对我而言,第44条第3款a项允许,当存在两个商标的善意同时使用情形时,可以行使自由裁量权。该条和第44条第1款一样,都指优先权日前。这样的一个结论符合Southern Cross案和J. 肯尼法官在麦考米克案中所作的假设,当时肯尼法官解释第44条第3款a项并引用登记官的决定,认为要在申请注册之日确定各方当事人的权利。

---

〔1〕［1949］66 RPC 110 at 112.

〔2〕［1999］47 IPR 47.

245. 正如 Conde Nast Publications Pty Ltd. v. Taylor 案、[1] 强生公司案、麦考米克案、吉利莲案等多个权威判决所认可的,优先权日后的证据也用于阐明优先权日的混淆可能。

246. 该背景下的善意被认为是指"商业中的善意"。为了决定申请人是否在采用该商标时并不知晓已有商标存在或是善意相信不会产生混淆或由于名称的使用而致业务转移,相关的权威判决采纳了一系列因素。它们包括:

(a)构成商标的文字是否是通用的、日常文字,这种情形下列情况更可能被认为善意:如果该文字是"创造的"或对其他商人明显具有吸引力;

(b)申请人随后的行为;

(c)混淆的可能性;

(d)申请人对异议商标的知情;和

(e)采用商标以及继续使用行为是否在暗中进行。

247. 善意同时使用要求将标识作为商标使用(见麦考米克案)。没有必要要求很长一段时间内的使用(见 PB Foods 案),更长时间的使用可以强化第 44 条第 3 款 a 项的申请。使用期间不能脱离使用量和真正的商业价值被单独考虑。

248. 沃尔沃提交了以下证据:

(a)沃尔沃商标被善意地加以采用,且(在采用时)既不知晓迪尔沃商标也不知晓迪尔沃产品。

(b)在早于沃尔沃申请注册的大约 8 个月前,沃尔沃商标已在澳大利亚使用。在此期间,并不存在代表迪尔沃的迪尔沃商标使用。

(c)自从迪尔沃进入市场以来,两个商标就共存,且没有混淆的证据,因而只存在很小的混淆可能。

(d)2008 年 2 月 18 日,当申请注册沃尔沃商标时,沃尔沃比迪尔沃承受了更大的不便,因为它已在市场存在超过一年的时间,并售出了价值超过 100 万美金的产品,反之,迪尔沃却根本未进入市场。

---

〔1〕[1998] 41 IPR 505 at 509.

(e)存在“其他一些情形”可使法院拒绝撤销沃尔沃商标,因为除了上述提到的理由,自从迪尔沃进入澳大利亚市场以来相当数量的沃尔沃产品已被售出(超过迪尔沃的三倍之多)。

249. 申请人对现存商标的知晓不必然就体现了恶意或就可以排除关于采用该商标将不会引起混淆的合理笃信,申请人需要承担构成善意同时使用的举证责任。

格拉西亚先生的证据

250. 在当前案件中,沃尔沃的发起人、实际所有者和总经理格拉西亚先生详细作证如何建立沃尔沃生意、品牌的发展、决定采用和申请沃尔沃商标。

251. 格拉西亚先生声称,2006 年 5 月,当他决定采用沃尔沃作为音像产品的新品牌名称,他并没有听说过迪尔沃品牌名称或是迪尔沃产品。

252. 我的观点是,格拉西亚先生是一个不可靠、服务自我和不负责任的证人。他的关于选择沃尔沃名称的各种描述极不相符。他书面形式的宣誓书中的描述不同于他在交叉讯问中的证言,且交叉讯问本身内部也高度不一致。格拉西亚先生同时还声称对相对不太可能发生的事实有着清晰和绝对的回忆(像他在 2006 年之前看过的一些文章),这看上去似乎可以适用于本案,但是他未能回忆起一些表面上更重要的事实。

253. 在他的宣誓书中,格拉西亚先生作证在搜索了意大利词汇或有意大利“短小、简单、易于发音、显著的以及容易”的词汇后,其在并不知晓迪尔沃的情形下独立选择了沃尔沃以反映他家族的意大利传统。

254. 格拉西亚先生披露,他和他妻子查询了一本小的意大利语—英语字典以寻找一个合适的、可以使用在电视、显示器和其他类似产品上的意大利单词。在这之后他的妻子写下了下面列出的、可能的 17 个名称:

255. 格拉西亚先生作证,他向图形设计师穆罕默德 · 哈立德征

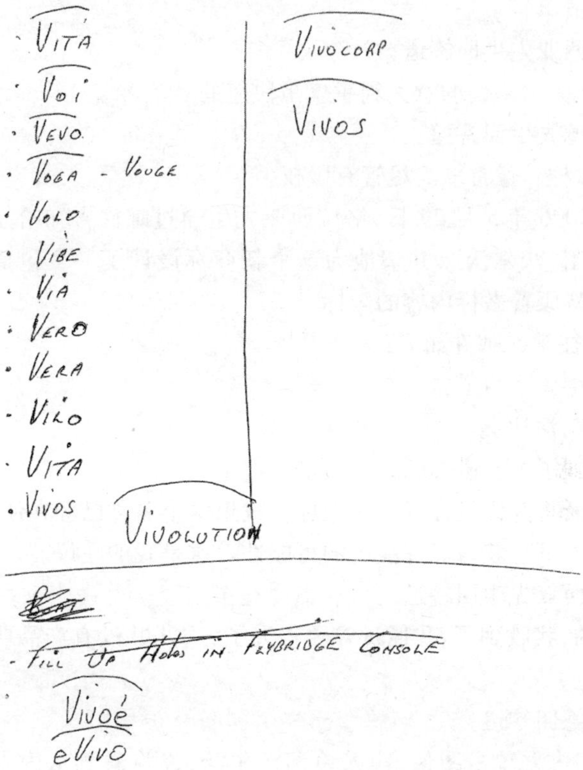

10

求过可能使用在 LCD 显示器或是类似视听产品上名称。格拉西亚的宣誓书并没明确表明他在准备了清单后再联系穆罕默德·哈立德,但是他描述的与哈立德先生的联系却是紧接在准备清单之后。哈立德先生在 2006 年 5 月 22 日通过邮件回应了一些名字,这当中并不包括沃尔沃或是任何类似的名字。

256. 2006 年 5 月 22 日格拉西亚先生和穆罕默德·哈立德往来的邮件内容如下:

"穆罕默德,你用什么名称称呼一个 LCD 显示器?"

哈立德先生回答道:

"现在我找到了你想要的答案。我提出的一些名称如下:(附着一个名称清单)”

格拉西亚先生回答道:

“我认为韦洛切的意大利意思是快速的。”

哈立德先生回答道:

“怎么样?像首歌。尽管有版权。”

257. 2006 年 5 月 29 日,格拉西亚先生通过邮件告知哈立德先生他决定采用“沃尔沃”,并请他为这个新商标设计了一个包括了现存的部分纳特康普徽标内容的徽标。

258. 往来的邮件如下:

哈立德先生写道:

“你好,法比奥。

你收到了关于徽标的另外两份文件了吗?

我今天将为你设计沃尔沃徽标。我想这个名称已经在使用了。

去检查下它获得商标注册的可能性。这是我的建议。”

格拉西亚先生回答道:

“是的,我收到了,我通过谷歌查询了,这儿并没有产品叫做沃尔沃。”

哈立德回答道:

“去谷歌并单击图像,输入单词沃尔沃,你将看到从内衣到自行车有大量的产品叫做沃尔沃。这些产品尽管不是在澳大利亚,但是却会进入澳大利亚……

小心一点伙伴。用一些真正的和引人注目的。这是我的建议。

你能用意大利语讲‘沃尔瑞’吗?法语的意思是生存。”

格拉西亚先生回答道:

“我不想要法语,因为这个时候是意大利人在销售,我要意大利设计。”

哈立德先生回答道:

“我知道你想要什么。你能想到用于指代你产品的独一无二的东西,这反映了设计和作为意大利人的感受。但似乎沃尔沃正被其他的一些产品生产商使用,这将可能有冲突或影响到你的产品市场……

(附着一系列建议的名称)

格拉西亚回答道:

“坚持沃尔沃,相信我,今天我会去注册这个名称。”

259. 那天晚些时候哈立德先生发送了一份包括 10 种沃尔沃图形徽标的附件。

260. 格拉西亚先生作证,哈立德先生的邮件促使他考虑,所以在 2006 年 6 月 1 日,他发送了一份邮件:“我选择的名字是芬奇,意大利语意思是胜利。”

261. 哈立德先生建议“皮沃”。格拉西亚回应:“不,因为这个名称不仅适用于 LCD 显示器而且也可能用于其他产品。”

262. 2006 年 6 月 2 日左右,哈立德先生提出了 10 个芬奇图形徽标,但在 2006 年 6 月 4 日,格拉西亚先生要求他将它们修改得更像沃尔沃图形设计。在收到这些修改的徽标后,格拉西亚先生要求更多图形设计,并于 2006 年 6 月 19 日收到。

263. 格拉西亚先生作证:

在 2006 年 6 月底,我作出决定,尽管穆罕默德表示保留,新商标的名称必须是“沃尔沃”,不是“芬奇”。我最终决定采用沃尔沃而不是芬奇是因为它是个更容易记忆的单词,且在意大利语种有着更符合电视机的意思:生动的和光明的。尽管芬奇确实意味着“胜利”,在意大利语中也有着“打败”或是“战胜”的意思,但我不认为这是与我们新商标有关的单词。

在我作出决定的时候,我并不知道叫做“迪尔沃”的商标。我也不知道它的产品。在决定可能的名称时,我记得我翻阅了多种提供给消费者电子零售商的商品目录,包括了迪克 · 史密斯 、哈维 · 诺曼和瑞秋威恩,同时查看了其他一些做广告的视听商标。我没有看到任何看上去和听上去与沃尔沃相似的商标。

我也在搜索引擎谷歌中搜索了单词“沃尔沃”,发现在澳大利亚没有任何类似产品提到沃尔沃。我记得我是这么做的搜索,我将“沃尔沃”连同“视听”一起输入,以及将“沃尔沃”连同“电视”一起输入。我没有看到任何产品与我使用沃尔沃名称准备售出的产品相似。

我也访问了澳大利亚知识产权网站,并搜索了它的商标数据库。我记得我是在搜索框里输入了“沃尔沃”单词,并通过“精确单词”和使用“沃尔沃”的“部分单词”两种方式搜索的。我检阅了搜索结果,并认为不存在与我感兴趣出售的产品类似的产品在使用单词“沃尔沃”商标。

264. 格拉西亚先生作证,在2007年5月初,他接触了图形设计师苏西·斯塔沙基斯,为他的新商标准备徽标。他认为哈立德先生徽标中缺少了“简单和权威信息”,2007年5月8日,他收到了斯塔沙基斯的全部伴随着弧形条纹的七个图形徽标。

265. 与他在宣誓书中的描述相矛盾的是,在交叉询问中,格拉西亚先生陈述,他和他妻子讨论了许多意大利单词,但最终列出了一份以“V”字母开头清单,“因为我们将范围缩小至芬奇”。他并没有回忆起是否有其他不以“V”字母开头的字母在任何时候被写下来了。尽管格拉西亚先生的口头证据表明单词“芬奇”启发了清单,“芬奇”却没有出现在清单中,也没有在宣誓书中提及。格拉西亚先生未能令人信服地解释这些遗漏。

266. 在交叉讯问中,格拉西亚先生承认,与他在宣誓书中所声称的、他和妻子在清单上写下了单词不同的是,他和他的妻子各自写下了大约一半单词。他认为他在左手边写下了单词。格拉西亚先生区分了他和妻子所写的不同单词,并表示对一些单词不确定,且在一些情形下无法回忆起来。他多次拒绝认可,但不可否认的是,他的承认使他在宣誓书中的描述不准确。

267. 在交叉讯问中的某一点,格拉西亚先生承认,尽管他更早的证据是矛盾的,但是他只是与哈立德先生讨论后首先想到使用“芬奇”。当有人向他提出他早期的描述是一个谎言时,格拉西亚先生回应道:“不不,尊敬的法官大人,芬奇本来就是名称之一,它应该出现在清单上,但是我们没有将它写上去。”当被问到哪个版本是真实时,格拉西亚先生回应,他和他的妻子在哈立德先生提出担忧后决定采用芬奇,但在此之前已考虑了芬奇,只是没有真正的关注它。

268. 最终,格拉西亚先生并没有呈现出任何一致的、相符的和可靠的关于他何时首先想到“芬奇”的描述。他看上去已经背离了早前的证据，由于他决定采用“芬奇”，然后他考虑了其他以“V”字母开头的单词，但现在相反的是，他考虑以“V”字母开头的文字是因为“我们是意大利人，我们有很多的意大利单词……它们将适合产品……而且“V”对我妻子和我特别有吸引力”。

269. 清单上的一些单词诸如“Vivolution”，并非源自意大利字典。这个清单同样包含了“Vivolution”等用上述弧形条纹描绘的单词。无可争议的是，为“TiVo the Revolution”所作的广告曾经在 2008 年 7 月的平面媒介上出版了，电视广告直到 2008 年 8 月才播出，上面展示了产品样品 。

270. 格拉西亚先生也承认弧形条纹出现在 2007 年 5 月收到的苏西·斯塔沙基斯的素描里，尽管他作证该清单是在 2006 年 5 月完成的。

271. 列入“Vivolution”和斯塔沙基斯使用的弧形条纹暗示了手写的清单完成于 2006 年 5 月之后。格拉西亚先生承认，他不确定“Vivolution”是否在后来被添加到清单中。但是他否认单词“Vivolution”是由他知晓的迪尔沃迪尔沃卢勋商标或是迪尔沃革命所启发。

272. 在交叉讯问中，格莱西亚先生承认他并没有和哈立德先生讨论过弧线条纹，但其他时候他又讲他回忆不起来。

273. 格拉西亚先生已经证实，他不满意哈立德先生同时为单词清单所作的素描，而 2007 年 5 月斯塔沙基斯先生素描中的弧形条纹则吸引了他，格拉西亚先生起初否认清单是在 2007 年 5 月之后完成。

274. 但是，最终格拉西亚先生承认他不能回忆起清单是否是在 2007 年 5 月后完成。

275. 但是格拉西亚先生否认他在某个时候听说过“Tivolution”或是看到过为 TiVo the Revolution 所做的广告。沃尔沃网站含有相似的广告语“Vivo the Revolution”。当不能指出沃尔沃产品的任何“革命性”特征时，格拉西亚先生否认个人参与到沃尔沃网站上的广告语创作,指出其是在中国完成。当沃尔沃辩称,这是指 2008 年 4 月广告中的“一个新 AV 革命”,但“Vivo the Revolution”的引用出现在 2008 年 7 月的广告中,且与“TiVo the Revolution”的广告是同时的。而且一篇标题为“Get Set for the Tivo_lution”的文章在 2004 年发表在“安德纽斯”上。在这样的背景下,格拉西亚先生否认在迪尔沃和沃尔沃广告语之间存在联系是难以置信的。

276. 格拉西亚先生说,哈立德先生三次表达担忧之后他并没有寻求关于使用沃尔沃单词的专业意见,他只是自己作了研究。但是,格拉西亚先生有卷入微软提起的知识产权诉讼的经历。微软声称它的产品被假冒了,最终格拉西亚和他的同行向微软支付了 200,000 美元作为未经授权销售产品的法律代价,并接受了法院颁发的禁令。

277. 尽管格拉西亚先生在 2006 年 5 月 29 日告诉哈立德先生他将于“今天”注册沃尔沃商标,但在超过 18 个月的时间里他都没有去做。考虑到哈立德提到的注意事项、沃尔沃计划开展的生意、格拉西亚先生与微软的知识产权官司以及该决定的重要性,沃尔沃长时间不去进行充分研究或是寻求关于采用“沃尔沃”的专业建议(这些建议本可披露迪尔沃商标的注册事实),这与沃尔沃的理由书相矛盾,并无法由避免花费的借口合理解释。

278. 格拉西亚先生也坚持认为,当他选择沃尔沃名称时或申请注册沃尔沃商标时,并没有听说过迪尔沃商标。格拉西亚先生作证,他成功经营进口和发行消费者电子和视听产品的生意超过 20 年时间,首次进口电脑显示器是在 1980 年到 2004 年之间,在 18 个月的间断后,他又返回到 IT 市场挖掘日益增长的从模拟到数字转换的可以支付得起的视听电视市场。

279. 格拉西亚先生承认,从 1987 年到 2004 年,他尽可能多地阅读 IT 领域出版的文章,以确定适当产品和新市场的入口。他同意,为了参考在世界范围内宣传或介绍的交易或者产品,他读过个人电脑周刊、悉尼先驱晨报、星期日电讯报、澳大利亚个人电脑杂志和日报的技术和商业部分。格拉西亚先生也确实在这样的报纸部分刊登广告。

280. 格拉西亚先生也在此期间访问与IT产品有关的网站。

281. 格拉西亚先生承认，他的阅读集中于地方事务，与对进口产品的搜索并不相符，也与他在网站上所写、过去25年里一直“生活和呼吸”在视听和消费类电子产品中的声明不相符。他承认电视、消费类电子产品视听和IT产品属于同一组别。格拉西亚先生承认，自己一直跟上创新与发展趋势，特别是从2000年开始，关注有关一般产品目录、电子计算机和娱乐产品的蓬勃发展的信息。

282. 早于2008年2月18日，630篇提到迪尔沃的文章发表在澳大利亚的主流平面媒体上。截至2006年，293篇提到迪尔沃的文章发表了，这当中90篇不仅仅只是蜻蜓点水地提及迪尔沃，而是向消费者介绍迪尔沃DVR，这一点是无可争议的。达诺威兹先生关于迪尔沃因其“杰出”或“最棒”的产品而赢得了一系列奖项以及在美国是一个家喻户晓的名称的证据无须推敲。当格拉西亚先生一直在平面媒体和网站上关注着可以进口的新产品，却完全忽略了迪尔沃名称和其产品，而后者不断地出现在他所阅读报纸和访问的网站上，这种说法并不可靠。

283. 格拉西亚先生否认，在他阅读的报纸或是网站上如在悉尼先驱晨报和澳大利亚人，只看到或意识到一篇有关迪尔沃进入澳大利亚市场的文章，这不能令人信服。

284. 他在交叉讯问中的证言如下：

但是你生活和呼吸在视听和消费类电子产品中有25年之久吗？

对的。

而这是一个视听消费类电子产品，不是吗？

是的。

而你说一个新产品的发布并不是能够吸引你注意力的事情吗？

完全不是。

285. 在交叉讯问中，格拉西亚先生展示了他对重要问题不负责任和印象淡薄的方式。

286. 当被出示发表在澳大利亚报纸上的（很多是格拉西亚先生订阅或阅读过的，包括了澳大利亚人、悉尼先驱晨报、每日电讯报和悉尼电讯报)、沃尔沃优先权日之前的、关于或提及迪尔沃的文章时,他被要求阅读文章索引和迅速阅读文章以确认他是否阅读过其中的任何一篇文章。

287. 格拉西亚先生在看上去没有阅读索引的情况下立即说他从未阅读过任何一篇文章。当被要求花更多的时间来阅读索引和栏目时,这也是法院期待达到的目的,格拉西亚先生拒绝了。我不相信,格拉西亚先生准备尝试并观察索引或是出示的文章,或者作出善意的尝试以考虑或正确回应这个问题。我不接受,他没有看到过在 1999 年和 2008 年 2 月之间出版的任何一篇文章的说法,也不接受他否认在 2006 年 5 月了解到迪尔沃的说法。

288. 格拉西亚先生承认,他看电视但却否认他看过诸如"欲望都市"或是"波士顿法律",而在这些电视剧当中提到了迪尔沃 DVR。他解释说他并不经常去看电影,因而也没有看过任何包含了指示迪尔沃的电影。格拉西亚先生也否认,他知道关于 2007 年第七频道同意在澳大利亚推介迪尔沃产品的公开报道或是听说过迪尔沃设备、在电视上看过或是读到任何相关的材料。

289. 如上所述,格拉西亚先生关于选择沃尔沃过程的描述也是不能令人信服的。

290. 沃尔沃主张,除非法院信服 Briginshaw 标准,即格拉西亚先生采用沃尔沃的意图在于盗取迪尔沃的名称的利益,否则它有权依据《商标法》第 44 条第 3 款获得有利于他的自由裁量。

291.《1995 年证据法》第 140 条要求,法院在民事程序中采用民事证据标准平衡各种可能。证据法第 140 条第 2 款规定:

当没有限制法院可能用来达到心证的事实时,它将考虑如下:

(a)诉因或是抗辩的性质;和

(b)诉讼标的的性质;和

(c)声称事实的重要性。

292. 在赛普案[1]中,全庭阐述如下:

---

〔1〕［2007］162 FCR 466.

第140条第2款规定的强制性考虑要素反映了立法目的，即法院必须在形成证据问题的心证意见时注意到法庭的背景。通常，诉讼中争议证据的后果越严重，法院越有可能在得出结论时考虑证据的强度和弱度。

即使J.迪森法官谈到普通法立场，他在Briginshaw v. Briginshaw案[1]中关于如何运用民事证据标准的经典也论述适切地表达了证据法第140条第2款要求法院考虑的要素。J.迪森法官强调，当法律要求任何事实的证据时，法庭必须在该事实被调查出来之前即可切实感受到其出现和存在。他指出，脱离任何现实信念的、单纯对各种可能性的比较不能证查明一个事实。但是他认为：

毫无疑问，依据层次不清的确定性，认为事实状态存在的观点可能得到支持。这将促使基于各种目的精确界定法律要求的确定性的努力。但是，幸运的是，普通法上并没有发展出心证的第三个标准。除了犯罪问题是通过公诉证明以外，一个主张的证明可以达到法庭所要求的合理心证就足够了。但是，合理的心证不是一种主观状态，其不可独立于待证事实或事实的性质及后果获得或建立。主张的严重性、一项陈述发生的固有不可能性，或源自一个特定调查的后果的严重性都是影响证明是否达到法院合理心证的要素。在这些情形下，“合理心证”不应当由不精确的证据、模糊不清的证词或是间接的推论产生。比如，当争点是已承认发生的事件究竟是两个不同日的哪一天时，一个令人信服的结论可能在如下材料基础上达成，这些材料无法满足任何一个有力和谨慎的判决。

J.迪森法官指出，无论适用何种可能性的平衡标准或超越合理怀疑标准，说服的标准总是，确定性的主张是否已经符合法庭的心证。他指出，争点的性质必然影响达到合理心证的过程。所以，他得出结论，在一个民事诉讼中，当产生是否存在犯罪问题时，劝说标准与其他民事问题一样。但是他补充道，必须倾向于无罪推定，同时要求证据的精确。

---

〔1〕［1938］60 CLR 336 at 361－363.

293. 最终,尽管没必要确定上述名称清单产生的准确日期,但并不存在证据表明该日期和格拉西亚先生在2006年5月(或是6月)选择沃尔沃名称的日子是同时的,或是完全同时的。所以,沃尔沃提交的材料支持了格拉西亚先生证词。最后格拉西亚先生承认他不能回忆起清单是否在2007年5月后形成。我的观点是,格拉西亚先生关于他如何选择沃尔沃的描述和他否认知晓迪尔沃都是不可信的。沃尔沃承担证明构成善意同时使用的举证责任,但它却没有完成。相反,正如沃尔沃所提交的材料,格拉西亚先生知道使用于创新产品的迪尔沃,为了获得关联优势,他选择了尽可能和迪尔沃接近的沃尔沃,两者只是首字母不同,对这样的证据我觉得达到了必要的心证标准。现有的证据不足以使我判断格拉西亚先生是否认为使用沃尔沃将会侵权,但他并没有开展或组织一个充分的调查。我的观点是,格拉西亚先生关于他的动机和选择过程的描述是服务于自我需要的重构,他关于知情以及意图密切接近迪尔沃的否认是假的。

294. 在这样的背景下,我认为并不构成善意同时使用。

……

结论

536. 我的观点是,依据《商标法》第88条第2款a、c项应当撤销沃尔沃商标注册,并将其从登记册中删除。

537. 依据《商标法》第101条第3款的酌情权,应当维持登记册中的迪尔沃商标。

538. 我将要求提交与此种裁决和反映这些裁决理由的救济相关的材料。

11. Decision of a Delegate of The Registrar of Trade Marks With Reasons Regarding Natural Balance Pet Foods, Inc. [2012]

[阅读提示]

自然平衡宠物食品公司欲以其公司名称申请注册两个商标,而该申请与异议人在先注册商标冲突,本理由是注册局对于异议申请商标的处理意见及原因。注册局在考虑双方提交的证据后适用第 44 条第 1 款,而不适用第 44 条第 3 款的 a 项有关善意同时使用商标的规定。本理由详述了第 44 条第 1 款和第 3 款的含义,重点解释了“善意同时使用”,并从商标使用的程度和持续时间、混淆的程度和相同的实例、善意使用、对双方造成的相对不便结合本案实际情况进行分析。本理由呈现了注册官对于异议商标的处理程序及适用法律的方法。

注册官希思·威尔逊(2012 年 5 月 11 日):

背景

1. 2007 年 3 月 8 日,自然平衡宠物食品公司(以下简称“申请人”)申请注册两个商标(以下简称“申请人的商标”),它们的详细情况如下:

2. 根据《1995 年商标法》(以下简称“该法”)第 31 条审查商标。根据第 44 条,拒绝的理由源自与第一食品出口私人有限公司和自然平衡宠物食品澳大利亚有限公司(以下简称“异议人”)拥有的下列冲突商标。

编号	商标	申请日期	商品类别和说明
781440		21. 12. 1998	31 类:动物食品,可食用动物口香糖;宠物饮料;鸟食,狗饼干,宠物食品
1059115	NATURAL BALANCE	7. 6. 2005	31 类:动物食品,但不包括爬行动物的食品;宠物食品 申请批注:适用第 41 条第 5 款规定。适用第 44 条第 3 款 b 款规定。

3. 申请人根据第 44 条第 3 款 a 项提供了有关善意同时使用商标和商标随后被接受注册的证据。该注册信息在 2009 年 5 月 28 日刊登于澳大利亚官方公报上。

4. 在允许提出异议期间内,异议人分别在 8 月 26 日和 27 日提交针对两个申请商标的异议意见。相关证据也已提交和送达,为了方便起见,我认真考虑了两个异议人的证据。

……

理由

7. 异议人主张的主要理由是该法第 44 条的相关规定(省略立法注释):

第 44 条:相同的商标

(1)受到第 3 款和第 4 款的制约,在商品上(申请人的商品)注册一商标(申请人的商标)的申请必须被驳回,若:

(a)申请人的商标与以下商标实质性相同或欺骗性的相似:

(i)他人在类似商品或密切相关的服务上注册的商标;或

(ii)他人正在类似商品或密切相关的服务上申请注册的商标;以及

(b) 申请人注册在商品上商标的优先权日不早于在类似商品或密切相关的服务上的其他商标的优先权日。

……

(3)若注册官在个案中能信服:

(a)善意同时使用这两个商标;或

(b)在其他情况下,适合如此作为;

注册官可以以其认为适于施加的条件或限制同意申请人商标注册的申请。如果申请人的商标只用在特定领域,商标使用也将限定于那个特定领域。

(4)如果在个案中,注册官对申请人或者申请人及其前身持续性地在一段时间内使用申请人商标感到信服:

(a)开始于其他商标注册优先权日之前:

(i)在相似的商品或者密切相关的服务;或

(ii)在相似的服务或者密切相关的商品;和

(b)结束于申请人商标注册的优先权日;

注册官可不因其他商标的存在而拒绝申请。

8. 异议人依托其早期注册的商标(编号:781440 和 1059115)。这些早期商标的注册详情已于上文概述,我发现宠物食品和/或一般的动物食品与现在申请的商品是相似的。

9. 霍拉克先生没有主张任何一个引证商标都与申请人的商标实质性相似。相反,他提及澳大利亚羊毛米尔斯一案中[1]的欺骗性相似测试。

不应该对商标……进行现场比对。应当努力对请求禁令保护的

---

〔1〕 Australian Woollen Mills Ltd. v. F. S. Walton and Company Ltd. (1937) 58 CLR 641 per Dixon and McTiernan JJ (at 658).

商标或图案在潜在消费者的观念中所产生的影响或印象进行评估。这种过去留存的印象或回忆是有关异议商标或标记乃相同之错误观念的源头。……普通消费者的通常表现应当作为混淆或欺骗的标准。潜在的商品购买者不会被赋予过高的认知或习惯性的警惕。另一方面,应当忽略例外的粗心和愚蠢。

10. 就像温德尔大法官在 The Shell Company of Australia Limited v. Esso Standard Oil (Australia) Limited 案中重述[1]的:

当考虑欺骗性相似问题时,如果实质相同受到质疑,则应采用不同的比对方法。不能对商标进行现场比对。争点不在于抽象性相似,而是欺骗性相似。所以,比对在商标法上较为常用。这种比对应在:一方面,普通智力和记忆水平的人基于对原告商标的回忆所留下的印象;另一方面,这种人对异议商标获得的印象之间进行。

"Natural Balance"是第 1059115 号商标的唯一元素,也组成了第 781440 号商标的突出部分。在注册官之前的决定中,有观点认为,对于文字与图案组成的商标,消费者在选购产品时会更关注文字。[2]因而,"Natural Balance"的单词在异议人的商标中有压倒性的突出地位。相比而言,申请人的商标也有同样特色,尤其是第 1165707 号商标,由于"Dick Van Patten's"以明显较小的字体呈现,其具有第二性的视觉意义。

我注意到,其中异议人的商标(编号:1059115)完整地被申请人的商标涵盖。但是,某些因素会减弱一个商标在另一个商标中的存在感,这些因素包括这些商标中共同因素的显著性程度,以及剩余的因素是否改变了商标的意义而不致发生混淆。

……

13. 寇田先生认为,"Natural Balance"的表述在宠物食品业很常见,在比对商标时应该赋予较少的关注。我注意到申请人在受理阶段

---

[1] The Shell Company of Australia Limited v. Esso Standard Oil (Australia) Limited [1963] HCA 66; (1963) 109 CLR 407 (at 415).

[2] See for example, Sizzler Restaurants International Inc. v. Sabra International Pty Ltd. (1990) 20 IPR 331.

没有提出显著性主张，相反其愿意承担更加繁重的、提出善意同时使用的证据以克服异议。在我面前没有证据表明与宠物食物联系的"Natural Balance"有多独特（或者相反）。表面上，"Natural Balance"的表述可能有相关含义，但在贸易中并不常见，也不能忽略为商标中的定义性元素。我还注意到，异议人的文字商标"Natural Balance"（编号 1059115）根据该法第 41 条第 5 款的规定已经被受理和注册。这意味着有证据表明"Natural Balance"能够区分异议商品。最后，最终的决定是关于申请人商标，而不是一个对异议人商标的可注册性的假设性评估。

14. 寇田先生强调，申请人的商标也包括一个人的名字——Dick Van Patten。据证据表明，Dick Van Patten 是一个成名于 20 世纪 70 年代的电视剧"八足矣"的美国演员。而"Dick Van Patten"的名字则出现在申请人商标的最前列，我发现这个增加的名字并不意味着"Natural Balance"这个单词在评估消费者对商标印象时就该被忽略。而且，我不认为，Van Patten 先生的声誉已经在澳大利亚达到声名狼藉的地步以至于可为第 44 条之目的采取司法通知。[1] 可以合理地推定，消费者会认为异议人的产品也由 Dick Van Patten 支持并由此导致混淆。如同拉克斯摩尔 LJ 法官在 Aristoc Ltd. v. Rysta Ltd. 中[2]说的那样：

正是仅知道一个单词且对其有不美好回忆之人，才有可能被欺骗或混淆。

15. 考虑各方观点后，我发现申请人商标与异议人商标存在欺骗性相似。具有真实可见的混淆危险且该法第 44 条第 1 款的异议理由已经成立。

第 44 条第 3 款 a 项：善意同时使用

16. 双方的权利确定于 2007 年 3 月 8 日，即申请人商标的提交日

---

〔1〕 Registrar of Trade Marks v. Woolworths Limited [1999] FCA 1020;(1999) 45 IPR 411 [at 61].

〔2〕 Aristoc Ltd. v. Rysta Ltd. (1943) 60 RPC 87 (at 108).

期。[1] 因此,申请人对其商标的善意同时使用应该早于那个日期。然而,优先权日后的事件可能在行使该法第44条第3款下的自由裁量权时予以考虑。[2]

17. 在举证责任方面,商标注册官的先例已经确定,申请人应在一审程序中承担举证责任证明善意同时使用。[3] 在这方面,我不认为,申请人在异议程序中可严重依赖于如下事实,即注册官在受理阶段已经对申请人的善意同时使用感到信服。异议程序的注册官还必须对第44条第3款a项的适用感到信服。

18. 如果申请人能够证明善意同时使用的表面证据,异议方就须承担证明使用瑕疵或不足的举证责任,以至于第44条第3款a项不应当被适用。著作Shanahan's Australian Law of Trade Marks and Passing Off的作者认识到异议程序中举证责任的转移,他这样描述:[4]

如果初步证据可证明善意同时使用,可注册的推定就要求注册官根据第44条第3款受理申请。但是,第44条第1款和第44条第2款是异议的依据,也是拒绝申请的依据。异议人可通过证明第44条第3款a项或44条第3款b项下的瑕疵或不充分,确立第44条第1款或44条第2款下的异议理由。之后举证责任将移至申请人以反驳被指控的瑕疵或不充分。

19. 从程序的角度说,这些案件的证据阶段比在大多数其他异议案件中更为广泛。因为缺少异议人根据《1982信息自由法案》提出的关于提交交叉询问阶段文件的请求,异议人只能在已经提交和送达答辩中的全部证据后,才能证明申请人案件的不充分。如果申请人确实

---

〔1〕 Hills Industries Limited v. Bitek Pty Ltd. [2011] FCA 94;(2011) AIPC 92-409.

〔2〕 PB Foods Ltd. v. Malanda Dairy Foods Ltd. (1999) 47 IPR 47 at [71] per Carr J.

〔3〕 See Chris-telle Pty Ltd. v. Australian Swimming Inc (2004) 64 IPR 110;NSE Products Ltd. v. International Waters Pty Ltd. [2011] ATMO 35 (at 43);Climate Technologies Pty Ltd. v. Carrier Air Conditioning Pty Ltd. [2011] ATMO 49 (at 23).

〔4〕 At [40.1505].

认为有必要，其可以通过进一步申请提出证据以反驳异议人的证据。但是，目前的情况是申请人对于异议人的证据没有提交更多的回应证据。

20. 助理总监在 Re John Fitton & Co. Ltd's Application 对适用善意同时使用进行概述：[1]

(1)考虑时间、地域和贸易额及相关商品，申请人所显示的共同使用人的使用程度；

(2)申请人和异议人商标的相似性所带来的混淆程度，这也很大程度上体现了公众不便的程度；

(3)同时使用人的善意；

(4)混淆是否已经被实际证实；和

(5)如果申请人的商标应当予以注册，将会给双方当事人造成的相对不便。

21. 然而，在 Re Electrix Ltd's Application 案中，[2] Wynn-Parry J 法官提及上述因素：

我不将这段话解读为，法官在行使自由裁量权时所应考虑的穷尽性因素。自由裁量权是不受约束的，任何相关的因素显然也确实应当予以考虑。相关的因素又必须依赖于每个案件中的事实。

商标使用的程度和持续时间：

22. 2009 年 1 月 9 日乔伊·赫里克的法定声明（也在审查期间提交）包括大量商标被申请人使用的证据。根据该声明，申请人的商标在美国第一次使用是在 1988 年 4 月 11 日，并在澳大利亚 2005 年 3 月期间也有使用。赫里克先生表明，从那时起，商标就被持续善意地使用在澳洲的相关商品上。他提交了证据以证明其从 2005 年 3 月开始的使用行为，包括一次（从 2005 年 3 月 14 日开始有效）从美国给一个新南威尔士州商人进口隔离材料的许可。然而，将申请人产品进口到澳大利亚的许可并不能证明申请人使用了商标。除了这个事实，我认为在澳大利亚使用申请人商标就发生在这个时间之后。

---

[1] Re John Fitton & Co. Ltd's Application (1949) 66 RPC 110.

[2] Re Electrix Ltd's Application [1957] RPC 369 [at 379].

23. 证明申请人使用地域范围的证据非常少,澳大利亚人可以接触到的各种网站销售商品的证据不能证明在澳大利亚诸郡使用该商标。毫无帮助的是,申请人在一些小册子和广告中没有区分针对美国消费者与针对澳大利亚消费者的广告活动。

24. 销售和广告支出的证据是针对从2005年3月到2007年3月间,我发现这些数据并不是特别大。赫里克的第二份声明关注申请人产品从2009年到2010年的额外保密销售及广告数据。但是,我不认为这一证据分量极重,因为这些数据的发生时间迟于优先权日且发生于申请人意识到本案异议的时候。

混淆的程度和相同的实例:

25. 申请人和异议人的相似商标使用在相同商品上,即使没有混淆的实例,这两个商标之间混淆的程度和混淆可能性也是非常高的。

26. 赫里克声称:"我没有意识到在引证商标和申请商标之间存在任何的混淆实例。"哈瑞克先生质疑这个特别的声明,指出申请人的独立声明是基于美国而非澳大利亚。哈瑞克先生认为赫里克先生个人没有意识到两个商标在澳大利亚市场的混淆实例并不令人感到惊讶。

27. 异议人提供了商标间混淆的证据,该证据的形式是2006年到2008年发生的电子邮件通信。例如,2007年7月,一个消费者说他们在仓库中"最近开始储备 Natural Balance",但是实际指向的是申请人的产品。消费者将产品描述为"Natural Balance"而不是"Dick Van Patten's Natural Balance"也值得注意。2007年6月21日,另一个消费者提到异议人的产品:"只是为了确认——这是 Dick Van Patten 的产品——对吗?"

28. 2007年4月,因为从中国进口的大米浓缩蛋白有污染物,申请人在美国召回了申请人的产品。双方公司名称和商标的相似导致一些澳大利亚消费者担忧其购买的异议人之一的产品也是受到污染的。在2007年4月19日,一位使用申请人产品的消费者询问:"只是再确认一下,我们使用在猫和宠物上的 Natural Balance 产品据说都是产自美国的,这和这儿生产的 Natural Balance 产品不同吗?或者说这儿的产品也不错吗?”因为异议人的产品产自澳大利亚,没有召回产品,异议人认为商标间的混淆损害他们公司的声誉。

29. 寇田先生认为,申请人和第一异议人的公司名称相似会产生一些混淆。虽然这种相似可能解释了一些混淆实例,但我并不认为申请人提供的所有案例均源于此。

善意使用

30. 该法第44条第3款a项语境下的商标善意使用是指商业诚信、“不同于一般的诚信”。[1] 寇田先生指出,即使申请人知道异议人对商标的使用早于申请人在澳大利亚的首次使用,重要的考虑因素是“Dick Van Patten’s Natural Balance”在美国的首次采用发生于1988年左右。

31. 虽然一个商标的首次采用对于成立善意使用的确是重要的考虑因素,但不是唯一的考虑因素,双方的后续行为也具有同等的关联性。[2] 善意的成立以采用商标的时间为准并非终结性:采用商标的善意与在澳大利亚同时使用也必须成立。本案申请人早在2005年之前一直在海外使用商标,但是只有申请人在澳大利亚开始使用其商标之后,申请人和异议人的商标使用才可以被描述为同时使用。

32. 默尔的第一份声明附上了第一食品出口私人有限公司和其在韩国的宠物食品经销商间的电子邮件通信。该通信指出了申请人的韩国经销商和第一食品韩国分销商在2005年的商标争议。但是,我发现这种相互之间的通信还不足以证明在那个国家的商标间所发生的混淆,或者置澳大利亚的善意同时使用于疑问之境地。赫里克先生还声称:“我确信,申请人在看到默尔的声明之前,他对韩国的争端毫不知情。”

33. 默尔和瓦卓斯卡的第二份声明也显示一封从东京Sumio Takeuchi律师事务所寄往另一个异议人自然平衡宠物食品澳大利亚有限公司、标注日期为2005年3月17日的律师函:

我们代表的自然平衡宠物食品公司(“NBPF”),是日本的注册商

---

[1] Re Parkington’s & Co. Ltd’s Application (1946) 63 RPC 171 (at 182).

[2] See Burcombe & Co. Ltd’s Application (1948) 65 RPC 179 (UK Reg).

标“Natural Balance PET FOODS”(日本商标注册号 4555475)的所有者。

最近我们客户注意到,贵方在网页 www. naturalbalance. net. au 上使用“Natural Balance”或“Natural Balance PET FOODS”商标并通过该网站在日本销售产品。

34. 律师函清楚地表明,日本律师事务所是代表申请人发出的,也至少说明申请人对异议人之一的情况是知晓的,该异议人对其商标的使用早于申请人在澳大利亚对其商标的首次使用,也早于商标申请提交日。话虽如此,申请人知晓这一情况却并不自动排除第 44 条第 3 款 a 款的适用。在 McCormick & Company Inc. v. McCormick 案中:[1]

当她和她的丈夫选择这个名字“MCCORMICK'S”时,玛丽·麦考密克就知道公司在其产品上使用商标并不能排除她善意而为的认定:见 Baume & Co. Ltd. v. Moore (A H) Ltd. [1958];[2] [1958] Ch. 907 at 921 and Joseph Rodgers & Sons Ltd. v. W N Rodgers & Co. (1924)。[3] 我认为玛丽·麦考密克首次采用和使用“MCCORMICK'S”的行为是善意的。事实上,上诉时,麦考密克公司也这样认为。无论她注册申请的原因是什么,证据不会使我对她的行为有不同的看法,因为任何善意同时使用的日期都可确定,即 1992 年 3 月 9 日。

35. 对于当前的问题,赫里克先生声称(同时我强调):“这个商标是善意地被创造和采用,完全不知引证商标。相似的,在澳大利亚使用商标也是善意的,其完全不知引证商标。”[4] 我不怀疑申请人 1988 年在美国采用商标并随后在海外的使用是善意的,而申请人日本律师的信函对不知异议人的澳大利亚商标的事实提出了质疑。

36. 申请人没有提交申请人日本律师的律师函的解释。寇田先

[1] McCormick & Company Inc v. McCormick [2000] FCA 1335;(2000) 51 IPR 102;(2000) AIPC 91 – 637 [at 33].

[2] RPC 226 at 235.

[3] 41 RPC 277 at 291.

[4] Herrick declaration, Exhibit JH-1 (paragraph 12).

生在其理由书中援引一份韩国律师的律师函，但是联系到第一食品有限公司和韩国经销商之间的电子邮件通信，这个援引很有可能是错误的。这份存疑的律师函应该来自日本律师，所以理由书尝试进行的解释大部分忽略了这点。

37. 在申请人申请对澳大利亚产品出口许可证的那段时间，申请人已经意识到异议人在他们的澳大利亚网站上使用“Natural Balance”或“Natural Balance Pet Foods”。异议人得出一个结论，申请人知道其在澳大利亚准备使用的商标与异议人正在使用的商标相似，仍开始使用。尽管我没有发现恶意，但这的确可以就申请人在澳大利亚的商标使用的善意引发质疑。

对双方造成的相对不便：

38. 寇田先生强调，异议人的商标共存于澳大利亚市场，且没有商标间混淆的证据。他认为，异议人不能将公众利益作为自由裁量权的一部分而不适用第44条第3款a项。我不能被此说服。一个异议人承认另一个异议人对其商标的使用，这就是第1059115号注册商标根据第44条第3款b项能够获得注册的理由。商标没有异议，缺乏混淆证据也就不足为奇了。异议人商标在市场上同时使用对一般公众可能不会引发混淆，但在我看来，在面对异议人的商标时，核准申请人的商标是否符合公共利益。

39. 哈瑞克先生试图指明，核准申请人商标对异议人造成的不便将会比拒绝其注册对申请人的不便更为严重。我也不能被这种观点说服。重要的考虑因素是，每一个异议人遭受不便的方式和程度，以及这种不便的程度不会仅仅随着当事人数目变化而有所增加。

40. 默尔声称在1998年12月，第一个异议人——第一食品出口有限公司，开始在澳大利亚西部使用第781440号商标。异议人网站的销售例子始于2006年，这些例子表明在西澳大利亚、新南威尔士州、维多利亚州和昆士兰州的宠物食品销售。异议人的产品现已远销到马来西亚、韩国和中国台湾等。异议人也提供了1998年到2005年的损益表和2000年起具体针对该商标的产品经销协议的例子。还有类似于电视广告、2001年赞助狗会以及2005年起“Natural Balance”

的电台广告。

41. 第二个异议人——自然平衡宠物食品澳大利亚有限公司从1993年7月始在维多利亚州、塔斯马尼亚州、南澳大利亚、新南威尔士州、昆士兰州、北部领地甚至出口到香港的宠物食品上使用第1059115号商标。这些2003年到2009年的销售和广告数据都被要求保密,但与申请人的数据比起来要大很多。展出的宣传材料包括小册子、目录、车辆标牌、文具、标签、贴纸、冰箱贴,所有这些都表明其在维多利亚以外地区经营多年建立起来的良好的经营业务。

42. 申请人申请注册之前,每个异议人在宠物食品的商标上至少花费了6年以在澳大利亚市场建立商誉。考虑到申请人在澳大利亚大约使用了两年商标,我认为异议人使用商标的期间和范围都显著胜于申请人。

43. 考虑到公共利益,已经在澳大利亚市场发现混淆的证据。鉴于商标的相似性,如果申请人商标获得注册,混淆将很有可能继续和增加。此外,产品间任何可预知的联系也很有可能对澳大利亚公众的利益和各自的业务产生不利影响,比如产品召回事件再次发生。

44. 经过慎重考虑所有的证据,我不认为本案可以适用善意同时使用规则。异议人无须承担申请人证据不足的举证责任,申请人的答辩不足以表明应当适用该规则。

45. 寇田先生提交简单的意见书以支持行使裁量权在"其他情况下"接受申请人的商标注册[s44(3)(b)]。他援引诚信采用商标、多年使用以及在澳大利亚混淆的缺失。为求完整性,(和之前所述的原因)我不满意于申请人强调的使其商标根据该法第44条第3款b项的规定而被注册的条件。

46. 我认为,已经阐述了第44条第1款的异议理由。作为已经确立的异议成立的理由,我没有必要考虑异议人提出的其他理由。但是,一旦此判决被上诉,那些规定将会成为异议人的理由。

判决

47. 该法第55条第1款规定:

(1)除非中止或驳回诉讼,注册官必须在年底决定:

(a)拒绝注册商标;或

(b)在申请书列出的商品和/或服务上注册商标(附加或不附加条件或限制);

(如果有的话)考虑了对申请提出的异议理由在多大程度上可以成立。

48. 异议人针对申请人商标已经确立了该法下的异议理由。我拒绝注册第1165707号和第1165708号商标。

注:对于限制见第6节。

费用

49. 异议人成功异议并有权获赔费用。我裁决申请人承担两个请求的费用。对第1165707号注册商标申请的异议,我裁定费用可参照《1995商标条例》。对第1165708号注册商标的异议,我裁定费用可参照Hume Industries (Malaysia) Berhad v. James Hardie & Coy Pty Ltd.[1]案的做法。

---

[1] 53 IPR 591.

第三部分

商标协议共存的国外案例

1. Waukesha Hygeia Mineral Springs Company v. Hygeia Sparkling Distilled Water Company [1894]

[阅读提示]

本案为上诉审案件,原告健康女神闪亮蒸馏水公司请求法院对被告沃喀莎健康女神矿泉公司颁发禁令。原告获得了禁令。被告上诉。上诉法院认为本案的关键问题在于双方当事人为固定和明确各自商标权而签订的划界协议是否有效。法院认为划界协议中所作的区分是显而易见的,并很好地体现在依据该协议开展的商业实践中。法院有责任保护公众和双方当事人免受来自不加区分使用这些商业名称所带来的不合理负担和混淆;并且,任何一方的商标均应该能够区分商品来源和权属,被告已经被适当地判定停止侵权。法院维持原审判决。

美国联邦第七巡回上诉法院

沃喀莎健康女神矿泉公司
诉
健康女神闪亮蒸馏水公司
编号:第116号
判决日期:1894年10月1日[1]

本上诉案件来自美国联邦地区法院伊利诺伊州北区法院。

健康女神闪亮蒸馏水公司请求对沃喀莎健康女神矿泉公司颁发禁令。原告获得了禁令。被告上诉。

[＊**439**]班宁 &佩森(威廉姆B.切普和弗兰克O.诺顿是公司顾问)律师事务所的班宁律师代理本案上诉人。

林肯 &比尔和赫里克 &艾伦律师事务所的艾沙姆律师代理本案被上诉人。

[＊**438**]被上诉人健康女神闪亮蒸馏水公司依衡平法提起诉讼,请求法院颁发禁令以阻止上诉人沃喀莎健康女神矿泉公司将“健康女神”作为商标或名称使用在其水产品上,除非该使用遵照被上诉人与上诉人前身在1886年8月20日签订的合同约定方式(译者按:本案的商标划界协议,后文译为“该协议”)。

上诉人(译者按:原审被告)进行了答辩,并提出了一个交叉答辩状。上诉人在答辩中否定了被上诉人(译者按:原审原告)在起诉状中主张的权益,并称其有权广泛地将“健康女神”作为商标使用,并认为与其前身所签订的合同对己无约束力,因为约束力的产生需要通知和记录,所以该合同依据衡平法的各种理由不能被强制执行。交叉答辩称,上诉人有权排他性地将“健康女神”作为商标使用,并请求法院禁止被上诉人使用。

地区法院根据起诉书中的主张和请求支持了被上诉人的永久禁

[1] Waukesha Hygeia Mineral Springs Co. V. Hygeia Sparkling Distilled Water Co. October 1,1894. 63 F. 438.

令。被上诉人是一家蒸馏水生产公司，其在1886年之前已经使用了“健康女神”的商业名称。

上诉人拥有位于威斯康辛州的沃喀莎市的一眼矿泉(1891年受让于史密斯夫妇的权利，后者于1886年订立划界协议)，其在1886年之前使用了“健康女神”作为矿泉名字，并且以“健康女神”作为产品名称的一部分标记其矿泉水产品。

在1886年以及之前更早的时候，詹姆斯·H和查尔斯·T.史密斯夫妇已拥有该矿泉并开展营业。

为避免商业名称的争议和被上诉人起诉，被上诉人作为第一方与史密斯夫妇作为的第二方于1886年8月20日签订了一份合同。

合同中列明，第一方从事蒸馏水的生产，并将“健康女神”文字和女神图像作为其商标的核心特征使用。

合同还记载，第二方拥有位于沃喀莎的一眼叫做“健康女神天然矿泉水”的天然矿泉，并已经将“沃喀莎健康女神矿泉”文字组合连同女神图像作为商标的核心特征使用在矿泉水产品的销售上。

并且他们希望避免在各自使用商标的过程产生冲突和侵权，基于该目的合同得以签订。

于是，考虑到如上基础和第一方付给第二方500美元的事实，双方达成条款如下：

首先，合同中的第一方应当，并因而被认为拥有，在蒸馏水以及通过蒸馏水制造的碳酸和人造矿泉水、维希水、苏打水、姜味汽水等的生产和销售之中排他性地使用“健康女神”文字和女神图形的权利。

但是，第一方不能以任何形式和方法在任何天然矿泉水产品上使用“健康女神”文字，同时也不能以任何有计划的方式欺骗和误导公众，如在图章、塞子、标签、宣传单、广告、签名、账单抬头、信函抬头等上使用“天然的”或者“矿泉水”字样。

其次，第二方应当，因而也被认为拥有永久性地排他性地在“沃喀莎健康女神矿泉”文字组合中使用“健康女神”文字和正面脸部的女神图像，可加上或者不加“水”字。包括以任何形式将“健康女神”

文字作为上述组合的一部分使用于水产品的装瓶、贴封和销售当中,无论是碳酸或者上述威斯康辛州的沃喀莎市的矿泉水,或者是用该泉水制造的姜味汽水均如此。

但是,他们在相同标签之上只能与"沃喀莎健康女神矿泉"文字组合一起使用女神图像,他们不能以任何方法或者形式使用"健康女神",除非连同女神图像一道并以上述组合方式使用在图章、塞子、标签、宣传单、广告、签名、账单抬头和信函抬头。

他们不能够在有关蒸馏水的产品上使用"健康女神"文字、图像或者两者的组合,亦不能在其他任何非天然矿泉水产品上使用。

被上诉人一方的证据直接表明他们使用该商标的时间早于合同签订的时间(其早在1883年12月就在专利局注册登记)。

同时,从合同签订到上诉人购买矿泉的数年间,双方当事人严格地遵守合同所约定的条款,被上诉人出于对合同的信赖投入了大量的资金,进而为它的商标创造了巨大的价值。

上诉人的证据主要用于表明合同违法,其前身将矿泉命名为"健康女神"并将组合方式作为区别性词语使用,因此其饮用水产品为人所知进而被投放到市场上。这一切都早于被上诉人的任何使用行为。

上诉人没有收到任何关于该合同由其前身订立的事实上或建设性的通知,其是一个善意购买者。合同之订立对史密斯夫妇来说构成了不合理的负担,对他们是苛刻和不公平的。另外,在签订合同时上诉人的前身尚未成立。

詹金斯,巡回法院法官,以及伯伦和西蒙,地区法院法官。西蒙,地区法院法官(在陈述了上述事实之后)指出:

原告健康女神闪亮蒸馏水公司请求沃喀莎健康女神矿泉公司停止以1886年8月20日原告与被告前身之间合同约定以外的方式将"健康女神"作为其水产品的商业名称使用的行为。

被告(本案上诉人)请求宣告合同无效,并声称其在更早之前已将"健康女神"作为水产品的显著性名称使用。另外,被告通过交叉答辩状诉请法院颁发禁令以阻止原告在其公司名称或者商标中使用“健康女神”这一文字。

本案的关键问题在于双方当事人为固定和明确各自商标权而签订的合同是否有效，同时涉及[*440]后续行为的证据。

如果合同有效，则在先使用的证据是无关紧要的，同时原告有权获得保护以阻止不遵守合同约定将“健康女神”文字作为水产品商业名称进行使用的行为。

如果该合同被认为无效，至少从本案材料看原告未能证明名称的在先使用；需要继续调查被告是否有权获得肯定性救济。

该合同于1886年8月20日在原告与詹姆斯·H.、查尔斯·T.史密斯，即被告前身之间签订，在此之前，各方无争议地已将“健康女神”作为各自水产品商业名称的一部分使用。

本案材料清晰表明，签订合同的原始双方都清楚理解合同的目的以及各项条款的意义。经过周全的谈判后，双方有目的地签订本合同，并多年来持续严格地遵守合同约定，从未有异议或干扰，直到被告购买(矿泉)并开始经营。

该合同系不公平签订的异议不能成立，合同中支付给史密斯夫妇的对价是否足够也不是本案需要讨论的问题。

协议记载，原告从事蒸馏水产品的生产和(产前)准备，其已经将“健康女神”文字和图像作为商标的核心特征使用；

史密斯夫妇拥有位于沃喀莎、被称作“健康女神天然矿泉”的一眼矿泉，也已经将“沃喀莎健康女神天然矿泉”文字组合连同女神图形作为其商标的核心特征使用在饮用水产品的销售上。

现在不能确定两方中何者为在先使用，同时，如果真实看待有关史密斯夫妇现行商标的陈述，那么先于另一方使用的、将“健康女神”在文字组合中使用的行为，对作为商标的“健康女神”文字并不具有排他性。

“健康女神”是否为具有显著性的文字至少是需要讨论的，其结论取决于使用的环境。依据这种观点，也正如合同中所陈述的，“为了避免各自的商标在使用中产生冲突和侵权”，如果合同能够达成并有效保护双方当事人权利，那么基于双方当事人和公众利益最大化考虑,该协议似乎是值得称许的。

合同因此得以签订,其通过清晰准确和明白无误的术语认可及保留了商标的现存形式,并认为各自享有排他权:

(1)第一方只能在蒸馏水以及用蒸馏水制造的碳酸和人造矿泉水、维希水、苏打水、姜味汽水等的生产和销售中使用"健康女神"文字以及女神图形。其不能够在天然矿或者矿泉水上使用"健康女神"或者是将"天然的"或者是"矿泉水"使用在任何标签上以欺骗消费者。

(2)第二方应当在[*441]"沃喀莎健康女神矿泉"文字组合中使用"健康女神"及女神图像,可加或不加"水"字,不论水商品是否是用矿泉水制造的碳酸水或者姜味汽水,其可以将"健康女神"作为一部分使用在产品的装瓶、贴封和销售上。但是女神图像只能在相同的标签上连同"沃喀莎健康女神矿泉"文字组合一起使用,同时,除连同女神图像且如上述以文字组合方式在图章标签等使用外,第二方不得以任何方式单独使用"健康女神"文字,另外他们也不能将该标识使用在任何非矿泉水产品上。

双方订立该合同并非试图转让或许可对商标、商标权或任何文字的使用,而在于固定和明确各自现有的商标(权利范畴)以避免可能产生的混淆和侵权。如果在某个时间第二方单独使用了"健康女神"文字,而不是如合同约定在文字组合中使用,这种使用则应被抛弃、不产生权利及宣告无效。

该协议的运行基础是禁反言,任何一方不得"主张他自己或他曾经供奉的真理为假"。尽管商标权的取得是通过协议约定的后续排他性使用来证明的,但对双方之间和双方之后的主张权利之人,该协议构成了各方采用何者作为商标的基本证据。

尽管合同并未创造商标,但它却是合同目的和构成元素的明确证据。合同条款试图直接实现商标法所欲达到的目的,如在保护公众利益的同时避免商标所有人承担不合理负担,即"只要表明这些商品是另一商人制造,该人则可以销售相同的商品。"参见 McLean

v. Fleming。[1] 这是原告在其诉状中成立合同的观点，但正如被告的抗辩所指出的，本案诉讼的性质并非继续履行，而是行使商标权。

本案中的侵权行为无可争议。被告在其沃喀莎水的标签和广告上单独使用了"健康女神"文字，而未使用合同约定的其他文字组合，因此复制了原告的商业名称。

如果史密斯夫妇构成侵权，根据上述合同的履行状况，原告请求的禁令救济理所当然应予颁发。现在唯一需要考虑的问题是同样的规则可否适用于被告，其于1891年受让了史密斯夫妇的沃喀莎泉以及商标权。

被告声称合同对己无效：(1)因为他是一个善意购买者，他未接收到关于该合同条款的事实或建议性的通知。(2)根据1881年的《商标法》，本合同应在专利局登记，以此才可有效对抗一个不知情的购买者。

这些主张都是站不住脚的。[* **442**] (1)购买行为不具有保护买家对抗卖家权益的地位。只有史密斯夫妇及其受让人已经拥有的商标权才能获得，即在合同签订后的五年，也就是1891年，依据合同约定的条款各自的商标权已经确立。

买家发现其"沃喀莎健康女神矿泉"商业名称处于持续和平的使用状态，同时其发现原告在它的蒸馏水产品上使用"健康女神"。这至少是本合同中应当注意的条款。被告不可主张对"健康女神"文字的垄断，除非其能证明该权利源自史密斯夫妇。没有人能主张比权利来源者更大的权利，且这种权利受到与对抗出卖人同样的权益、抛弃或禁反言规则的制约。

(2)该合同并非《商标法》中可登记的合同，第12条可予适用，除商标权转让外，该条款未规定其他任何法律文件的登记。由于该合同并非商标转让或让与，同时它亦非旨在将归属于一方之利益给予另一方，或者授予任何新的权利，因此该合同不在商标法的范围内。

---

[1] 96 U. S. 245.

(3)因此,原告已经在专利局登记商标的事实,并不要求也不准许合同登记,这种登记不会使合同效力发生变化。已经登记的事项与合同明确和固定的事项具有同等效力。

无论注册与否,商标一旦确立便是有效的,且有权获得保护。如果注册的事实可赋予任何利益,那么这些利益也只具体规定在国会的法案而非存在于普通法规则中。

上诉人进一步提出了它的反对意见,声称被上诉人不应当获得任何救济,因为证据显示,在公司设立之初的一段时间内,双方当事人将商标作为一个企业名称使用,但事实上该公司并不存在,这违反了伊利诺伊州的刑法,《刑法典》第220条规定,“如果任何公司、组织或是个人基于招揽生意的目的提出了宣传标志或是广告,但却虚构了一个事实上并不存在的公司的名字”,那么应当对其罚款。

即使满足了上诉人异议的情况,该法在本案里也无适用余地,因为原告在1885年依据纽约州法律依法成立的事实无可争议,这早于本案合同签订的时间,因而关于事先违法虚构公司的主张超出了本案的调查范围。进一步的理由则是,这些行为并非发生在伊利诺伊州,或者发生在开展商业行为后,因此在纽约州是合法的。本案中完全不存在任何欺诈行为,无论依据当事人提出的制定法还是衡平法,我们都找不到支持反对意见的理由。

Canal Co. v. Clark 案表明:[1]“商标的功能是区别性的指示其所附着的商品来源或是所有人,或者,换句话说,表明谁是生产者。”

“健康女神”文字的本来意义并非指示原告的蒸馏水或是其他任何水或商品。但是,至少在合同签订后,“健康女神”确实可以在市场上用来识别原告的水。因而单独使用的“健康女神”成为原告商品的象征,这种使用在一般市场上也不会与被告的水联系起来,后者使用泉眼及当地名称的组合而逐渐成名。

划界协议中所作的区分是显而易见的,并很好地体现在依据该协议开展的商业实践中。法院有责任保护公众和双方当事人免受

---

〔1〕 13 Wall. 311.

来自不加区分使用这些商业名称所带来的不合理负担和混淆;并且,任何一方的商标均应该能够区分商品来源和权属,被告已经被适当地判定停止侵权,本院维持原审判决。

2. In re E. I. DuPont De Nemours & Corporation [1973]

美国关税与专利上诉法院

针对杜邦公司注册申请的裁定

编号:第 8866 号

日期:1973 年 5 月 3 日[1]

[阅读提示]

本上诉案来自商标审判和上诉委员会第 307711 号裁定,基于会与注册在通用清洁剂上的商标"RALLY"发生混淆的可能性,该裁定拒绝了原告在汽车磨光、上釉、清洁剂混合物上注册"RALLY"商标的申请。关税与专利上诉法院的马克法官认为,注册人在其家庭清洁产品上与申请人在其汽车清洁产品上同时使用"RALLY"商标的行为,不太可能发生混淆,因为各方达成了一份协议,协议将注册人的使用限定于通用清洁市场而将申请人限定于汽车市场。此外,一方的商品可以用于另一方领域的事实全凭猜测,并且太过宽泛以致不能独自构成拒绝申请人申请的依据,特别是在当事人已经合意避免上述交叉使用宣传的情况下。

[1] 476 F. 2d 1357.

首席法官马克：

本上诉案来自商标审判和上诉委员会裁定，[1]基于《蓝能法》第2(d)条规定的混淆可能性并可能与地平线公司在通用清洁剂上的"RALLY"商标FN2混淆的理由，该裁定维持拒绝杜邦公司在汽车磨光、上釉、清洁剂混合物上注册"RALLY"商标FN1的申请。我们决定撤销该裁定。

FN1. 第307711号，1968年9月19日提出申请。

FN2. 第675713号，1959年3月17日核准。

目前所要讨论的申请最初由地平线公司提出。杜邦公司此前在汽车的混合蜡和清洁剂商品上提出了"RALLY"商标FN3的注册申请。考虑到地平线公司的注册，该申请被拒绝。杜邦公司据此上诉，商标审判和上诉委员会维持。FN4

FN3. 第270842号，1967年5月提出。

FN4. 商标审判与上诉委员会的裁定：160 USPQ 830 (1968)。

本案审理过程中，杜邦公司为其汽车产品、本案申请核准的产品以及其商业信誉购买了地平线公司的商标。由于地平线公司保留着通用清洁剂上的"RALLY"商标，双方在当天订立一份协议以避免冲突。商标使用的界限被确定，同时允许产品的销售在他方市场内"偶然性使用"，禁止任何特意为适应该市场而做的促销。杜邦公司的领域为"汽车售后市场"。地平线公司的领域则包括了"商业建筑和家庭市场"。

审查员注意到了该商标转让和划界协议，尽管如此，其依然引用地平线公司的登记而拒绝了杜邦公司的申请，将该争点的裁定认定为是基于委员会先前的裁定。委员会维持了原裁定，并认为：

我们认为，无论双方之间存在何种协议，公共利益都是不能被忽视的。当双方的商品[* **1360**]如本案一般紧密关联，使用相同的商

[1] 166 USPQ 351(1970).

标"RALLY"进行销售很大程度上会造成混淆、误解或欺诈。[1] 申请人不在汽车清洁剂上使用"RALLY"商标的事实无法否定《商标法》第2(d)条规定的混淆可能性。

意见

我们的裁定集中于将第2(d)条适用于本案事实。杜邦公司拥有无可争议的使用权,其主张"注册权紧随使用权",特别是当该权利在其商品上具有排他性,地平线公司已经放弃了在杜邦公司市场使用商标。专利商标局的代理律师否定使用权与注册权之间的广泛联系,并且强调专利商标局的职责在于"保护公共利益"制止混淆。

双方均引用了本院的先前判决。我们因此有了一个很好的机会为涉及适用第2(d)条的案例设立一个可靠的指导。不用说,我们在先前判决中表述的与我们在本案陈述的不一致的概念将在本院不再适用。

相关法规

我们首先对本案适用的《蓝能法》(第22章第15条)进行解读。该法的立法史[FN5]整体上决定了其目的是使注册"更为自由",避免"纯粹的技术禁止和专制条款",将商标法规现代化,"使其适于当今合法的商业惯例"。该法的基本目标远不止于处理大量的注册问题,而是"对商标进行保护,确保所有者的商业信誉,保护公众制止伪造的和虚假标注的货品"。因此,我们认为,在《蓝能法》之前作出的裁定[FN6]在本案是不适用的。

FN5. S. Rep. No. 1333, 79th Cong., 2d Sess. (1946) in U. S. Code Cong. Service, 79th Cong., 2d Sess. at 1274 - 1278

---

〔1〕 In re Avedis Zildjian Co., 157 U. S. p. 2517 [394 F. 2d 860, 55 CCPA 1126] (CCPA, 1968); and In re Continental Baking Company, 156 U. S. p. 2514 [390 F. 2d 747, 55 CCPA 967] (CCPA, 1968).

(1946).

FN6. Skookum Packers Association v. Pacific Northwest Canning Co., 45 F. 2d 912, 18 CCPA 792 (1930); Van Camp Sea Food Co., Inc. v. Westgate Sea Products Co., 48 F. 2d 950, 18 CCPA 1311 (1931); Jacob Ries Bottling Works, Inc. v. The Coca - Cola Co., 138 F. 2d 56, 31 CCPA 706 (1943).

第2条[1]相关部分规定:

凡可用以区别申请人物品与他人物品的商标都不应因其性质被拒绝在商标登记簿上予以注册,但有下列情形之一者除外:……

(d)包含与他人已在专利商标局注册的某一标志十分相似的标志,或者是他人在美国已经在先使用并且尚未放弃的某一标志或商号,且申请人在物品上的使用有可能引起混淆、误解或欺骗……

根据法规,当确信申请人和在先使用人在其各自商品的同时使用可能造成混淆时,审查员应拒绝注册。

第2条中的"因其性质"显然适用于第2(d)条中的"相似"要素。但混淆的问题无关商标的性质,而在于"当适用于申请人的商品时"所造成的影响。唯一相关的适用应在市场中进行。"当适用于"一词[* **1361**]并不特指抽象层面,而是适用于所有已知的关于商标使用的情况。

决定过程

消费者混淆可能性的终极问题被认为是事实问题。[2] 当解释一个复杂的问题或法律时,必然要从证据中得出证明事实。一如之前提到的,每个案件必须根据其自身证据决定。并不存在可以适用于所有案件的事先指导规定。

当根据第2(d)条检验混淆可能性时,案中的以下要素必须予以

---

[1] 15 U.S.C. § 1052。

[2] Coca-Cola Company v. Snow Crest Beverages, Inc., 162 F. 2d 280 (1st Cir. 1947), cert. den. 332 U.S. 809, 68 S. Ct. 110, 92 L. Ed. 386 (1947).

考虑:

(1)根据外观、声音、含义和商业印象从整体考虑商标的相同点或不同点。

(2)申请、注册或在先使用的商标所指称的商品或服务的相同点或不同点及性质。

(3)已建立并将极可能存续的贸易渠道的相同点或相异点。

(4)销售的条件和对象,如"冲动的"对应于仔细的、老到的购物行为。

(5)在先使用的商标声誉(销售、广告、使用的时长)。

(6)在类似商品上使用相似商标的数量和性质。

(7)任何实际混淆的性质和范围。

(8)缺乏实际混淆证据的共存使用的期间长短和条件。

(9)商标被使用或未被使用的商品种类(公司专用商标,"家用"商标,产品商标)。

(10)申请人和在先商标所有人的市场交叉处。

(a)仅仅是注册或使用的"同意"。

(b)为排除混淆而设计的协议条款,如对于各方商标存续使用的限制。

(c)商标的转让、相关营业的申请、注册和商誉。

(d)可归于先前商标所有人和缺乏混淆表征的迟延和禁反言。

(11)申请人有权排除他人在其商品上使用商标的范围。

(12)潜在混淆的范围,如是否微量或实质。

(13)任何其他推断使用效果的确定事实。

当专利商标局遵循上述过程时FN7即不违背第2(d)条所规定的职责,也不构成滥用法律。证据产生的唯一地点是混淆发生处,即市场,所要考虑的因素与谁决策无关而是决策的过程。

FN7. 参见史密斯法官在 In re Continental Baking Co. 一案判决[1]中列出的附件 A.

---

〔1〕 390 F. 2d 747 at 753,55 CCPA 967 at 976.

所需的调查，尽管更全面，但与专利商标局规则 2.41 要求申请人具体提交的证据并无不同，包括来自行业或公众的、倾向于表明该商标不仅仅是描述性、能区别商品的信件。

上文的证据要素并未按重要性的次序列出。每一个证据都可能[* **1362**]在个案中起到主导作用。在 Schenley Distillers, Inc. v. General Cigar Co., Inc. 案[1]和 McKesson & Robbins, Inc. v. P. Lorillard Co. 案[2]中，从要素(9)得出以下结论：当相同的商标使用于饮料和烟草商品时混淆不大可能发生。在 John Walker & Sons, Limited v. Tampa Cigar Company, Inc. 案[3]中，当相同商标用于饮料和烟草时，要素(5)使混淆成为可能。还可参见 Carling Brewing Company, Inc. v. Phillip Morris, Inc. 案[4]和 Geo. A. Dickel Co. v. Stephano Brothers 案[5]，涉及饮料和烟草。

我们在法律法规或其他地方均未发现依据使我们可忽略任何显示混淆可能性问题的证据。理性人会在特定的案件中对具体的证据要素赋予不同的重要性。在一个案件中某一证据表明混淆不大可能发生，在另一个中就可能不是。无论哪种情形，在“公众利益中”引入宽泛的准则或参考毫无帮助或毫无必要，这些准则或参考对于决策的作出毫无助益。只有事实才能起到这一作用。每个案件均取决于混淆的可能性，审查员、委员会和本院有责任考虑所有证据去查明混淆是否可能产生。这一认定终结决策过程。

判决

适用上述标准并对整案材料进行了彻底审查之后，我们确信混淆不可能存在。本案的划界协议和转让不仅仅构成“同意”，而且在本案中起到了主导作用。

---

〔1〕 427 F. 2d 783, 57 CCPA 1213 (1970).

〔2〕 120 USPQ 306 (TTAB 1959).

〔3〕 124 F. Supp. 254 (S. D. Fla. 1954), aff'd, 222 F. 2d 460 (5th Cir. 1955).

〔4〕 277 F. Supp. 326 (N. D. Ga. 1967).

〔5〕 155 USPQ 744 (TTAB 1967).

杜邦公司的原始申请材料,像其他多数申请人一样,仅仅包括了申请文件、样本、参考商标和商品说明书。审查员基于这些材料作出的判断必然带有主观和猜测。唯一的事实是相同的商标被使用于"相关"商品。混淆可能发生,注册被拒绝。

然而,在我们看来,审查员未对所有证据进行适当考虑即拒绝注册。审查员认为,先例已经回答了本案争点,并且指称"公众利益",就像已经确立了混淆可能性一样。委员会同样援引公众利益,认为"无论任何协议",混淆都可能发生。

此前有观点认为,协议证据可消除"疑问",〔1〕或者,当问题"存在争议"时,协议可能有所帮助,〔2〕但仅存在两种现实可能性。一种是不存在可能混淆的表征,在这种情况下注册被及时核准,另一种则是有迹象表明混淆可能存在。在后一种案件中,必须对问题进行持续讨论(即"存在争议")直到上文列出的任何或所有因素均经审查和研究,最终的裁定将以整案材料为基础作出。

在考虑协议时,单纯的"同意"可能无足轻重。在无其他更多约定时,同意者可能持续或扩张其使用。该同意可能基于对法律的无知或误解。事实表明,"同意"仅在确实无任何实际混淆可能性时才能存在。

应当实质性地关注本案协议的细节。声誉好的且拥有有价值商标的商人对于引起公众混淆毫无兴趣,这一点结论可安全得出并作为一个基础。自由竞争机制的核心在于尽可能平衡企业家和消费公众之间的利益。除有利于他人之外,[* **1363**] 作为市场的生存之道,获取和维护客户、商标的目的和功能、避免和排除混淆正是商人的货币利益所在。每天都有成千上万的广告费花在这个目的上。商标诉讼的历史以及商标法的核心部分可以表明商人在制止混淆问题上的警觉。通过这样,他维护了自己以及公共利益。

因此当那些对市场使用最为熟悉与对排除混淆最感兴趣的人达成协议试图去避免混淆时,证据的天平显然倾斜了。至少当那些最

〔1〕 161 USPQ 366 (TTAB 1969).

〔2〕 161 USPQ 58 (TTAB 1969).

为关切的人说不存在混淆，而我们却主观性地认为存在混淆，这是非常困难的。简单地假定混淆可能存在，难敌从生命线上得出的关于无混淆的不可争议的证据。

此处各方实际上同意将各自的使用领域分别限定在通用清洁市场(地平线公司)和汽车市场(杜邦公司)。地平线公司如果在其清洁汽车市场促销 RALLY 商品，就会因为违反合同和侵权而被起诉。杜邦公司如果宣传其用于通用清洁市场的 RALLY 商品，也会被起诉。一方商品"可以被使用"在另一方领域的事实太过广泛存在以至于不能独自构成裁定的依据，特别是在此处当事人已经合意避免上述交叉使用宣传的情况下。

单纯强调在多个市场销售的事实可能不会在每个案件中都排除混淆。当缺乏更多的证据时，活跃于双方市场并且熟知特定商标商品的买方很可能将同一商标下紧密联系的商品归于相同来源。然而，此处的协议尽管存在着一些相反的解释，但是整体上看来混淆的证据不可能存在。当我们阅读它们时，现有协议的真正的意图和目的是避免公众混淆。根据协议的第 6 款，当事人同意"采取任何进一步的措施并且制定任何进一步的协议以贯彻该协议的精神和意图"。在 In re Beatrice Foods[1] 案关于共同使用的诉讼中本院倾向认为：

就缺乏混淆、误解或欺诈可能性而言，不会再有比当事人关于避免任何可能导致这种混淆的承诺更好的证据了。

我们可非常合理地得出：经验丰富的商人完全且持续性地关注对方产品、标记、商业渠道以及广告，我们面前的协议当事人将迅速应对制止混淆。我们难以相信，只要双方想一想消费者对产品来源存在严重混淆时，地平线公司还会出售其汽车营业、转让其商标并达成本协议，或者杜邦公司还会接受并支付这种转让的对价及达成本协议。财产已经危在旦夕。那些如果发生错误就意味着损失的人的决定比审查者和法官的裁定更可靠。

---

〔1〕 429 F. 2d 466, 57 CCPA 1302 (1970).

因此,我们毫不犹豫地认为,基于本案事实,地平线公司与杜邦公司按协议在各自产品上使用 RALLY 商标的共同使用行为不可能产生混淆。

由上所述可以看出,本案和此前案件关于使用权效力和保护公众利益制止混淆需要的主张,未能提供第 2(d)条下判定混淆可能性的充分指导。

[* **1364**]使用权——注册的权利

像"注册权紧随使用权"的 判决原则,有时候被理解为"反映市场的现实",应注意到其适用的非普遍性与第 2(d)条的存在。正如这一原则在 In re National Distillers Products Co. 案[1] 和 Ultra-White Company, Inc. v. Johnson Chemical Industries, Inc. 案的异议意见中,[2] 以及在 In re Avedis Zildjian Co. 案[3] 和 In re Continental Baking Co. 案中,[4] 这一原则以及被作为一个目标且"尽可能接近"一词必须读入其中。显然,使用权并不是混淆的权利。使用和注册的权利是不一样的。参见 Alfred Dunhill of London, Inc. v. Dunhill Tailored Clothes, Inc.。[5] 许多商标,包括第 2(a)、(b)、(c)条中纯描述性词语以及其他法律下(规则 2.69)缺陷标签上的商标,都可以被使用但不能被注册。

尽管单纯的使用权不能总是产生注册的权利,就如我们之前所说的,《蓝能法》旨在使注册和使用尽可能同步。《蓝能法》实施后关于第 2(d)条在使用权和注册权之间形成了一道屏障的意见未对法律的稳定作出贡献。视这些权利为完全分离的整体,只能使尊重混淆的"专制条款"永久化,而国会认为这早在二十五年前就应该消除。

---

〔1〕 297 F. 2d 941, 49 CCPA 854 (1962).

〔2〕 465 F. 2d 891, 59 CCPA – (1972).

〔3〕 394 F. 2d 860, 55 CCPA 1126 (1968).

〔4〕 390 F. 2d 747, 55 CCPA 967 (1968).

〔5〕 293 F. 2d 685, 49 CCPA 730 (1961), cert. den., 369 U. S. 864, 82 S. Ct. 1030, 8 L. Ed. 2d 84 (1962).

公众利益

无论是否回应了关于使用权的争议或反对上文所列的证据考量，引用“公众利益”作为拒绝注册的基础是无病呻吟。FN8 我们无需补充任何观点以打击 National Distillers 案中协同意见以及在 Ultra-White 案、Zildjian 案和 Continental Baking 案中异议意见中的陈腔滥调。论者和学者们在那些公开的意见中已经阐述如下概念的缺陷，即专利商标局拒绝注册的行为乃对制止混淆的公共利益之维护。在查明存在混淆可能性后（本案情形即为如此），公共利益的援引实无必要。

FN8. 当然我们意识到，我们的一部分责任是要鼓励这种恰到好处的诉求。In re Contimental Baking Co. .

专利商标局确属第 2(d) 条的监护人。但它的作用却不体现在消极地、天真地拒绝注册本身，而在于通过给予注册保护商标以及拒绝之后不合适的注册相同或相似商标行为。拒绝注册本身不能防止混淆。至多，其可能打击进一步使用行为。FN9 拒绝注册在特定情形下，会鼓励潜在的混淆。例如，拒绝注册 RALLY 商标将导致他人在汽车清洁剂上使用相同或相似商标。同意注册反倒不会产生混淆。纯粹的使用是可行的，无论本院还是专利商标局均不能授予或否决使用的权利。

FN9 被驳回的申请人可能选择抛弃使用，这样会减少潜在的混淆，但这也只是申请人的选择。参见 Glenwood Laboratories, Inc. v. American Home Products Corp.,[1] 455 F. 2d 1384, 59 CCPA -(1972)。

专利商标局和本院所做的均推定为在公共利益范围内。我们未找到在第 2(d) 条下以“维护公共利益”为由拒绝注册的空间。

[* **1365**] 结论

我们在上文“决定过程”标题下所说的，本院和其他法院以及专

〔1〕 455 F. 2d 1384, 59 CCPA -(1972).

利商标局过去时不时在效果上或部分遵循的,以及消除使用权与公共利益的相关考虑,我们相信,必将导致注册与市场使用现实之间的一致及《蓝能法》所追求的更大的稳定。

裁定撤销。

巴尔德维尼法官持有异议。

3. T & T Manufacturing Company v. A. T. Cross Company [1978]

[阅读提示]

本案涉及解决商标纠纷的和解协议是否应当执行的问题。上诉法院肯定了地区法院的观点，即本和解协议应受合同法总则制约，其实质上就是一个免予诉讼的合同，因而被告有权利主张协议中的权利来作为对柯若思公司反诉时的抗辩。同时，上诉法院讨论了执行和解协议时的公共政策因素。为确定执行和解协议是否将对公共利益造成严重损害，上诉法院同意地区法院检验公众混淆程度或范围的进路。

（基于服务本书主题的需要，作者从本判决书的第 537 页开始翻译。）

美国联邦第一巡回上诉法院

T&T 制造公司(原审原告)
乔纳森·布拉德利·彭公司(原审第三人)
奎尔公司(原审第三人)
被上诉人
诉
A. T. 柯若思公司(原审被告,上诉人)
编号:78 - 1206
判决日期:1978 年 11 月 29 日[1]

本上诉案来自商标审理与上诉委员会维持拒绝商标注册申请的决定。美国联邦地区法院罗德岛地区法院的首席法官雷蒙 J. 佩廷(Raymond J. Pettine)认为,禁止申请人根据其与在先被控侵权人之间的和解协议提起侵权之诉,该和解协议之后被转让给本案异议人。在上诉中,上诉法院指定的孔奇希法官(Kunzig, J.)认为:(1)和解协议并非商标转让协议,即使一方制造和销售特定书写工具,该协议只是授予了一个免予诉讼的合同权以及在营业转让中将合同利益让与继受人的权利,该协议受合同法总则制约,而并不适用包含了抛弃和不使用规则的商标法。(2)当对公众造成严重损害的混淆可能性微弱时,该协议也可以作为受让人的合法抗辩理由。

维持。

[* **537**]仅仅是诉讼豁免的条款,因此任何关于商标权或放弃商标的争论都无关紧要。而且,第二奎尔公司认为,混淆可能性并不是执行该和解协议的必要条件,关于政策的其他考量才表明该协议应对柯若思公司执行。

---

[1] T & T Manufacturing Company, Plaintiff, Jonathan Bradley Pens, Inc., Intervenor, The Quill Company, Inc., Second Intervenor, Appellee, v. A. T. CROSS COMPANY, Defendant, Appellant. No. 78 - 1206. Decided Nov. 29, 1978. (587 F. 2d 533, 201 U. S. P. Q. 561).

我们赞成第二奎尔公司的意见。

本案的关键问题在于该协议是否受到商标法以及商标放弃和不使用规则的制约,或者是否应在这些标准下执行该协议?

柯若思公司主张,原始拥有人对商标的放弃和不使用行为将会使该商标无法后继转让。

然而,柯若思公司的观点没能对最核心的问题作出回答,那就是第一奎尔公司是否在和解协议中获取了柯若思公司的商标权利。我们同意首席法官佩廷的观点,那就是柯若思公司与第一奎尔公司签订和解协议是因为其选择不去对其商标的合法性进行测验并进而与第一奎尔公司就本案达成和解。柯若思公司并没有转移任何的营业或商誉。协议签订时,商标并没有被放弃,在协议中,商标权也并没有发生转让。因此,第一奎尔公司没有获取任何商标权利。第一奎尔公司所获取的是,即使生产销售了这种特定的书写工具也能避免被起诉的合同权利以及在营业转让中将合同利益让与继受人的权利。[1]

此外,我们注意到,和解协议以及第一奎尔公司与T&T公司、T&T公司与第二奎尔公司之间的转让协议中均未向第一奎尔公司提到钢笔顶端是一个商标。因此,虽然这些额外的事情不具有决定性,但是能够使地区法院得出一个结论:和解协议不是一个商标转让合同,只是一个获得诉讼豁免的合同权利。而且,协议中没有时间的限制,也没有任何迹象表明协议的有效性取决于第一奎尔公司保持某种业务活动的特定水准。

基于上述内容,我们认为:本和解协议应受《合同法》总则制约,其实质上就是一个免予诉讼的合同,因此,包括商标放弃和不使用规则的商标法不得适用。根据罗德岛地区的法律,当事人的行为使其具有决定性,在和解协议下获得的利益可以自由地被转让给第一奎尔公司的继受人。[2] 因此,由于协议可以被转让,第二奎尔公司

〔1〕 449 F. Supp. 813, 825 (D. R. I. 1978).

〔2〕 486, 62 A. 2d 649 (1945); 26 R. I. 388, 59 A. 77 (1904), Rehearing denied, 26 R. I. 436, 59 A. 111 (1904).

作为第一奎尔公司的实际受让人,有权利主张协议中的权利来作为对柯若思公司反诉时的抗辩。

现在仍需讨论关于柯若思公司的主要主张,即基于公共政策的原因,不应执行和解协议。柯若思公司辩称,一个解决商标纠纷的协议应予执行,但如下情形除外,即如果这个协议有可能引起公众对各自产品的混淆,那么这个协议就不应该被执行。

起初,我们注意到,处理商标问题的案例法和制定法[FN2]都与公共利益的保护紧密相关。就像本院在 General Baking 案[1]中阐述的那样:

> FN2. 处理商标问题的主要制定法——《蓝能法》[2],其立法目的在于"保护商标及所有人在营业中的信誉以及保护公众免遭假冒和伪造商品的侵害"。S. Rep. No. 1333, 79th Cong., 2d Sess. (1946) in U. S. Code Cong. Service, 79th Cong., 2d Sess. At 1274 – 1278 (1946).

我们不应该忽视,公共利益影响着商标以及不正当竞争案件。保护一个交易者的信誉,不仅仅为保护其商业利润,而且为了确保公众在实际上想买 B 商品时,不被误导去购买 A 商品。Id. at 893.

基于此,柯若思公司主张由于地区法院认为第二奎尔公司产品与柯若思公司产品之间存在混淆可能,所以,允许第二奎尔公司制造和销售这种产品的和解协议就不能予以执行。

我们不能同意 Cross 的观点,即仅仅因为地区法院认定混淆可能性的存在,就不能根据和解协议条款予以执行。当然,为确定执行和解协议是否将对公共利益造成严重损害,我们同意地区法院检验公众混淆程度或范围的进路。此外,还需考量其他对合同法至关重要的、使有意于订立合同款条的人们去信守的事项,最为显著的是公共政策。这些因素必须在解决这个和解协议的效力问题时加以考量。

---

〔1〕 3 F. 2d 891 (1st Cir. 1925).

〔2〕 15 U. S. C. s 1051.

法院在判决时有这样的传统:在类似本案的商标纠纷中,法院会更倾向于支持公众利益而不是合同执行力。例如 Beer Nut 案。[1] 在 Beer Nut 案中,法院得出了这样的结论:一方当事人不得提出某商标为描述性商标的异议,因为它已经在合同中失去了这种抗辩。通过该判决,法院平衡了"防止通用词汇枯竭"的利益与"信守承诺"的合同利益。[2]

类似地,在 peyrat 案[3]中,法院审理了这样一份合同:允许以与被告在葡萄酒上使用的相同商标进口白兰地酒。其中法院指出:商标争议的各方可以基于任何合法目的签订合同。只要该合同没有造成公众损害,基于合法目的所签订的条款就是有效的并且是可执行的。[4] 法院同时指出,产品来源混淆是应予制止的公共损害,任何由不同产品流通商业渠道导致的混淆可能性的,应被严厉禁止。

在本案中,地区法院根据先例的精神,基于第二奎尔公司与柯若思公司产品之间的混淆,正确地评估了合同执行与公众利益损害之间的竞争利益。

我们注意到,在本案中既没有任何关于第一奎尔公司的产品比柯若思公司产品更为低劣的主张,也没有任何关于和解协议的签订目的是有意欺骗社会公众的主张。而且,和解协议特别同意生产那些使奎尔标志成为具有区别性标识的钢笔。根据上述情况,地区法院发现,非常明显,该案中的产生的损害公众利益的混淆可能性是不明显的。FN3

FN3. 有趣的是,在审判中,没有提交任何关于部分买受人或其他消费者产生实际混淆的证据。

确定是否符合公众利益是法院面临的艰难而模糊的任务。

---

〔1〕 477 F. 2d 326,328 –29 (6th Cir. 1973),Cert. denied 414 U. S. 858,94 S. Ct. 66,38 L. Ed. 2d 108,Rehearing denied,414 U. S. 1033,94 S. Ct. 465,38 L. Ed. 2d 326 (1973).

〔2〕 Id,at 329.

〔3〕 247 F. Supp. 1009 (S. D. N. Y. 1965).

〔4〕 Id,at 1014.

4. The Clorox Company v. Sterling Winthrop, Inc. and Reckitt & Colman, Inc. [1997]

[阅读提示]

本案的争议焦点在于原被告之间的1987年协议是否违反了《谢尔曼法》第1条的规定。法院认为,在缔结协议时缔约方处在一个最佳的位置,能够决定哪些保护是必需的以及以何种方式解决他们之间因早先的商标协议所产生的争端。虽然缔约方的意图并不总是具有决定性,但是法院对这些决定进行二次猜测是不明智的。在没有相反证据的情况下,可合理推定这些正常交易具有促进竞争的效果。因此法院认定1987年的协议没有违反《反托拉斯法》,它只不过是精明的商人谈判的产物。同时驳回原告关于1987年协议具有加大被告在各种消毒剂市场的垄断的诉请。

美国联邦第二巡回上诉法院

克罗拉克丝公司(原审原告、反诉被告、上诉人)

诉

史特林·温斯洛普公司;霍吉特 & 科尔曼公司

(原审被告、被上诉人)

案卷编号:96 -9030 第1041号

判决日期:1997年6月26日[1]

帕克,巡回法院法官:

克罗拉克丝公司(简称为"克罗拉克丝")对美国联邦地区法院纽约东部地区法院曼纽尔·里尔法官根据《谢尔曼法》第1条和第2条[2]作出的克罗拉克丝公司诉史特林·温斯洛普公司(简称为"史特林")、霍吉特&科尔曼公司(简称为"霍吉特")反托拉斯的即决判决提出了上诉。克罗拉克丝公司最近收购了PINE-SOL商标,其对和解协议提出异议,该协议由与其有利益关系的前身——美国赛纳米德公司(简称为赛纳米德)与史特林公司在1987年达成(即1987协议),史特林是LYSOL商标的前任所有者。该协议是由缔约方的前身在1967年达成的协议(即1967协议)的基础上经过修订后产生的。每个协议都可以追溯到1950年以来PINE-SOL和LYSOL商标所有者之间的商标纠纷。1987年的协议包含了详细的条款规制PINE-SOL消毒产品可能的广告和包装方式,限制可能销售的PINE-SOL消毒产品的类型。克罗拉克丝公司认为1987年的协议非法限制了竞争,因为它并非基于合法的商标目的、不存在消费者对LYSOL和PINE-SOL商标的混淆可能,而且它限制了克罗拉克丝公司使用知名度高的PINE-SOL商标进入由LYSOL商标产品

[1] The Clorox Company, Plaintiff-Counter-Defendant-Appellant, v. Sterling Winthrop, INC.; Reckitt & Colman, Inc., Defendants-Appellees. No. 1041, Docket 96-9030. Decided June 26, 1997. 117 F. 3d 50.

[2] 15 U. S. C. § § 1 and 2.

控制的清洁市场。我们认为,因为1987年的协议无可争议地只限制了一个竞争商标可能的使用方式,并没有显著的影响其他竞争者竞争的能力,它没有违反《反托拉斯法》。因此,我们维持了地区法院的判决。

背景

A. 缔约方和它们的产品

即决判决中记录的不争事实如下。克罗拉克丝生产并且销售家用的消毒清洁产品,包括1990年从赛纳米德公司收购的PINE-SOL商标的产品。PINE-SOL是最古老且最畅销的松树油清洁产品,该商标从1945年开始使用至今,或许更早从1929年即已开始使用。自1957年以来它已在联邦注册。现在,PINE-SOL商标出现在各种松树油清洁剂中,包括原始的瓶装液体产品、PINE-SOL喷雾泵以及更多近来的创新产品,如柠檬清新PINE-SOL。克罗拉克丝标榜PINE-SOL是美国第一的松树清洁剂。

克罗拉克丝是世界上最大的清洁产品生产商之一。除了PINE-SOL商标,它还生产很多具有知名商标的漂白剂和清洁剂,包括CLOROX CLEAN-UP、FORMULA 409、SOFT SCRUB、TILEX、LESTOIL和TACKLE以及其他商标。克罗拉克丝的液体清洁产品——PINE-SOL和CLOROX CLEAN-UP——是在市场上排名前两位的可稀释清洁产品。总体而言,截至1996年6月,克罗拉克丝享有全功能家庭用途清洁产品市场份额的37%。史特林在1966年收购了LYSOL商标。霍吉特在1994年购买了史特林的资产,包括LYSOL的生产线。截至1996年6月,对比克罗拉克丝37%的市场份额,霍吉特享有全功能家庭用途清洁产品市场份额的接近15%。

LYSOL商标比PINE-SOL商标早了几十年出现在市场上。LYSOL商标自1906年以来已被联邦注册为消毒剂产品的商标,自20世纪20年代以来一般被作为清洁产品的商标。LYSOL是著名的喷雾消毒剂。LYSOL的名字也用来标识其他的一些产品包括液体消毒剂,LYSOL PINE ACTION……松树清洁剂;LYSOL DIRECT……多用途喷雾清洁剂；LYSOL BASIN、TUB、AND TILE CLEANER；LYSOL 和 LYSOL CLING……马桶清洁剂，以及其他一些产品。LYSOL 这个名字几乎已经成为家庭消毒剂的代名词。LYSOL 喷雾消毒剂有自己的一系列产品，由此只有小的品牌产品与其竞争。

B. 争端的历史

LYSOL 和 PINE-SOL 标志没有和平地共存过。自20世纪40年代 PINE-SOL 标志所有者寻求向美国专利局注册其商标以来，这两个商标的所有者就一直争端不断。[FN1] 当 PINE-SOL 产品的生产商最初试图注册 PINE-SOL 标志时，LYSOL 标志的所有者对该项注册提出异议。美国专利局首席审查员拒绝了 PINE-SOL 的商标申请，因为该审查员认为 PINE-SOL 和 LYSOL 标志之间存在混淆性相似。当时，PINE-SOL 以一个单词出现，类似于 LYSOL。审查员的理由是"pine"可以模糊为"pi"，"Pi-Sol"因此会与"LYSOL"产生混淆。参见 Lehn & Fink Prods. Corp. v. Magnolia Chem. Co.。[1]

FN1. 关于该案的第一个地区法院判决仔细审查了 LYSOL 和 PINE-SOL 这两个标志争端的背景，以及由两个标志的所有者达成的协议。参见 Clorox Co. v. Winthrop。[2]

尽管审查员作出了决定，PINE-SOL 标志的所有者仍然继续使用它。史特林的前身为了保护其资深的 LYSOL 标志提出了诉讼。1956 年，为了解决诉讼，史特林和克罗拉克丝的前身达成了和解协议（即 1956 协议）。在 1956 年的协议中，PINE-SOL 的所有者同意只在包含了松树油活性成分的制剂中使用该标志，在包装标签上使用标志时加上松树或者常绿乔木的画像并保持"PINE"和"SOL"两个单词分开。1956 协议同意注册 PINE-SOL 商标用于主要含有松树油的一般家用清洁剂或者松树油清洁剂、消毒剂和除臭剂。这一协议明确保留了 PINE-SOL 商标所有者在可稀释液体清洁剂产品之外的其他产品上使用该商标的权利，可稀释液体清洁产品是注册程序

[1] 95 U. S. P. Q. (BNA) 57,58 (Oct. 2,1952).

[2] 836 F. Supp. 983 (E. D. N. Y. 1993).

的争议标的。

1965 年,争论再次爆发。LYSOL 商标的所有者起诉了塞纳米德公司,自从购买了 PINE-SOL 商标,赛纳米德将 PINE-SOL 商标引入到了 LYSOL 商标产品中的核心——喷雾消毒剂。LYSOL 的所有者也反对赛纳米德试图将 PINE-SOL 标志注册为墙壁和地面清洁剂的商标申请。缔约方在 1967 年的协议中解决了他们之间的分歧,其条款取代了 1956 协议。

1967 协议禁止 PINE-SOL 标志用于任何消毒剂产品,包括完全或部分作为消毒剂或者作为拥有或含有消毒剂的任何产品的许诺销售、销售或者推广。作为回报,1967 协议授权赛纳米德以 PINE-SOL 的名义推广各个种类的清洁产品,包括肥皂或洗涤剂、洗衣制剂、硬质或软质表面的磨光产品或者除臭剂。它同时允许赛纳米德以 PINE-SOL 的名义推广农用杀菌剂、杀虫剂、杀鼠剂。1967 协议约定赛纳米德可以在主要具有消毒性能的液体清洁剂上继续推广 PINE-SOL 商标,但是同样受到 1956 年协议的限制。赛纳米德同意中止生产作为 1965 年诉讼标的的 PINE-SOL 喷雾消毒剂。

将近二十年之后的 1983 年,争端再次发生。赛纳米德起诉史特林销售瓶装名为 LYSOL PINE ACTION 的产品,该产品的瓶装类似于 PINE-SOL 使用的瓶装类型。赛纳米德认为 1967 协议中包含了一项消极承诺,即禁止史特林在松树油产品种类中推广 LYSOL。赛纳米德还声称史特林的行为构成了不正当竞争和商业形象侵权。

几年之后,在 1983 年的诉讼仍然悬而未决时,赛纳米德试图以 PINE-SOL 的名义销售非喷雾消毒剂。导致史特林在 1987 年起诉了赛纳米德。史特林和赛纳米德在 1987 年协议中解决了彼此的诉讼。1987 协议用重要的方式修正了 1967 协议的条款。赛纳米德获得了销售多功能家用喷雾消毒剂的权利。[*54]但是,赛纳米德接受了很多条件才从史特林处取得有限的同意。包括如下条件,这些条件现在被克罗拉克丝定性为 1987 年协议中最具反竞争性的条款。

限制以 PINE-SOL 标志销售消毒产品:只有基本的液态清洁剂和喷雾可以用此标志进行部分消毒剂销售。该产品的限制只允许

PINE-SOL 的这两种产品以一种形式、气味或者配方在相同的时间、单一的地理区域内销售。该条款允许克罗拉克丝以其他商标销售其他消毒产品时将 PINE-SOL 标志作为批注，但受到大小以及放置区位的限制。

要求原先的 PINE-SOL 产品主要以清洁剂产品出售、广告和推广而非主要作为消毒剂产品销售。这包括规定清洗或清洁字眼放在消毒剂或消毒字眼的前面，同时清洗或清洁字眼应更加突出。

防止 PINE-SOL 产品被作为通用清洁剂之外的任何产品销售，同样不得作为特殊用途的清洁剂如浴室清洁剂销售。

作为允许赛纳米德销售消毒液喷雾的回报，史特林获得了赛纳米德的准许销售 LYSOL PINE ACTION CLEANER 的承诺。

克罗拉克丝在 1990 年购买了 PINE-SOL 资产，受到 1987 年协议的约束。

C. 诉讼程序如下

尽管我们不敢说本次诉讼是最后的，但却是最近的 LYSOL 和 PINE-SOL 商标所有者之间正在进行的争端程序。克罗拉克丝在得知史特林获得了新泽西州法院颁布的禁止克罗拉克丝进行一种 PINE-SOL 商品电视广告促销的临时禁令后，于 1992 年 1 月提出本案诉讼。克罗拉克丝认为禁止其强调 PINE-SOL 消毒性能违反了 1987 协议中的广告限制。

克罗拉克丝提起这一诉讼，声称 1987 年协议不存在正当的商标目的，因为不存在消费者混淆 LYSOL 和 PINE-SOL 商标的可能性。克罗拉克丝主张，通过限制其使用 PINE-SOL 商标进行竞争的方式，此协议违反了《谢尔曼法》第 1 条关于限制贸易的不合法协议中的禁止内容。[1] 克罗拉克丝同时声称，该协议违反了《谢尔曼法》第 2 条，因为该协议被史特林、现在的霍吉特非法用于延续在某些清洁消毒市场上的垄断。参见《谢尔曼法》。[2] 根据克罗拉克丝的陈述，引进新家用清洁产品存在广告成本和高度风险的障碍，这要求

---

〔1〕 15 U.S.C. § 1.

〔2〕 § 2.

准许克罗拉克丝使用已经具有知名度的 PINE-SOL 标志来与在市场上占据主导地位的霍吉特 LYSOL 产品形成有效的竞争。

在本案进入发现程序之前,史特林提出了即决判决的动议。最初承办本案的雷蒙德·戴丽尔法官否决了这一动议,裁定"以反竞争目的滥用商标的行为违反了《反托拉斯法》",且发现"协议中的多条限制条款超出了保护 LYSOL 商标的必要"。[1] 戴丽尔法官认为有必要进入进一步的发现程序。[2]

因此,1994 年开始本案进入发现程序。到 1995 年缔约方互相交换了超过 100 万张的文件。在 1995 年 8 月 7 日,曼纽尔里尔法官从戴丽尔法官处接手了这一案件,责令当事人在两天通知期内提出即决判决的动议。FN2 被告史特林和霍吉特在两天之后提出了即决判决的动议。克罗拉克丝反对切断发现程序,声称它还没有被提供机会进行供词。作为回应,法官里尔准许克罗拉克丝直到 9 月提交增加的理由书和书面证词以支持其反对被告动议的立场。

FN2. 里尔法官是加利福尼亚中央区的一名法官,作为纽约东区的一名访问法官被指定参与这一案件。

1996 年 6 月,里尔法官批准了动议,理由是克罗拉克丝已经表明对 PINE-SOL 市场没有竞争的限制;不存在价格操纵,没有地域或产品的市场分割,没有集体抵制,或协同拒绝与某一竞争者交易。他得出结论,这一和解协议源于合法的商标问题,且各方一致表达了保护使用 LYSOL 商标和 PINE-SOL 商标的意图。Clorox Co. v. Sterling Winthrop, Inc.,[3] 克罗拉克丝提出了上诉。

讨论

上诉中,克罗拉克丝主张,赛纳米德和史特林签署的 1987 年协议并非基于有效的商标目的,因此它是限制贸易的不合法协议。克

---

〔1〕 836 F. Supp. at 991,992.

〔2〕 Id. at 992.

〔3〕 932 F. Supp. 469,471 (E. D. N. Y. 1996).

罗拉克丝还进一步声明1987协议不合法地延续了霍吉特LYSOL在某些被诉的消毒清洁产品市场的垄断。我们将逐次审查并拒绝上述主张。

A. 即决判决的标准

这一上诉源于即决判决的批准,因此我们必须审查最有利于非动议方——克罗拉克丝的潜在证据。参见 Capital Imaging Assocs, P. C. v. Mohawk Valley Med. Assocs., Inc.,[1] 正如我们在 Capital Imaging 一案中所指出的,即决判决在反托拉斯案件中是一个重要的程序工具,因为它能够使法院高效地解决本来费时又昂贵的诉讼,这可以冷却相互竞争的力量。[2] 我们必须确定是否存在需要审判的真正的事实问题,这就要求反对即决判决的一方提出更多实质性的问题而非仅仅是对事实材料提出一些抽象的疑惑。[3] 正如我们已解释过的,在反托拉斯诉讼的背景下,根据模棱两可的证据得出的推断的范围是有限的,非动议方必须提出排除推定允许行为的事实。[4]

B. 限制贸易的协议:《谢尔曼法》第1条

《谢尔曼法》第1条规定,"任一以托拉斯或者其他方式,或者串谋方式、限制州之间或者与外国之间贸易或商业的合同、结合"均为非法。[5] 克罗拉克丝认为1987协议是违法的,因为它并非基于合法的商标目的,其阻止了克罗拉克丝推广 PINE-SOL 产品,主要是阻止推广消毒剂产品,且禁止克罗拉克丝以 PINE-SOL 的名义生产特定的消毒产品。

我们首先必须确定一个合理的思路来分析克罗拉克丝基于第1条的诉请。就从克罗拉克丝对商标协议的异议出发。这类协议根据

---

〔1〕 996 F. 2d 537, 542 (2d Cir. 1993).

〔2〕 Id.

〔3〕 Id, quoting Matsushita Elec. Indus. Co. v. Zenith Radio Corp., 475 U. S. 574, 586, 106 S. Ct. 1348, 1356, 89 L. Ed. 2d 538 (1986).

〔4〕 Id, citing Matsushita, 475 U. S. at 587-88, 106 S. Ct. at 1356-57.

〔5〕 15 U. S. C. § 1.

法律的规定是常见的且受法律支持。参见 2 J. Thomas McCarthy, McCarthy on Trademarks and Unfair Competition[1](讨论商标协议的实用性,双方在协议中约定形式、产品线和地域限制从而减少混淆);Sterling Drug, Inc. v. Bayer AG,[2](包含了贝尔公司和史特林药物公司之间的全面商标协议,据此贝尔公司同意不使用贝尔商标进入美国特定的销售渠道)。不同于实际目的在于划分市场的商标协议,可见 Timken Roller Bearing Co. v. United State,[3]后者在反托拉斯法下被认为本身违法,本案的协议仅仅规制竞争者使用一个竞争性商标的方式。与克罗拉克丝的说法相反,该协议没有引发任何被先例宣告本身违法的限制种类,如价格操纵、市场划分、搭售安排或者抵制。因此,我们必须按照合理原则来审查即决判决的证据。参见 Capital Imaging,[4](大多数案件不属于狭窄的、谨慎划分的本身违法的案件种类,如市场的横向和纵向的价格操纵、市场分割、某些搭售安排以及一些集体抵制。在案件的正常审理过程中,原告必须证明存在合理原则下的托拉斯损失)。

在适用合理分析原则时,我们必须根据协议中的限制从市场的实际影响以及它们利于竞争的方面,认定该种限制是否合理。参见 Chicago Bd. of Trade v. United States,[5] K. M. B. Warehouse Distribs., Inc. v. Walker Mfg. Co.,[6](沃克法官)(根据合理分析原则,事实调查者衡量案件的所有情况以决定限制措施是否应该被禁止。)[7] Capital Imaging,[8](根据合理原则,为决定该行为是倾向于促进竞争或者损害竞争,需要仔细而全面地分析被诉限制的竞争因

[1] § 18:25 (4th ed. 1996).

[2] 14 F. 3d 733, 737 – 40 (2d Cir. 1994).

[3] 341 U. S. 593, 71 S. Ct. 971, 95 L. Ed. 1199 (1951).

[4] 996 F. 2d at 542 – 43.

[5] 246 U. S. 231, 238, 38 S. Ct. 242, 243 – 44, 62 L. Ed. 683 (1918).

[6] 61 F. 3d 123, 127 (2d Cir. 1995).

[7] Quoting Continental T. V., Inc. v. GTE Sylvania, Inc., 433 U. S. 36, 49, 97 S. Ct. 2549, 2557, 53 L. Ed. 2d 568 (1977).

[8] 996 F. 2d at 543.

素)。正如我们在 K. M. B. 案中所指出的,确定是否违反合理原则需要三个步骤。[1] 第一步,"原告应承担初始责任证明被诉行为在整体上对相关市场的竞争产生了实际的不利影响……"[2] 第二步,如果原告完成了证明,证明责任转移给被告证明该行为具有促进竞争、弥补影响的效果。第三步,如果被告承担了这个责任,原告必须证明能够通过另一种更少的限制竞争的方式取得相同的促进竞争的效果。[3] Bhan v. NME Hosps. , Inc. ,[4] 最终的目的是判定协议中竞争者之间的限制条款是否潜在地损害了消费者。参见 SCFC ILC, Inc. v. Visa USA, Inc. ,[5] 对消费者调查的关注不能被过分夸大,尤其是,如本案情形,当一个成功的竞争者声称因对手而遭受了托拉斯损失时。[6] 根据这一分析思路,我们审查了克罗拉克丝关于第 1 条的诉请。

1. 负面影响

首先必须指出,对于 1987 年协议在一般意义上损害了竞争这一事实,克罗拉克丝面临非常困难的任务。正如其他法院以及论者所观察的,商标在性质上不具有排他性。不像其他知识产权,商标并不授予在任何商品或想法上的合法垄断;商标仅仅对一名称授予权利。因为商标仅仅赋予所有者禁止其他人使用这一商标的权利,这区别于使用另一商标竞争性地生产和销售相同产品……区别于在生产者和销售者的商品上使用商标的横向反竞争行为,对滥用商标进行有效反托拉斯的机会非常有限,以至于其对一个国家的经济健康构成远非严重的威胁。Carl Zeiss Stiftung v. V. E. B. Carl Zeiss,

---

〔1〕 61 F. 3d at 127.

〔2〕 996 F. 2d at 543, quoting Capital Imaging, 996 F. 2d at 543.

〔3〕 Id, quoting Capital Imaging, 996 F. 2d at 543; Bhan v. NME Hosps. , Inc. , 929 F. 2d 1404, 1413 (9th Cir. 1991).

〔4〕 929 F. 2d 1404, 1413 (9th Cir. 1991).

〔5〕 36 F. 3d 958, 965 (10th Cir. 1994).

〔6〕 Id.

Jena,[1]还可见 McCarthy[2](因为商标所具有的经济排他性远不及专利,商标在违反反托拉斯法中发挥作用的机会要少得多)。曼斯菲尔德法官在 Carl Zeiss 案中指出,几乎在每一起被报告的诉讼中,将商标的托拉斯滥用作为商标侵权诉讼中的抗辩方式,已被否决。绝大多数这类案件中的证据显示,托拉斯行为是商标保护的附属。

本案中的商标协议仅仅规制了 PINE-SOL 标志的可能使用方式;它没有以任何方式限制克罗拉克丝生产和销售与 LYSOL 商标直接竞争的产品,只要它们使用 PINE-SOL 商标以外的商标标识。因此,初一看它没有限制克罗拉克丝在 LYSOL 产品占据主导地位的市场中的竞争能力,对其他竞争者的限制更少。

在一个案件中考虑类似的对商标协议的托拉斯请求时,法院认为,因为协议没有限制竞争者以协议约定以外的标志销售产品的能力,被告即反诉人未能陈述一个托拉斯的主张。参见 California Packing Corp. v. Sun-Maid Raisin Growers,[3]在 SUNKIST 商标的所有者试图禁止在葡萄干以外的产品中使用 SUN-MAID 商标之后,SUN-MAID 商标的所有者根据《谢尔曼法》第 2 条提出反诉。法院驳回了托拉斯诉讼,理由是该协议没有禁止 SUN-MAID 所有者在葡萄干及其产品之外生产罐装水果和蔬菜产品。它仅仅限制了 Sun-Maid 商标在这些产品上的使用。Sun-Maid 的前身、Sun-Maid 这些年来自由地罐装任何蔬菜或者水果并可以 Sun-Maid 之外的任何名字销售它们。

同样,在 Seven-Up Co. v. No-Cal Corp.,[4]软饮料商标所有者以商标侵权为由起诉竞争者,被告根据《谢尔曼法》第 2 条提出反诉。Id.[5]法院认定托拉斯诉讼没有法律依据:为避开被诉商标垄

---

[1] Aff'd in relevant part,433 F. 2d 686 (2d Cir. 1970).

[2] McCarthy § 31:96, at 31 – 145.

[3] 165 F. Supp. 245 (S. D. Cal. 1958), at 251, aff'd, 273 F. 2d 282 (9th Cir. 1959).

[4] 183 U. S. P. Q. 165, 1974 WL 886 (E. D. N. Y. 1974).

[5] Id,. at 165 – 66.

断的指控,被告只需以不同的名字销售产品,由商标侵权行为导致的损失不能支持反托拉斯的反诉。[1]

正如这些案件所展示的,反托拉斯法保护竞争,不保护竞争者。参见 Brunswick Corp. v. Pueblo Bowl-O-Mat, Inc.,[2] 商标不具有排他性,证明一份对原告不利的商标协议引起了反托拉斯的问题,这是非常困难的。即使这份协议只是轻微地超越了商标政策,反托拉斯法并不保护竞争者免受对其不利的协议约束。反托拉斯法通过禁止不合理限制整体竞争的协议保护消费者;因此,为了满足在相关市场存在实际不利影响的证明要求,原告不仅仅要证明其因被告的行为受到损害。参见 K. M. B.,[3] 因此,克罗拉克丝不能根据《反托拉斯法》提出诉讼,除非它能证明 1987 协议可能严重地损害竞争,而不论该协议对于保护霍吉特的商标权利是否有必要。参见 1A Rudolf Callman, The Law of Unfair Competition, Trademarks and Monopolies[4] ("用所有竞争者均得自由使用的语言、颜色、图表等如描述性或通用性词汇,主张过分的排他权,没有违反反托拉斯法,除非它导致不合理的限制贸易,或者阻止新的竞争者进入市场"。) 对此,克罗拉克丝并没有证明。

为了回避如下一个事实,即 1987 协议并没有阻止克罗拉克丝或其他竞争者销售与霍吉特的 LYSOL 商标相竞争的产品,克罗拉克丝依靠众所周知的学术营销文学作为大品牌的理论。参见爱德华德 · M. 陶博:《品牌杠杆:成本控制世界中的增长战略》(以下简称"品牌杠杆");[5] 戴维德 · A. 阿克:《经营品牌资产:善用品牌名称的价值》。简单地说,这种营销理论指出,由于促销大规模市场的新产品的成本高,且这类新产品销售具有非常大的失败风险,使用已经创建的品牌推销新产品是非常重要的。克罗拉克丝公司指出,通

---

[1] Id, at 166.

[2] 429 U. S. 477, 488, 97 S. Ct. 690, 697, 50 L. Ed. 2d 701 (1977).

[3] 61 F. 3d at 127.

[4] § 4. 53, at 3 (4th ed. 1983 & Supp. IV 1993).

[5] J. Advertising Research 26 (Aug. / Sep. 1988).

过剥夺对 PINE-SOL 商标的使用,它不能有效地进入由 LYSOL 商标产品占据主导地位的消毒清洁产品市场。

克罗拉克丝依赖的营销文学涉及 20 世纪 80 年代中后期的经济停滞,这对新产品的引进施加了一个特别壁垒,参见"品牌杠杆",[1]这可能与今天情况不太相关,对于克罗拉克丝有关准入障碍的说法存在一些问题。首先,也是最明显的,克罗拉克丝商标本身就是一个具有庞大品牌价值的大商标。克罗拉克丝援引的证据不能支持它的论断,即只有 PINE-SOL 商标有能力被引入到为 LYSOL 产品所主宰的被诉清洁消毒剂市场。克罗拉克丝提供了一些零星数量的新产品失败的证据,其主张这是因为其所采用的商标不能适应新的市场。由于产品可以因任何理由而失败,这些证据的证明价值有限。克罗拉克丝同时也提供了营销部门主管的证词,表明克罗拉克丝这一名字不适合用于喷雾消毒剂的营销。然而,这是很明确的,克罗拉克丝过去已经成功地将自己的商标延伸到新的清洁市场领域并使用新的名字研发了新的产品。克罗拉克丝现在不能这样做的说法纯属臆测。

更为重要的是,没有证据支持如下理论,即只有克罗拉克丝有能力在 LYSOL 占据主导地位的市场上与 LYSOL 产品形成竞争。综合家居清洁行业是国内最大几家公司的战场,缔造出了很多大品牌。行业是由企业利用资源开发新产品且销售新产品组成的,正如这些公司反复在做的。在过去,这些公司规律性地购买或者出售商标的行为,正如本案所阐明的,是由不断变化的经济条件决定。[2]像克罗拉克丝这样的大公司具有非常好的商誉,它所拥有的商标也如是。FN3

FN3. 这包括宝洁公司(MR. CLEAN, TOP JOB, SPIC AND SPAN, COMET, and DAWN), S. C. Johnson (GLADE, VANISH, PLEDGE and WINDEX), Dow (FANTASTIK and DOW); The

[1] At 27.

[2] Id, at 26.

Dial Corp（DIAL and PUREX）; and Colgate-Palmolive（AJAX and PALMOLIVE）.

尽管生产和销售新的消毒喷雾产品的成本对于霍吉特的竞争者而言可能非常高，但没有证据表明，这些公司不具有名称或者资源来做这些。正如一位评论家指出的，“已经建立的买方选择”，例如，这里所称的LYSOL，“通常不会成为一个市场准入的严重壁垒”。[1]尽管生产和引进新产品对于进入市场的生产商而言需要高成本，“一些创建或者维持买方选择的费用最终必须重复”，已存在的生产者也同样受制于高成本。[2] 当已经存在的大型竞争者能够在相当长时间内进行资源投资，费用和失败的风险应该比进入市场的障碍小得多。没有证据表明，其他生产清洁产品的大型公司没有能力成功地利用它们的资源、资本和品牌价值的形式，以进入LYSOL产品占主导地位的市场。克罗拉克丝没有提供相反的证据。

此外，1987协议以及被修订的1967协议，并没有完全限制克罗拉克丝使用PINE-SOL商标与LYSOL产品竞争。克罗拉克丝可以自由地销售清洁消毒产品，能够与LYSOL的液体消毒剂正面竞争。克罗拉克丝只受到这样的限制，即PINE-SOL只能主要作为清洁产品推广而非主要作为消毒产品推广。在克罗拉克丝推广原始的PINE-SOL产品时没有任何限制——尽管1987协议附加地限制，该产品还是取得了巨大的成功——部分作为消毒剂。它直到近来才受到限制。尽管该协议禁止克罗拉克丝以PINE-SOL名义生产喷雾消毒剂，但它没有阻止克罗拉克丝使用批注表明产品来自PINE-SOL生产者以生产这种喷雾产品，尽管如此行为的能力受到大小和摆放位置方面的限制。

协议中的限制可能阻止了克罗拉克丝原来可能的高效竞争模式。批注商标可能不及将名称用于主要商标有效，主要作为消毒剂来推广的产品可能会更加有利可图，使用克罗拉克丝这一名字推销

[1] Philip E. Areeda & Donald F. Turner, Antitrust Law ¶ 409d, at 302（1978）.

[2] Id, at 303.

消毒剂产品可能不及使用知名度高的 PINE-SOL 商标推销消毒剂产品更为有效。只要竞争作为一个整体并未受到显著影响,《反托拉斯法》不保证竞争对手毫无羁绊地进行竞争,可见 K. M. B. ,[1](驳回根据第 1 条的反托拉斯诉请,在被禁止销售被告产品之后,原告可继续"通过提供另一厂家的产品……及提供更加优惠的价格和更好的服务",因此,竞争作为一个整体并未受损);SCFC IL 案,[2](驳回关于 Visa 通过其优势背景下禁止 Sears 引进新信用卡的托拉斯诉请,事实上 Visa 没有在信用卡市场阻止 Sears 信用卡的进入,结论是 Sears 关于更加有效竞争的愿望并非谢尔曼法保护的众所周知的小麻雀);Twin Labs. ,Inc. v. Weider Health & Fitness,[3](驳回如下托拉斯诉请,即原告声称它本可以更加有效地参与竞争,如果竞争者的杂志没有拒绝给予原告广告空间的话)。尽管克罗拉克丝的前身在与 LYSOL 的先前所有者商谈商标协议时,没有进行最好的讨价还价,克罗拉克丝公司仍然可在 1987 协议协议下参与竞争,且还有相当数量的公司有能力与霍吉特竞争的事实,严重地削弱了克罗拉克丝的诉请。

鉴于该协议保留了包括克罗拉克丝在内的很多其他生产清洁产品的公司有能力与霍吉特的 LYSOL 产品形成竞争,我们认为克罗拉克丝通过提供霍吉特在多种清洁消毒市场拥有市场占有力的证据来支持其在第 1 条下的诉请是徒劳的。在这里先撇开"纯粹"的消毒剂与喷雾消毒剂是否属于相关市场这一问题,正如克罗拉克丝诉请的,我们在 K. M. B 案中指出"展示市场占有力,然而没有直接显示负面影响是不够的。必须有其他的理由证明被告的行为将会损害整个市场竞争,例如被告行为内在的反竞争本质或者品牌市场的结构"。[4] 在这里,根据我们之前解释过的原因,克罗拉克丝没有能够证明 1987 协议显著地限制了克罗拉克丝,或者限制了其他任何

---

〔1〕 61 F. 3d at 128.

〔2〕 36 F. 3d at 972.

〔3〕 900 F. 2d 566,568 (2d Cir. 1990).

〔4〕 61 F. 3d at 129.

清洁产品生产者与霍吉特竞争。因此，即使克罗拉克丝陈述的霍吉特在清洁市场领域中保有70%份额的纯粹液体消毒剂以及超过90%份额的喷雾消毒剂的情况属实，致使现在LYSOL获得了超强竞争力的利润，也不能表明1987协议中的限制违反了第1条。该协议根本没有明显地限制克罗拉克丝或者其他竞争者进入该市场的能力。

2. 利于竞争的理由

只有当原告成功证明被诉限制导致了事实的不利影响，证明责任才会转移到被告，由其证明竞争能够弥补行为的效果。[1] 因此，由于克罗拉克丝没有证明1987协议[*60]能够显著地影响整体竞争，至于该协议是否在整体上有必要保护高级的LYSOL商标，则在所不问；参见Capital Imaging，[2]（这种利于竞争的理由在原告没有初步证明限制竞争的存在时，没有必要再作调查）；参见1A Callman，[3]（甚至是超越商标政策之外的商标权的主张也不会违反反托拉斯法律，"除非它导致不合理的贸易限制，或者阻止新的竞争者进入该市场"。）[4]

然而，我们注意到协议中的利于竞争的理由支持了我们的结论，即该协议没有违反《反托拉斯法》。正如我们前面所述，商标协议在这样的情况下能够获得法律的支持，即各方同意以减少消费者混淆的可能性以及避免耗时诉讼的方式销售产品。缔约方如克罗拉克丝、史特林以及它们的前身，处在构建这样一份协议的地位，该协议是缔约方根据商标法以最符合他们利益的方式拟定的一份协议。因此，当没有其他证据证明，有关商标保护的条款隶属于隐藏其后的、竞争者之间的非法协议——如在Timken一案中备受谴责的市场分割协议——如果没有特殊的情况，我们认为缔约方关于所需的商标保护范围的决定更应受重视。在订立该协议之时，缔约方处在一

〔1〕 Id, at 127.

〔2〕 996 F. 2d at 547.

〔3〕 § 4.53.

〔4〕 At 3.

个最佳的位置,能够决定哪些保护是必需的以及以何种方式解决他们之间因早先的商标协议所产生的争端。虽然缔约方的意图并不总是具有决定性,但是法院对这些决定进行二次猜测是不明智的。在没有相反证据的情况下,可合理推定这些正常交易具有促进竞争的效果。

事实上,克罗拉克丝公司现在抱怨的是其前身自由订立的特殊协议所产生的垄断效果且其前身自愿承担了该效果,克罗拉克丝公司现在主张该协议损害了其竞争能力。没有证据表明塞纳米德公司是受胁迫订立此协议。尽管克罗拉克丝公司提出了一些模棱两可的证据来表明史特林公司的反竞争意图,但是毫无证据表明塞纳米德公司意图与史特林公司合谋违反《反托拉斯法》FN4。相反,根据之前的商标协议以及互相竞争的 LYSOL 和 PINE-SOL 商标所有者之间的商标争议史,每一个竞争者都可以对 PINE-SOL 这一名字的潜在使用自由进行讨价还价。

FN4. 如果克罗拉克丝公司提出塞纳米德公司与史特林公司合谋违反《反托拉斯法》并提出一个托拉斯案件,我们所面对的问题并非被告能否基于塞纳米德公司在违反反托拉斯行为中的作用获得抗辩。参见 United States Football League v. National Football League,[1] 确实,原告的反竞争行为在托拉斯案件中一般不能作为承担法律责任的抗辩。然而,当原告正在策划且完整而持续地参与了该垄断阴谋时,这种抗辩能够实现。(内部引文省略)。

即使善意的意图也不能免除缔约一方的托拉斯民事责任,然而主观意图对于判断"被诉限制的交易"所具有的利于竞争的目的及可能对整体的竞争产生的效果仍然是重要的。参见 Chicago Bd. of Trade,[2] (限制交易的历史、认定存在的主观恶性、采用特殊补救的原因、其目的或者最终要达到的要求,都是相关事实。这并不是因

[1] 842 F. 2d 1335,1369 (2d Cir. 1988).

[2] 246 U. S. at 238,38 S. Ct. at 244.

为一个善意的意图能够保护不良的调节或者反向垄断；而是因为意图的明确能够帮助法院解释事实以及预测结果）；K. M. B.。[1] 因此，我们的结论是1987年的协议没有违反《反托拉斯法》，由于缺乏证据支持，该协议没有显著地危害竞争，它只不过是精明的商标谈判的产品。参见 Cf. [* **61**] Drop Dead Co. v. S. C. Johnson & Son, Inc.[2]（根据模糊的相似而非准确的相同提起的侵权之诉，是《反托拉斯法》试图保护的激烈的竞争和推广类型，尤其处于国会授权的合法垄断范围内"）；Car-Freshner Corp. v. Auto Aid Mfg. Corp.[3]（"原告登记以及行使本案商标的行为……仅仅反映了公平和激烈的竞争，不构成违反《反托拉斯法》"）。保护商标，甚至是具有挑衅性的商标的努力，符合商标政策的竞争目的。大型竞争者分别代表各自的商标权益，除非一方是不合理的，现状应该符合各方看待各自权利的方式。

C. 垄断：《谢尔曼法》第2条

克罗拉克丝还主张，1987协议具有加固霍吉特 LYSOL 产品在多种消毒清洁产品市场垄断的趋势。《谢尔曼法》第2条使"对州之间，或与外国之间的任何贸易和商业进行垄断，或企图垄断，或者与一人或数人结合或共谋垄断"的行为非法。[4] 第2条有两个构成要素："(1)在相关市场拥有垄断的力量；(2)故意获取或者维持该垄断力量，这区别于因卓越的产品、商业才能或者历史原因导致的增长或发展。"参见 United States v. Grinnell Corp.。[5]

基于上述针对克罗拉克丝第1条诉请的充分的理由，我们必须驳回克罗拉克丝关于1987年协议具有加大被告在各种消毒剂市场的垄断的诉请。这份协议准许克罗拉克丝，以及其他的一些有可能的竞争者在被诉的 LYSOL 支配的家用清洁市场自由地与霍吉特

---

〔1〕 61 F. 3d at 130.

〔2〕 326 F. 2d 87, 96 (9th Cir. 1963).

〔3〕 438 F. Supp. 82, 87 (N. D. N. Y. 1977).

〔4〕 15 U. S. C. § 2.

〔5〕 384 U. S. 563, 570 – 71, 86 S. Ct. 1698, 1704, 16 L. Ed. 2d 778 (1966).

LYSOL 品牌竞争。

结论

基于上述原因,维持地区法院的判决。我们已经考虑了克罗拉克丝的其他主张,特别是其提出的应被提供机会对被告的意图开展进一步发现程序,鉴于上述供证,我们认为这些主张毫无依据。

5. Times Mirror Magazines, Inc. v. Field & Stream Licenses Company & Jerome V. Lavin [2002]

[阅读提示]

商标所有人起诉竞争对手违反共存与和解协议。为了撤销一个在自由讨价还价基础上签订的商标合同,一方当事人必须证明如果合同继续履行,那么公众利益将大大受损,但上诉人没能举证证明协议的履行将导致公共利益受损。第二巡回法院指出,关于混淆可能性和实际混淆的证据要胜过懈怠和默许的抗辩。通常,规制商标使用的协议比懈怠及默许的衡平抗辩更受法院尊重。若由于混淆,公众购买了同等质量的商品但未损及健康,也不会威胁到公众安全,仅仅是合同缔约的一方受到了显著损害;若公众的利益不会遭受显著损害,那么法院将不会穿上以公众利益为借口的外衣来保护合同中所允许的原告的损失。(基于服务本书主题的需要,本判决书翻译有省略)

普尔,巡回法院法官:

时代镜报公司拥有 Field & Stream 杂志并负责该杂志的出版发行。时代镜报公司[FN1]及其前身——哥伦比亚广播公司与竞争对手就使用 Field & Stream 商标签署了一系列协议。本次诉讼的核心争议在于:时代镜报公司认为这些协议导致其只在狩猎捕鱼的相关产品上拥有残余的普通法商标权。本院认为并不存在此类商标权,协议双方有关该商标的所有权利均由协议约定。被告在协议范围内行使权利,时代镜报公司也未能证明为保障公众利益需撤销合同,因此,本院维持原判。

背景

Field & Stream 杂志于 1895 年开始出版,该杂志的内容主要侧重于狩猎、捕鱼及其他户外运动,至今每月约有 14 万名读者阅读该杂志。

Field & Stream 杂志的老板不是第一个注册"Field & Stream"商标的人,[* **385**]戈登 & 弗格森公司是戈登 & 弗格森销售公司的母公司(以下简称"G & F"),其创始于 1871 年。自 1915 以来,G & F 就开始销售名为 Field & Stream 的服装,并且在 1926 年首次将 Field & Stream 注册为服装类商标。1984 年 10 月 23 日,时代镜报公司将 Field & Stream 注册为其月刊杂志的商标,之后又在户外活动录影带、日历、信用卡,借记卡、现金支付服务和娱乐服务等类别上注册该商标。

1976 年,被告杰罗姆 V. 拉文公司掌控了 G & F 的全部业务。1984 年,杰罗姆 V. 拉文公司成立了被告菲尔德 & 场流许可公司(简称 FSLC)用以许可第三方在服装的生产、销售活动中使用 Field & Stream 商标。

争议及所产生的协议:

拥有时代镜报杂志的哥伦比亚广播公司最终和 G & F 公司在商标使用上发生了冲突,双方于 1984 年就解决冲突达成了协议(即 1984 协议)。哥伦比亚广播公司同意 G & F 公司在全球范围内的服装类别上拥有 FIELD & STREAM 商标的专有权利。在该协议中,服装是指任何可以被人们穿在身上的衣服和裙子,但不包括珠宝首饰、靴子、皮鞋和其他类型的鞋子。哥伦比亚广播公司也同意对 G & F 公司在服装类别上注册的商标不提任何异议。

同样,G & F 公司也承认哥伦比亚广播公司在全球范围内的杂志、出版领域以及过去已经在杂志上提供和销售的涉及狩猎、钓鱼和其他户外运动的产品包括但不限于公仔、版画、书籍和望远镜等类别上享有 Field & Stream 商标的专有权。通过协议约定,哥伦比亚广播公司有六个月的时间审查其之前的产品,并扩大使用该商标的产品清单,然而哥伦比亚广播公司并未增加使用该商标的产品。G & F公司还授予哥伦比亚广播公司袜类产品的独家商标许可权以及男士领带和女士围巾类别产品的商标普通许可权。最后 G & F 公司认识到哥伦比亚广播公司担心商标在以下产品上的使用问题,包括已经在 Field & Stream 杂志上打过广告的钓鱼竿、卷轴、诱饵、线、炮、炮弹和子弹、帐篷、睡袋等。为了避免 Field & Stream 杂志广告商的流失,协议双方约定双方均不生产或销售带有 Field & Stream 商标的上述产品。

1989 年,FSLC 公司提出了关于 Field & Stream 商标的五项商标意图使用的申请[FN2],其中产品包括:太阳镜、狩猎刀和狩猎座椅、多用途箱、手电筒、钟表、手表、办公用品、服装零售服务、体育用品零售及服务。在时代镜报公司对上述申请提出异议后,双方再次就各自对 FIELD & STREAM 商标的权利进行磋商。

FN2. 第 15 章第 1051 条规定“具有在商业中的真诚意图使用商标之人,需证明在特定场合下的善意,可请求商标注册……”

经过双方的磋商,1991 年双方又签订了一份新的协议(又称 1991 协议),该协议除了个别修改之外,再次重申了 1984 协议的精神,协议内容包括:(1)终止时代镜报公司在领带和围巾类别商品上使用商标;(2)删除 1984 协议中关于禁止[* **386**]时代镜报公司在鱼竿、卷轴、诱饵、线、枪支、子弹和炮弹上使用商标的内容,并给予时代镜报公司在这些商品类别上的专有商标权;(3)要求 FSLC 公司在申请类别中去除空箱出售的多用途箱和狩猎、射箭装备;(4)要求 FSLC 公司在申请类别中将狩猎刀具替换成非设计用来狩猎和捕鱼的口袋刀具、刀叉用品和餐桌刀具等刀具;(5)要求 FSLC 公司明确其申请的太阳镜并非专为狩猎和捕鱼而设计;(6)约定 FSLC 公司将撤回另一份商标申请。作为修改和撤回申请的回报,时代镜报公司同意不对 FSLC 公司的剩余商标意图使用申请提出异议。

1993 年 11 月 11 日,FSLC 公司提出了 21 份涉及 165 个产品的商标意图使用申请,其中一部分产品与狩猎、捕鱼、户外产品类似。在时代镜报公司提出异议之后,双方又一次进行磋商,并分别于 1994 年、1995 年签署了 2 份协议。

1994 年协议并未明确解决商标意图使用申请事宜,该协议:(1)除特别修改的部分外,沿用了 1984 年和 1991 年协议中的内容;(2)终止时代镜报公司在袜类商品上使用商标的权利;(3)给予时代镜报公司在帐篷和睡袋产品上的商标权;(4)时代镜报公司就销售帐篷和睡袋支付给 FSLC 公司商标使用费,同样,FSLC 公司也就销售袜类产品向时代镜报公司支付商标使用费;(5)未经 FSLC 公司同意,时代镜报公司不得在帐篷和睡袋产品上标识该商标,同样,未经时代镜报公司同意,FSLC 公司不得在袜类产品上标识该商标;(6)销售睡袋、帐篷、袜类商品的利润应共享均分;(7)协议双方均不得使用该商标的其他版式。[FN3] 协议还包括以下内容:

FN3. 本协议订立之后的三个月,时代镜报公司与 FSLC 公司同意一系列共同的服装许可活动。

所承认的商标使用权应限定在……商品上使用;不得被视为创造或限制在其他商品上使用 Field & Stream 商标,包括但不限于其他露营产品;及不适用于时代镜报公司和 FSLC 公司因欲扩大或限制其在其他商品包括露营商品上使用 Field & Stream 商标而造成的争议。

1995 年 6 月,双方签署了"Field & Stream 商标意图使用及相关事项和解协议"(以下简称 1995 协议),协议表明双方均希望解决商标意图使用的争议及其他有关事项。该协议包括以下条款:本协议构成了完整及排他的双方之间关于商标意图使用申请和相关事宜的协议,并且取代之前双方口头约定或书面签署的所有协议。

除了这些一般性的规定,1995 协议在四方面约定了双方的权利:第一,它授予双方各自在某些特定商品上的商标专有权;第二,它提供了一个机制使其享有在商标意图使用申请文件中列出的产品上使用商标的专有权,[* **387**]前提是该类商品还未分配给其中任意一方;第三,对于某些特定的其他产品,它允许双方交替享有该商品上的商标使用权;第四,它包含了旨在阻止未来商标争议和诉讼纠纷产生的条款。1995 协议给予时代镜报公司适用于两冲程汽油发动机的非化学燃料添加剂、曳水工艺品电机、电测深仪等产品上的商标专有使用权并且要求 FSLC 公司在其商标意图使用申请清单上删除上述商品。而 FSLC 公司则获得了在下列产品上使用商标的专有权利,包括救生背心、便携式制冷设备、电热毯、并非用于捕鱼的储物箱。

对于在商标意图使用申请清单上的,但并未划归为任一方使用商标的商品,1995 协议允许第一次使用或被许可在特定商品上使用商标的一方拥有在此类商品上的商标专有权,只要使用者或是被许可方遵循下列通知程序。准备使用或销售任何此类产品的一方均被要求书面通知另一方,并基于他方的书面请求提出使用的实质证据,这些证据包括:书面合同的复印件,商品的设计样式、样板,采购订单或支付的发票,产品的销售材料或广告。

另外,如果一方仅仅就销售许可证开始谈判,那么只需要口头通知另一方。通知后 90 天,谈判方获得就该项许可谈判的专有权。如果谈判一方在 90 天内未达成交易或在此期间内放弃谈判,另一方可以寻求许可事宜。在 90 天的期限内无论一方放弃谈判还是达成交易,谈判的一方均有义务通知另一方。如果谈判的一方达成一个实际的协议,它被要求证明"被许可方(1)乃非隶属许可方的第三方……(2)有一个正在运作的企业;(3)正在开展被许可商品的营业或者说有经营此类营业的资质。

时代镜报公司在渔船、快艇、皮划艇、充气船、船拖车、独木舟桨、船橹、船梯、地图、船罩、去水工艺中的非控制电机的产品上有一年的优先时间进行商标许可。在上述产品中,若时代镜报公司在一年内未授权的,则 FSLC 公司将会取得未授权部分产品接下来 12 个月的独家特许权。以此类推,此后,双方交替持有未授权产品的独家商标许可代理权。

在避免未来诉讼的条款中,时代镜报公司同意撤回对 FSLC 公司剩余的商标意图使用申请的异议,双方承诺,未来他们不会在任何产品上申请注册该商标,但基于此类产品的实际使用或此类商品的许可事宜除外。双方也承诺,他们将会尽最大努力不去使用、许可或申请注册与该商标下他方已经使用、已经许可或注册的产品构成混淆性类似的产品。最终,双方同意:

如果一方("使用方")已经对特定产品完全保留,另一方……不得在任何时间内向美国专利商标局("专利商标局")书面提出任何异议或撤销申请、提出任何损害赔偿或申请禁令救济的民事法律程序,或作出任何其他直接或间接将阻碍使用方使用该商标,或导致专利商标局不核准使用方商标注册申请的[* **388**]法律诉请……

1995 年 6 月,FSLC 公司通知时代镜报公司其正与潜在被许可人国家买方财团(National Buying Syndicate)("NBS")进行磋商。这次磋商并未成功,但在 1995 年 7 月以来的 3 个月中,FSLC 公司达成了 5 项时代镜报公司认为是虚假的许可协议。被许可的产品包括野营设备、玩具、家具、多用途箱、卡车、货车、汽车、休闲车。FSLC 公司与三一运动服装公司分别在 1995 年 11 月、1996 年 8 月就狩猎和捕鱼服装达成商标许可使用协议。1996 年 1 月,FSLC 公司与 Suntime 国际公司就手表达成商标许可使用协议。

诉讼和地区法院判决

1996 年 12 月 10 日,时代镜报公司对 FSLC 公司提起诉讼。时代镜报公司指控 FSLC 公司违约、商标侵权、不实来源标识以及不正当竞争。除了其他救济的申请,时代镜报公司要求撤销其所有与

FSLC公司签订的合同，请求法院作出确权判决和禁令救济，限制FSLC公司在服装上使用商标的权利，并撤销FSLC公司的一些注册和注册申请。FSLC答辩并提出反诉，指控时代镜报公司对FSLC公司商标注册申请提出异议及本次诉讼违反了1995年的协议。

结束发现程序后，FSLC和拉文公司申请即决判决。金法官在仔细彻底地考虑案件后批准了即决判决的申请。可参见Times Mirror Magazines, Inc. v. Field & Stream Licenses Co.[1]案。首先，金法官发现1995年的协议解决了双方之间的所有悬而未决的问题，因此拒绝处理在1995年6月前发生的涉嫌违反协议的问题。[2] 其次，金法官发现，每一份协议的约定都清楚明白。[3] 在仔细研究每份协议之后，金法官发现协议没有单独或以整体方式授予时代镜报公司诉称的在所有涉及狩猎和捕鱼产品上的专有权。[4] 相反，他发现，即使是先前的协议可以被解释为给予时代镜报公司在狩猎和捕鱼产品的专有权，1995年协议取代了所有之前的协议，并对商标意图使用申请清单之外的产品的许可事宜进行了约定。他还发现，1995年的协议并没有禁止任何一方通过许可第三方的方式使用商标意图使用申请清单上的产品，相反非常明确地规定了此类商品的使用。

根据已经制定的一般原则，1995年之前的违约行为是不可诉的。时代镜报公司在狩猎和捕鱼产品上不享有专有商标使用权。并且任何一方均通过许可第三方使用商标的方式来使用某一特定产品上的商标。金法官驳回了时代镜报公司关于被告重大违约的诉请，包括：(1)开发并试图出售一种可用来当做渔具盒的用途箱；(2)通过虚假陈述与NBS公司许可商标的真诚磋商，试图获得使用的领域；(3)达成虚假的许可协议；(4)意图在狩猎、捕鱼，运动或其他户外运动方面开发、生产出售产品；(5) [* **389**]在提交给美国专

---

〔1〕 103 F. Supp. 2d 7 license the mark 11 (S. D. N. Y. 2000).

〔2〕 Id, at 721.

〔3〕 Id, at 722.

〔4〕 Id, at 723 – 28.

利商标局的申请文件中谎称,它已经在某些产品中使用该商标。[1]

在有关用途箱的讨论中,金法官认为1995协议仅仅要求"FSLC公司在其商标意图使用清单中删除专为渔具箱设计和销售的用途箱,但并没有禁止FSLC公司在渔具箱上使用该商标。因此,FSLC公司通过第一次使用重新得到了在渔具箱上使用商标的权利,而这种商使用并不违反1995协议。

金法官同样驳回了时代镜报公司关于1995年FSLC公司与NBS签订的协议违反1995协议的主张。他发现1995协议并未要求可能达成的许可协议必须是"实质性和善意的",但要求磋商的一方必须通知另一方。[2] 因为FSLC公司从未与NBS达成协议,所以金法官认为FSLC公司没有义务遵守任何其他关于第一次使用条款的要求。金法官进一步指出,即使FSLC公司没有通知时代镜报公司其已经取消了与NBS公司的磋商,时代镜报公司也承认其提出的违约之诉并不基于被告没有履行通知义务,并且在任何情况下,疏于通知时代镜报公司终止磋商在法律意义上无关紧要。[3]

时代镜报公司主张,FSLC公司与Bimini Bay Outfitters、Folsom、Casual Lifestyles、Adventurous Products、A Sporting Frame of Mind以及Waldoch Crafts等公司签订的许可协议是虚假的,并违反了1995协议。该观点由以下几点支持:(1) FSLC公司起草了所有协议;(2)协议中没有约定广告最少投放量、净收益、许可费;(3)在发放许可之前仅进行了简单的磋商和商业谈判;(4)被许可方既没有打广告也没有推销生产的产品;(5)仅有少量产品是真正生产和销售的,如果有的话。由于1995协议仅规定FSLC公司需向时代镜报公司提供许可协议的复印件,并且对被许可人的独立性和资质进行验证,所以金法官驳回了时代镜报公司的主张。

由于金法官已经驳回了时代镜报公司关于协议授予时代镜报公司在狩猎、钓鱼、户外活动类别上的商标专有权的诉请,所以他认为

---

〔1〕 Id, at 728 – 35.

〔2〕 Id, at 730.

〔3〕 Id, at 731.

FSLC 公司并没有因出售上述产品而违约。[1]

金法官驳回了时代镜报公司基于商标申请中的虚假陈述提出的违约诉请,因为被诉的两个申请文件并不虚假,第三个申报材料,即便存在虚假之处,也并非重大。

除基于被诉的明确违约行为而要求撤销协议外,时代镜报公司还主张,由于 FSLC 公司违反了协议中隐含的诚信和公平交易原则,所以其有权解除协议。金法官认为时代镜报公司此理由不能成立,因为时代镜报公司未能证明其被剥夺了合同中应得的利益。[2] 他进一步指出,在被诉违约行为发生后,时代镜报公司持续性地与 FSLC 公司开展商业活动,因此放弃了终止合同的权利。[3]

法院同时驳回了时代镜报公司关于商标侵权、对来源虚假表示和不正当竞争的诉求,因为[* **390**]上述诉求已经由双方之间的协议予以排除并且法院拒绝置协议于不顾而保护公众利益。在驳回公众利益的主张,法院认为双方协议所约定的共存使用所造成的混淆不会达到导致公众利益受损的混淆程度。[4]

2000 年 10 月,金法官对 FSLC 的反诉进行了开庭审理,法院支持了 FSLC 的诉求,并判决 FSLC 公司获得律师费以及诉讼成本作为时代镜报公司违约的赔偿。判决指出,1995 年的协议不能完全取代所有之前的协议,并且其他协议继续规制双方的商标权,除"随后的协议已经覆盖先前协议约定的事项"。

上诉主张

本案随之进行了上诉。时代镜报公司主要主张:(1)地区法院集中于协议以确定时代镜报公司商标权的范围,而非首先评价时代镜报公司就商标享有的原始普通法上的权利,这构成滥用职权;(2)法院错误地认定 FSLC 公司没有构成重大违约;(3)即使忽视时

---

〔1〕 Id, at 733.

〔2〕 Id, at 735.

〔3〕 Id, at 735 – 37.

〔4〕 Id, at 739.

代镜报公司在争议产品上使用商标的权利,FSLC 公司的商标使用行为会导致大众混淆,这要求法院阻止 FSLC 公司继续使用该商标;(4)地区法院错误地认定,时代镜报公司不能因为 FSLC 公司重大违约提起诉讼及对 FSLC 公司申请商标注册的行为提出异议。

讨论

1. 审查标准

本院重新审查了地区法院关于即决判决的批准,并且考量了有利于反对方的先例,参见 McCarthy v. Am. Int'l Group。[1] 我们只审查地区法院事实认定中的明显错误,但会重新审查法律结论。参见 Tho Dinh Tran v. Alphonse Hotel Corp.[2]

2. 时代镜报公司在签署协议前所享有的商标权利

根据时代镜报公司的观点,地区法院未进行商标分析以确定时代镜报公司之前已经享有的商标权,这是最大的失误:认定时代镜报公司在狩猎、钓鱼等相关产品上不享有商标专有使用权。也就是说,因为法院认定在签署 1984 共存协议之前,时代镜报公司不享有此商标的任何权利,法院对协议进行了错误的审查,仅发现协议赋予双方何种权利,而不是协议导致时代镜报公司失去的之前已经享有的权利。我们同意时代镜报公司和 FSLC 公司可能根据普通法和合同均享有权利。参见 Sterling Drug, Inc. v. Bayer, A. G.[3] 案(分别基于共存使用协议解决违约之诉及基于《蓝能法》解决商标侵权之诉)。

时代镜报公司声称,作为一个知名商标的持有者,其有权扩张其商标使用范围,并且将此领域内使用商标的后使用人视为侵权人。著名商标或强商标的拥有使所有权人可获得在相关产品上的保护,如 Mobil Oil Corp. v. Pegasus Petroleum Corp.[4] 案中所表明的。这

---

〔1〕 283 F. 3d 121,123 (2d Cir. 2002).

〔2〕 281 F. 3d 23,30 (2d Cir. 2002).

〔3〕 14 F. 3d 733,739 –40 (2d Cir. 1994).

〔4〕 818 F. 2d 254,258 (2d Cir. 1987).

个原则同样适用于杂志。举个例子,[* **391**] 在 Triangle Publ'ns, Inc. v. Rohrlich[1] 案禁止腰带生产商使用十七杂志的"十七"商标,因为该商标是臆造性或任意性商标,并且会使公众产生混淆以为该腰带是由杂志赞助的。在 Esquire, Inc. v. Esquire, Slipper Mfg. Co.[2] 一案中,杂志出版商不能"从通用性词汇中摘取一个有利于暗示其产品或服务含义的词,并将该词独占使用,而不论准备付出多少努力或金钱",但该商标享有一定的保护。

FSLC 公司认为,时代镜报公司享有的商标权是被限制的,因为在一百多年以来,时代镜报公司仅将该商标用于杂志、书籍、印刷品及望远镜上。FSLC 公司同时指出,它在狩猎服装商使用 Field & Stream 商标长达将近九十年。

我们基于如下两个原因得出结论,双方在本案商品上使用商标的权利是由协议界定的,而不是任何残余的商标权。首先,1984 年协议之前双方对商标的使用不能证明,就将商标使用权扩大到狩猎和捕鱼相关领域的产品而言,时代镜报公司并没有大于 FSLC 公司的权利。其次,正如下面会阐述的,协议已经解决了时代镜报公司提出诉请的 FSLC 公司的所有违约事项。

时代镜报公司强调其在狩猎和钓鱼相关杂志上长期使用 Field & Stream 商标,但时代镜报公司忽略了或者说没有重视 FSLC 公司和 G & F 公司同样在服装(包括狩猎和钓鱼服装)上使用该商标长达九十多年的事实。此外,早在 1915 年,G & F 公司已经在狩猎、钓鱼、户外运动等相关商品价格单和目录上使用商标。在 1926 年,它在服装类上注册了此商标。由于 FSLC 公司不断续展其注册商标,因此 FSLC 公司拥有该商标权是无可争议的,并且已经具有了法律意义上的第二含义。参见 Gruner & Jahr USA Publ'g v. Meredith Corp. 。[3]

---

〔1〕 167 F. 2d 969, 970, 972 – 73 (2d Cir. 1948), overruled in non-pertinent part, Monsanto Chem. Co. v. Perfect Prods. Mfg. Co., 349 F. 2d 389 (2d Cir. 1995).

〔2〕 243 F. 2d 540, 543 (1st Cir. 1957).

〔3〕 991 F. 2d 1072, 1076 – 77 (2d Cir. 1993).

在出版商与 FSLC 公司签订合同时,时代镜报公司未提供其商标强度的证据,也没有提供 FSLC 公司 1915 年首次使用该商标的证据,我们没有理由怀疑时代镜报关于其商标早已获得“第二含义”而是以指示 Field & Stream 杂志的观点。FSLC 公司同样不能质疑时代镜报公司的观点,即 Field & Stream 作为杂志的商标远比作为 G & F 服装的商标有名。然而,在 1984 年,双方均在狩猎和钓鱼相关商品上使用该商标,并且都是强商标。

3. 违约

时代镜报公司声称,地区法院错误地认定:1995 年协议解决了协议生效之前的所有争议;1995 年协议后的大多数违约行为没有违反双方之间的协议;实际发生的违约行为也并不严重,因此没有理由撤销协议;FSLC 公司没有违反诚信义务;且即使假设重大违约行为确有发生,时代镜报公司已经放弃了撤销协议的权利。

1995 协议是否已经解决了所有已经发生的违约问题?

1995 协议规定,其旨在解决对商标意图申请及所有相关事项的异议。地区法院认为本条意味着协议解决了双方之间所有未决争议事项,并且排除时代镜报公司继续抱怨 1995 年 6 月之前发生的违约行为。时代镜报公司对此有不同意见,他认为,1995 协议仅仅是解决商标意图申请及时代镜报公司对这些申请的异议。初步看来,1995 协议所做的明显不止解决商标意图申请的争议。协议的其中一个条款规定,任何一方将来均不能在与他方商标使用的混淆性类似的商品上使用商标,这也暗示了双方能在商标意图使用申请之外的商品类别上使用商标。

尽管我们同意 1995 协议并未解决有关之前协议的所有可能违约,但这一结论没有实际意义,因为时代镜报公司认为 1995 协议及其之前的协议并未能解决任何违约事项。事实上,所有时代镜报公司声称的违约行为均发生在 1995 年 6 月之后。在回应 FSLC 公司提出一系列合同违约的交叉询问时,时代镜报公司确认只有在 1995 年 6 月之后才发生了违约行为。因此,地区法院没有忽视发生在 1995 年 6 月之前可诉的违约行为。

1995 年之后的行为

时代镜报公司声称，订立 1995 协议之后，被告为获得产品使用领域之目的签订的虚假许可协议、许可第三方出售大量的捕鱼、猎捕工具、恶意作为的行为严重违反 1995 协议。时代镜报杂志认为，法院关于没有重大违约的认定建立在两个错误的基础上。首先，地区[* **393**]法院错误认为 1995 协议覆盖了之前的全部协议，它并没有衡量 FSLC 公司违反先前协议的行为。其次，地区法院错误地解读了 1995 年协议。

第一个观点完全没有道理。当金法官谈及时代镜报公司关于在狩猎和钓鱼相关产品上的一般性商标使用权的主张时，他说 1995 协议取代了之前的协议且认为时代镜报公司没有这些权利。然而，这是一个备选观点。金法官先是审查了各个单独协议以确定它们是否赋予了时代镜报公司所声称的权利，这种方法与最终判决的确认一致，即在 1995 协议已经约定的事项之外，先前协议才有存在余地。我们认为这个结论是正确的。早先的协议已经为双方划分了具体商品类别。如果后一协议并未改变此分配，则该分配方式仍然有效。举例说明，尽管存在 1995 协议，但时代镜报公司仍不能声称其在服装类商品上享有商标权，同样 FSLC 公司也不能在杂志、枪、子弹上使用该商标。然而，1995 协议是第一份约定程序以获取未明确划归为各方的商标的协议。因此，就解决当前争议而言，1995 协议有着先前协议所不具有的范围和重要性。

虚假许可

时代镜报公司辩称，FSLC 公司与 Casual Lifestyles、Adventurous Products、Waldoch Crafts、A Sporting Frame of Mind 以及 Bimini Bay Outfitters 签订的商标许可协议是虚假的，因为商品的销售量很少或几乎没有、获得许可的商品均未做过广告或进行市场推销、很多商标被许可人之前并未生产过该种商品。这个论点忽视了 1995 协议中的约定：关于许可协议，仅要求许可权人提供许可协议的副本，并证明被许可人：(1)乃非隶属于许可人的第三方；(2)有一个正在运作的企业;(3)正从事被许可商品的营业或者说有经营此类商品的资质。另一方可以书面文件要求许可方立即提供特定书面文件及其他证明许可具有善意性质的证据。即使这样,这些材料也仅仅是在需要时才必须提供。时代镜报公司指控的行为并未违约,时代镜报公司承认 FSLC 公司已经提交的书面证明,并且时代镜报公司没有主张这些证明是假的。时代镜报公司也未作出请求进一步证据的书面要求。由于合同同时约定了有关确定许可协议之订立乃善意的材料及运用的程序,时代镜报公司不能在对 FSLC 公司之善意进行协议约定的程序检验前即主张违约。

销售打猎及钓鱼设备的许可

FSLC 在打猎和钓鱼服装上签订了一系列商标许可协议,包括作为替代钓具箱使用的背心、携带包和狩猎用的行李包。FSLC 公司也生产了一种使用 Field & Stream 商标的塑料多功能箱用于钓鱼、狩猎、野营、工艺品、远足、划船和急救。

时代镜报公司关于 FSLC 公司不能在狩猎和捕鱼服装上使用商标的观点是草率的。1984 协议中已经就服装作过定义,"是指能被[＊**394**]人们穿在身上的衣服或裙子",而不是鞋类和珠宝。尽管协议赋予哥伦比亚广播公司在明确及有限商品上的权利——在其杂志上做过广告或已经以 Field & Stream 商标出售的商品,但协议明确将服装排除在外。认为狩猎和钓鱼服装不是服装只是对协议用语的文义的曲解。

协议明确表示没有赋予时代镜报公司在狩猎、钓鱼和户外运动等相关产品上拥有商标专用权。第一份协议仅仅赋予时代镜报公司在杂志及已经出售的商品上拥有商标专用权。时代镜报公司从未声称其以该商标出售过争议商品。1991 协议将时代镜报公司的权利扩大至在钓鱼竿、卷轴、诱饵、线、枪、炮弹和子弹等产品上使用商标,这些也不是本次诉讼的争议焦点。

尽管 1994 协议在时代镜报公司可使用商标的商品类别上增加了帐篷和睡袋,但是该协议约定,对时代镜报公司和 FSLC 公司的权利划分不会创造或限制在其他商品上使用 Field & Stream 商标的权利,包括但不限于其他露营产品,也不能“用于时代镜报公司和 FSLC 公司因欲扩大或限制其在其他商品包括露营商品上使用 Field & Stream 商标而产生的争议”。该协议还将时代镜报公司的如下部分利润给予 FSLC 公司,即时代镜报公司因出售或许可带有商标的帐篷或睡袋得到的利润和从销售产品本身得到的特许权使用费。

1995 协议赋予 FSLC 公司在露营、狩猎、钓鱼等相关产品上的商标专用权。它允许协议双方通过在其他商品包括野营炉、便携式丙烷加热器、丙烷灯上使用商标或者许可商标使用来获取相应的权利。某些与钓鱼活动更接近的商品例如渔船,则由双方以一年为限交替使用商标许可权。最终,协议允许双方自由地在任何其他商品上申请许可,只要不与另一方已经使用、许可、申请注册的商品构成混淆性类似。基于以上因素,地区法院正确地认为,无论是独立解读抑或是整体解读,双方的协议并未在狩猎、钓鱼及户外运动相关的商品上创设一个不明不白的权利。

4. 基于公共政策宣告协议无效

双方均同意,对商标进行权利划分的合同是有效的。时代镜报公司认为应撤销与 FSLC 之间签订的协议,因为 FSLC 公司的行为会不可避免地导致实质性的消费者混淆,从而损害公众利益。地区法院驳回了该诉求,因为法院认为时代镜报公司未能证明来源混淆会导致公众利益受损。时代镜报公司辩称,地区法院错误地要求证明公众利益的损害而不是仅仅要求证明高度的混淆。

我们反对上述观点。时代镜报公司所援引的案例均非合适,因为这些案件所关注的都是被告的懈怠和默许,而不是合同本身。参见 Resorts of Pinehurst, Inc. v. Pinehurst Nat'l Corp. (关于混淆可能性和实际混淆的证据要胜过懈怠和默许的抗辩),[1] Kason Indus., Inc. v. Component Hardware Group, Inc. (因此,如果混淆可能性是不可避免的,或者混淆可能性重于原告延迟提起诉讼,法院会在其自

---

〔1〕 148 F. 3d 417, 423 (4th Cir. 1998).

由裁量权内颁发禁令救济,即使在禁止损害赔偿诉讼的案件中),[1] SunAmerica Corp. v. Sun Life Assurance Co.(认为证明混淆可能性的证据要重于默许所产生的禁反言效果),[2] Harley-Davidson, Inc. v. Estate of O'Connell(认为证明混淆可能性的证据要重于禁令救济中的懈怠抗辩)。[3] 但 Conopco, Inc. v. Campbell Soup Co.,[4]案中认为(尽管公众利益关乎确定懈怠的衡平抗辩能否被推翻,当案件涉及公共健康和安全时,公众利益高于适用懈怠抗辩中的其他考量因素)。

懈怠和默许是积极的衡平抗辩。默许要求满足三个因素:(1)先使用者积极地表示它不会主张权利或索赔;(2)积极表示与权利主张或索赔之间的延迟不可容忍;并且(3)延迟造成了被告不可预见的损失,参见 SunAmerica 案。[5] 懈怠是一种在主张有损他人的权利时所发生的不合理迟延,参见 Conopco 案。[6]

不同于这些衡平抗辩,双方同意在同一商标上各享权利的商标协议,受到法律鼓励。参见 Clorox Co. v. Sterling Winthrop, Inc.。[7] 通常,规制商标使用的协议比懈怠及默许的衡平抗辩,更受法院尊重。参见 MWS Wire Indus. v. Cal. Fine Wire Co.[8]一案(双方之间的和解协议允许先使用人享有对已受协议承认为有效商标的专用权,这将禁止后使用者在诉讼中复称商标乃描述性而归于无效[* **396**]);Beer Nuts 案[9](防范商业中描述产品的通用词汇枯竭的公众利益并未如此重要以至于优先于信守承诺的合同法规则。)

---

[1] 120 F.3d 1199,1207 (11th Cir. 1997).

[2] 77 F.3d 1325,1334 –36 (11th Cir. 1996).

[3] 13 F. Supp. 2d 271,285 (N. D. N. Y. 1998).

[4] 95 F.3d 187,194 (2d Cir. 1996).

[5] 77 F.3d 1325,1334 –36 (11th Cir. 1996).

[6] 95 F.3d 187,194 (2d Cir. 1996).

[7] 117 F.3d 50,55 (2d Cir. 1997).

[8] 797 F.2d 799,804 (9th Cir. 1986).

[9] 477 F.2d 326,329 (6th Cir. 1973).

Proriver 案[1]则认为：在未表明对公众利益有显著损害时，法院不会撤销合同双方的协议。但在 VISA Int'l Serv. Ass'n v. Bankcard Holders of Am. 一案[2]中，法院认为：若公众利益高于维护合同的利益，为了避免公众混淆，则足以使合同归于无效。在不同承保人的情况下，避免来源混淆优先于维护合同利益。

我们认为，为了撤销一个在自由讨价还价基础上签订的商标合同，一方当事人必须证明如果合同继续履行，那么公众利益将大大受损。我们毫不怀疑消费者混淆将会导致此种损害。例如，如果在后使用人的产品质量或者在后使用人的声誉备受争议，那么来源混淆程度可能会非常大。可见 VISA Int'l 案[3]（大客户购买产品看重的是隐含在产品背后的企业的声誉），T & T Mf'g Co. v. A. T. Cross Co. 案[4]（尽管存在混淆的可能性，但仍拒绝撤销商标协议，是因为没有证据表明消费者购买的在后使用人的产品一定会是劣质产品）。朴素的公平正义要求信守承诺，除非遵守合同会损害公众利益，而并不仅仅是缔约一方的利益。若由于混淆，公众购买了同等质量的商品但未损及健康，也不会威胁到公众的安全，那么仅仅是合同缔约的一方受到了显著损害。若公众的利益不会遭受显著损害，那么地区法院将不会穿上以公众利益为借口的外衣来保护合同中所允许的原告的损失。我们维持驳回商标侵权的裁定。

5. 反诉

就反诉而言，时代镜报公司认为只有在 FSLC 公司严重违反双方之间协议的情况下才允许提起反诉。在肯定地区法院无重大违约的判决是合法有效的情况下，我们也必须肯定关于反诉的判决是合法有效的。

---

〔1〕 83 F. Supp. 2d 42，45 – 46（D. D. C. 1999）.

〔2〕 784 F. 2d 1472，1473 – 74 & n. 1（9th Cir. 1986）.

〔3〕 784 F. 2d at 1473 – 74 and n. 1.

〔4〕 587 F. 2d 533，538（1st Cir. 1978）.

结论

由于地区法院明确认定,FSLC 公司和拉文公司没有违反与时代镜报签订的合同。同时,时代镜报既未能证明其在打猎、钓鱼、露营用品上拥有现存的商标权,也没能证明为了保障公众利益必须撤销合同,因此,我们认为地区法院的判决是合法有效的。

6. Brennan's Inc.; Owen E. Brennan, Jr.; James C. Brennan; Theodore M. Brennan v. Dickie Brennan & Company Inc. v. Richard J. Brennan, Jr; Richard J. Brennan; Cousins Restaurants Inc.; Seven Sixteen Iberville LLC [2004]

[阅读提示]

共存协议并非阻却当事人行使诉权的因素,一方超出协议约定范围使用商标,他方当然可提出商标侵权之诉,至于该诉请是否能够得到法院支持,则应视商标侵权的构成要件逐一审查,在涉及共存协议的案件中,由于双方系在类似商品上使用相同或近似商标,只要超越授权的行为可能造成混淆可能,则应认定为商标侵权。若同时满足违约要件和侵权要件,则应按请求权竞合规则处理,当事人不可因同一行为获得双份赔偿。

美国联邦第五巡回上诉法院

布伦南公司、小欧文·布伦南、
詹姆斯·C.布伦南和希欧多·M.布伦南
(原告——上诉人——交叉上诉中的被上诉人)
诉
布伦南迪基公司和小理查德·布伦南
(被告——被上诉人——交叉上诉中的上诉人)
理查德·布伦南、姐妹餐饮公司和七一六伊贝维尔公司
(被告——被上诉人)
编号:03 -30470
判决日期:2004 年 6 月 28 日[1]

案件背景:一家同名餐厅的所有人起诉其家庭成员经营相似名称的餐厅,构成商标侵权和违约。美国联邦地区法院路易斯安那州东区法院法官玛丽·安·万尔莱蒙驳回了商标侵权请求。但是对所有人的违约请求进入了判决阶段,双方当事人均提出上诉。

判决:上诉法院的首席法官金认为:

(1)陪审团质疑,存在被告欺诈性引诱原告签订同意使用协议的情形;

(2)双方的协议并没有禁止原告主张商标侵权;

(3)当被告已经行使合同权利而经营餐厅业务时,原告不能主张商标侵权;

(4)原告无法同时获赔所失利润和合理的许可费赔偿;以及

(5)对有关损害赔偿的专家证言的采纳,法庭没有滥用自由裁

[1] BRENNAN'S INC.; Owen E. Brennan, Jr.; James C. Brennan; Theodore M. Brennan, Plaintiffs-Appellants-Cross-Appellees, v. DICKIE BRENNAN & COMPANY INC.; Richard J. Brennan, Jr.; Defendants-Appellees-Cross-Appellants Richard J. Brennan; Cousins Restaurants Inc.; Seven Sixteen Iberville LLC, Defendants-Appellees. No. 03-30470. June 28, 2004. 376 F. 3d 356.

量权。

对于一审判决部分维持，部分撤销，并发回重审。

主审金法官：

原告拥有一家以姓氏命名的知名新奥尔良餐厅，原告起诉其某些亲戚使用同样的姓氏经营其他餐厅的行为涉嫌引发市场混乱、构成商标侵权和违约。地区法院认为作为违约请求基础的两个合同使原告不能主张与商标相关的请求。其余的请求须提交法庭审理，陪审团决定支持原告的其中一个违约请求。双方当事人[* **359**]对原审程序中的各个方面都提出上诉。对于一审判决我们部分维持、部分撤销，并发回重审。

一、案件背景

新奥尔良的常住居民都知道，布伦南家族成员在餐饮业具有非同一般的天赋。本案纠纷即缘于家族不同分支对用于某些餐厅的名字的争议。

闻名于20世纪50年代的该家族第一个餐厅——布伦南餐厅，是由老欧文·布伦南开设。后来，这家餐厅的60%股份由老欧文的遗孀莫德和他们的三个儿子——小欧文·詹姆斯和西奥多兄弟（以下简称“三兄弟”）所有，剩下的40%由西奥多兄弟的叔叔和阿姨——老理查德·布伦南（以下简称“老理查德”）所有。家族注册了联邦商标BRENNAN'S，并开办了其他餐厅。在20世纪70年代早期，家族的双方产生分歧，最终导致家族餐厅产业的分割。最早的布伦南餐厅由老欧文的遗孀和儿子们所有，而家族的其他餐厅由西奥多兄弟的叔叔阿姨所有。

产业分割并不能解决所有的问题，1976年，布伦南餐厅这一方起诉家族的另一方构成商标侵权。在1979年，诉讼最终以一份和解协议（以下简称“1979年协议”）以及一份界定两大阵营在BRENNAN'S商标上权利的共存协议告终。老欧文的遗孀和儿子们对该商标享有在路易斯安那州及除老理查德和他的兄弟姐妹享有专属权利的得克萨斯州和佐治亚州以外的其他州的专有权。该协议进一步规定，（除一些例外）尽管协议允许双方“帮助”他们后代

“以任何名字”拥有或者经营餐厅,但任何一方都不能在路易斯安那州使用布伦南名字“开办或经营”新餐厅。对于未来可能引起的纠纷,1979 年协议指出,任何一方都不得对另一方在协议允许范围内的使用商标行为主张商标侵权,但其并不禁止将来或因违反协议而引发的诉求。后来,老欧文的遗孀去世了,三兄弟继续通过布伦南有限公司(“Brennan's”)拥有并经营着最初的布伦南餐厅。

二十年来,生意顺利进行,没有发生任何意外。那段时间里,老理查德的儿子、被称为“迪基”的小理查德,开始在餐厅生意上创建自己的品牌。不像老理查德,迪基并非 1979 年协议的签字人。在 20 世纪 90 年代末,老理查德将其派丽斯咖啡餐厅的多数股权转让给迪基和其另一个孩子,而派丽斯咖啡餐厅也逐渐开始以迪基·布伦南派丽斯咖啡餐厅而闻名。几乎同时,老理查德、迪基和其他的人决定在新奥尔良开办一个新餐厅,名字叫做迪基·布伦南牛排店。

1998 年 7 月,西奥多碰巧在离布伦南餐厅几个街区远的地方注意到一个宣布迪基布伦南牛排店开业的告示,随后他告诉了他的兄弟们这一情况。9 月,三兄弟和迪基开会讨论了如何在各自的餐厅上使用家族姓名的问题。据三兄弟所说,迪基对他们隐瞒了他的父亲、老理查德拥有两个以迪基名字命名的餐厅的事实。这次会议在布伦南和迪基之间达成了一个协议(以下简称“1998 年协议”[*360]),布伦南许诺其不应当反对迪基以“迪基·布伦南派丽斯咖啡”和“迪基·布伦南牛排店”名字经营餐厅,而条件是“只要”:迪基不得脱离“迪基”单独使用“布伦南”的名字,并且“迪基·布伦南”的字样不得比名字的剩余部分还要突出,不得使用某些特定的字体,不得暗示与最初的布伦南餐厅有任何联系。迪基也承诺,他只会按照协议规定的使用方式使用布伦南的名字。协议还进一步要求迪基在他知道他的餐厅与最初的布伦南餐厅发生混淆时要通知三兄弟,并且他应采取补救措施。

在接下来的几年里,布伦南餐厅的员工发现许多消费公众显然把他们的餐厅与迪基·布伦南牛排店混淆的例子,相反情形也同样存在,比如人们在寻找一个餐厅的时候却进了另一个餐厅。2000 年 3 月,布伦南的律师发函给迪基,要求会晤讨论显而易见的混淆情况,以及迪基能够采取的补救措施。继而因为会晤和函件都无法解决纠纷,布伦南起诉迪基以及迪基·布伦南公司(原告认为迪基通过该公司经营餐厅)违反 1998 年协议、构成联邦和州法上的商标侵权以及其他请求。

被告提交了一个因当事人不适格请求驳回的动议。动议中还附上了一份证词载明派丽斯咖啡和牛排店是由姐妹餐饮公司(以下简称"姐妹")和七一六伊贝维尔有限责任公司(以下简称"七一六")分别实际拥有和经营。该证词进一步载明,老理查德和迪基在两个公司均有股权,并且按照 1979 年协议,迪基和这两个公司是老理查德权利的继承者。作为回应,布伦南修改了其诉请,增加一项违反 1979 年协议的请求,并将老理查德和这两家公司列为被告,同时增加三兄弟(如 1979 年协议的签订者小理查德)作为原告。被告提出了对方违反 1979 年协议并在后来违反 1998 年协议的反诉请求。

地区法院作出了一些缩小本案争点的裁决。与本次上诉目的相关,地区法院认为:(1)老理查德拥有"姐妹"、"七一六"和其他有助于这些生意的公司少数股份的行为违反了 1979 年协议;根据地区法院观点,老理查德的行为等同于合同禁止的"开办或经营"餐厅的行为,而并非该协议下允许的"帮助"后代的行为;(2)1979 年协议禁止原告向老理查德提起商标相关的侵权请求,原告也相应地不能对老理查德主张合同救济;(3)1998 年协议禁止原告向迪基主张商标相关的侵权请求;所以原告只限于获得违约救济,除非他们能够证明因为欺诈或者根本违约,合同应当被撤销;以及(4)"姐妹"和"七一六"能够行使 1998 年协议下给予迪基的权利,所以原告也不能对这两个公司提出商标相关请求。地区法院的预审裁定后,本案[* **361**]审理的唯一问题就是原告认为迪基违反 1998 年协议以及迪基欺诈性引诱他们签订协议的请求。[FN1]

FN1. 虽然法庭已经批准了原告关于老理查德违反 1979 年协议的即决判决,但是原告仍不能在审判中对老理查德主张合同损害赔偿金。他们转而选择保留在上诉中主张本案可适用商标救济的权利。

第二次审判的赔偿责任阶段始于 2002 年 10 月 28 日。11 月 7 日,陪审团宣布了其赔偿责任的判决。法庭认为,原告没有证明迪基欺诈性诱使他们签订 1998 年协议。在违约请求方面,陪审团发现迪基就其派丽斯牛排餐厅,而非派丽斯咖啡餐厅,以合同没有允许的方式使用布伦南名字且没有在他认识到混淆时采取适当的救济措施以消除市场混淆,这样的行为违反了 1998 年协议。然而,陪审团还查明,迪基是善意为之并且违约情况并没有严重到需要解除 1998 年协议的程度。

因为 1998 年协议仍然有效,地区法院的先前裁决限制了原告在判决的损害赔偿阶段请求合同救济。在赔偿责任阶段中,原告已经提交了证词以证明一些消费者确实在布伦南餐厅和迪基·布伦南牛排店之间产生了混淆。在损害赔偿阶段,原告提交了唯一一位专家证人——威廉·里基尔的证词。[FN2] 被告对他们自己的专家提出反驳,严重质疑里基尔的证词。在 11 月 8 日,陪审团对于迪基违反合同的行为裁定原告获赔 250,000 美元,而原告律师在结案陈词中要求的数额是 220 万美元。地区法院根据陪审团裁定制作了判决书,并要求迪基须遵守 1998 年协议。

FN2. 里基尔证词的详细情节构成了反诉的基础,本院将在第三部分详细讨论。

原告现在提起上诉,并提出几个问题。其中最重要的是,他们质疑地区法院关于 1979 年和 1998 年协议禁止他们对被告主张所有与商标相关请求的判决。此外,他们还主张,对于他们的欺诈性引诱签订合同的请求应当有权作为法律问题获得判决,或者至少就该请求获得一个新的判决,因为地区法院错误地禁止他们在交叉询问阶段向迪基询问。他们也抱怨,法官错误地在审判的损害赔偿阶段禁止他们提交关于合理许可费数额的证据。迪基和迪基布伦南公司提起交叉上诉,认为地区法院应当排除原告证明损害赔偿的证词,并且除开证词不说,损害赔偿数额也不能接受。

二、原告的上诉意见

A. 有关欺诈性诱导的动议(第50条规则)

在庭审中,原告主张迪基曾欺诈性诱使其签订1998年协议。陪审团调查的事实却并非如此。原告提出应依据[*362]第50条作出径行判决的动议,但是地区法院拒绝置陪审团裁定于不顾。

我们重新审查地区法院的判决,并同样适用第50条规则。参见Coffel v. Stryker Corp。[1] “当案件中不存在足够的法律上的证据支持陪审团对争点进行查明时”,径行判决比较适当。[2] 事实和推论对动议人来说如此有力和具有压倒性,以至于理性的陪审员无法作出相反的判决。[3] 考虑第50条规则时,法庭必须审查所有记录在案的证据,得出所有利于非动议人的合理推论,法庭不能作出可靠的事实认定或考量证据问题,这是陪审团的职责。参见Reeves v. Sanderson Plumbing Prods. , Inc.[4]。从整体上审查案件材料时,法庭"必须忽略所有对动议人有利的证据,陪审团对这些证据也不必相信。也就是说,法庭应当对有利于非动议人的证据给予一定的信任,还包括支持动议人的无可争辩和不可指摘的、至少是来源于无利害关系证人的证据"。[5]

本案中的陪审团被指示,依据路易斯安那州法,欺诈是指"有意为一方获取不正当优势,或给另一方造成不便或损失的虚假陈述或歪曲事实"。他们被进一步指导,沉默或不作为、肯定性虚假陈述均可导致欺诈。

原告的论点很大程度上依赖于迪基承认在1998年9月会晤期间没有通知三兄弟关于老理查德已参与迪基餐厅的事实。而且,三兄弟在庭审中作证,迪基在会晤期间曾发表几条特别的评论,例如,他意图暗示老理查德将不会牵涉其中;老理查德已经"退休",迪基

[1] 284 F. 3d 625,630 (5th Cir. 2002).

[2] FED. R. CIV. P. 50(a)(1).

[3] Coffel,284 F. 3d at 630.

[4] 530 U. S. 133,150,120 S. Ct. 2097,147 L. Ed. 2d 105 (2000).

[5] Id. at 151,120 S. Ct. 2097.

“自立门户”。迪基没有否认作出过那些声明,但是同时又作证说他记不清是否曾这样说过。三兄弟也证明如果他们知道老理查德牵涉其中,他们肯定不会签订 1998 年协议。迪基承认他确实知道老理查德和家族的三兄弟这一分支之间存在敌意,他同样承认知道 1979 年协议限制他父亲使用姓氏。基于这些证据,原告争辩说一个理性的陪审团应当能够推断出迪基通过隐瞒老理查德的涉入而欺诈性诱使三兄弟签订了 1998 年协议。

我们不这样认为。一个理性的陪审团会作出同样的裁定。陪审团的证据表明,正是三兄弟要求和迪基会晤的,也是这三兄弟提出签订一份关于 BRENNAN'S 商标的使用协议,也是这三兄弟草拟了 1998 年协议交给迪基签署。陪审团也听取了迪基关于他可以自己的名字开办他自己的餐厅而不需要 1998 年协议或任何来自布伦南的许可的证据,这对有关他欺骗他们(三兄弟)的动机提出了质疑。而且,尽管三兄弟证明他们对老理查德涉入迪基餐厅并不知情,但仍然有证据可以进行理性的推理,[* **363**]迪基本希望三兄弟能通过媒体报道和当地传言获知这一信息。总之,陪审团理性的推定迪基并没有欺诈性诱使三兄弟签署 1998 年协议。

B. 对欺诈性诱导重新审理的请求

原告接下来请求针对欺诈性诱导进行新的庭审,主张地区法院不恰当地阻止其询问迪基的主观心态。特别是,原告主张地区法院在维持有关辩护律师拒绝回答——迪基是否认为如果三兄弟已经知道老理查德参与迪基餐厅仍会订立 1998 年协议——的问题时犯了可撤销的错误。错误发生在以下交换问答中:

问:你认为如果他们知道你的父亲牵涉入餐厅,他们会签订 1998 年协议吗?

答:科尔伯特先生,当我回想所有我们已经了解的信息时,我不知道他们怎么会不知道我的父亲牵涉其中。

原告律师:我可以重新问一遍这个问题吗?

法庭书记员重新问了这一问题,但在迪基回答之前,他的律师要求与法官耳语。迪基的律师接着拒绝回答该问题,因为该问题试图寻求最终应由陪审团回答的问题的答案。原告的律师回应说,该问题涉及迪基是否具有隐瞒老理查德涉入的动机。法庭支持了被告的反对意见。

由于我们通常只因是否滥用自由裁量权审查地区法院关于是否承认或者排除证据的决定,原告在本上诉中面临着艰难的任务。参见 Green v. Adm'rs of Tulane Educ. Fund,[1] 而且,除非判决中的错误影响了一方的实质性权利,我们不会撤销之前的决定。

我们认为并不存在可撤销的错误。迪基第一次间接地回答了这个问题,表明三兄弟一定意识到了老理查德的牵涉。他的回答等同于对辩护律师肯定的回答:迪基说三兄弟一定知道老理查德牵涉其中,然而他们仍然签署 1998 年协议;所以,根据迪基的观点,即使他们知情他们仍然会签署。如果原告的律师已获准追究此事,也没有理由认为迪基将会有不同的回答。而且,法庭的裁决并不会阻止原告形成他们的观点。即使没有迪基对这个问题的回答(而且这个问题的答案也帮助不了他们),理性的陪审团也可以从众多证据中推定迪基有意欺骗三兄弟。原告详细地重述了该证据并确实主张,如同之前本判决之前部分阐释的那样,一个理性的陪审团根据本案证据只能得出与本案陪审团一样的结论。即使法官在支持被告的反对意见上确有错误,原告未能就欺诈性说服陪审团也不能归咎于法官对此单一问题的排除。

C. 1998 年和 1979 年协议对原告提起有关商标请求能力的效力

我们接下来要考虑的是地区法院是否错误地判定 [*364] 1998 和 1979 协议禁止原告针对迪基公司、姐妹公司、七一六公司以及理查德主张商标侵权和其他相关诉求[FN3]。我们认为地区法院在某些地方犯了错误,但我们也认为,(地区法院的判决)对原告在重审中获得额外救济的能力具有明显的限制。

FN3. 原告的赔偿请求理论不仅包括严格的商标侵权,而且包括淡化和不正当竞争。

---

[1] 284 F. 3d 642, 660 (5th Cir. 2002).

1. 针对迪基的商标侵权请求

地区法院认为,1998 年协议禁止布伦南公司向迪基公司提出有关商标的诉请。法庭采纳了被告的主张,即只要协议有效,则布伦南公司仅限于得到合同救济;只有当布伦南公司能够证明引诱欺诈或者能够证明根本违约以解除协议时,他才可避开该协议而请求商标救济。陪审团认为本案并不存在欺诈性的引诱行为,而且,尽管陪审团支持违约成立,但陪审团认为违约情形并没有严重到使协议无效。1998 年协议仍然有效,地区法院限制布伦南公司在审理的第二阶段请求合同损害赔偿金。

本院审理中,较多争议集中在 1998 协议是许可协议还是同意使用协议。许可协议赋予一方使用另一方商标的权利(例如,否则构成侵权行为),通常被许可一方需要支付给许可一方使用费或其他费用。

2. 麦卡锡《论商标和不正当竞争法》§ 18:79(4 ed. 2004)作为一种典型情况,同意使用协议是一个合同,在该合同中:

作为商标所有人的 A 方,同意 Z 方以确定的方式使用商标。在效果上,只要 Z 在确定的使用范围内使用商标,A 则承诺不起诉 Z……也就是说,A 承认这种确定范围内的使用并不是侵权,因此 A 也不能对 Z 的这种使用行为提起诉讼。

换句话说,同意使用协议"不具有转移商标权或者许可使用商标的意图……而是对现存商标的使用进行固定和明确……以防止混淆和侵权。"参见 Exxon Corp. v. Oxxford Clothes, Inc.〔1〕当"商标使用的授权是为避免消费者对各方的产品来源及特性产生误认或者混淆"时,法庭一般不会认定为许可关系。根据上述这些原则,1998 年协议最好应当被描述为同意使用协议而不是使用许可协议。事实上,协议明确表明协议双方订立该协议的目的是"避免任何交易和公众的混淆"。它明确要求,即使没有任何违约行为,迪基公司仍

〔1〕 109 F. 3d 1070, 1076 (5th Cir. 1997) (alterations in original) (quoting Waukesha Hygeia Mineral Springs Co. v. Hygeia Sparkling Distilled Water Co. ,63 F. 438, 441 (7th Cir. 1894).

需采取补救措施消除公众的混淆。

就许可协议而言，通行的观点是，如果一个人超出许可范围，则其不仅应承担违反许可协议的责任，而且也构成商标侵权。例如，Franchised Stores of N. Y. , Inc. v. Winter[1]；[* **365**] Digital Equip. Corp. v. AltaVista Tech. , Inc。[2]

根据被告的观点，同意使用协议与此完全不同。他们认为，遭受该种协议违约损害的一方仅能追索合同损害赔偿，而不能请求商标侵权之诉，除非该协议被撤销。也就是说，被告主张只要合同有效，同意以界定方式使用的商标所有人就不能主张商标侵权救济，即使被同意者以未经授权方式使用商标。他们引用了麦卡锡的论著以作支持，虽然该论著确实讨论了同意使用协议的若干特征，但并没有列出被告提出的观点（尽管也没有明确反对）。在麦卡锡教授引用的关于同意使用协议最早的案例中，法庭对于超出合同允许的使用行为，似乎支持了基于商标侵权，而不仅是违约诉讼的观点（尽管百年来这一观点已被公认而非雪藏）。参见 Waukesha Hygeia。[3]

为了支持其合同阻止商标诉讼的观点，被告严重依赖于判例 Affiliated Hospital Products, Inc. v. Merdel Game Manufacturing Co. 。[4] 在该案中，游戏制造商阿飞利奥特起诉与其竞争的另一制造商莫德尔构成商标侵权，双方签订了一份规制莫德尔在其游戏上对特定名称使用的和解协议以解决纠纷。[5] 协议约定，只要莫德尔不比在协议签订日更突出地将该名字使用，阿飞利奥特就不得反对莫德尔使用该名字，协议还规定莫德尔不得使用该名字描述其游戏棋盘。[6] 最后，协议约定三年后莫德尔使用该名字将没有任何限制。签订协议几年后，阿飞利奥特再次起诉莫德尔违约和侵犯商标

---

〔1〕 394 F. 2d 664, 668 – 69 (2d Cir. 1968).

〔2〕 960 F. Supp. 456, 473 – 78 (D. Mass. 1997); see also 2 MCCARTHY § 18: 42; 4 id. § 25: 30.

〔3〕 63 F. at 441.

〔4〕 513 F. 2d 1183 (2d Cir. 1975).

〔5〕 Id. at 1185 – 86.

〔6〕 Id. at 1186.

权。上诉法院认定和解协议约定了双方的权利,阿飞利奥特仅限于获得合同救济——且无权请求商标侵权救济——除非合同因为欺诈或根本违约被撤销。[1]

我们认为,阿飞利奥特一案的规则在本案不能适用。尽管阿飞利奥特认为莫德尔在三年内未以合同约定的方式使用商标,其仍希望基于合同明确允许地使用方式请求商标侵权。双方协议的关键性特征在于阿飞利奥特允许莫德尔在三年后无限制地使用其商标。放弃对莫德尔商标使用行为的异议权是该合同在阿飞利奥特请求商标侵权之前即被宣告无效或被撤销的主要理由。目前的案件并不存在这一情况。任何签订同意使用协议(未被解除)的当事人均仅能就合同未授权的侵权使用行为主张违约救济,我们不能过于宽泛地如此来解读阿飞利奥特一案。以上规则使商标侵权救济是否可行取决于该合同是属于许可协议还是同意使用协议——[* **366**]有时一些协议均不属于这两者——的范畴。此外,当被同意人以未授权使用侵犯商标权时,粗心的商标所有人发现其被剥夺了获得商标救济的权利(且这是一种潜在的联邦权利),这对他而言似乎是一个陷阱。

一个更贴切的案例是 Sterling Drug Inc. v. Bayer AG。[2] FN4 就像在本案中一样,斯特林一案的当事人签订了一份协议,约定只要另一方当事人拜耳以指定方式使用商标,斯特林不会对该种使用提出异议。[3] 斯特林后来起诉拜耳构成违约和商标侵权。拜耳辩称双方的协议阻止了商标法在本案的适用,合同法本身就足以规范双方的行为。[4] 法庭驳回这一辩解,认为这两个法律均可适用且须依据二者作出禁令判决。[5] 斯特林案区别于阿飞利奥特案的地方在于,

---

〔1〕 Id. at 1186.

〔2〕 792 F. Supp. 1357 (S. D. N. Y. 1992) aff'd in part and vacated in part,14 F. 3d 733 (2d Cir. 1994).

〔3〕 Id. at 1363.

〔4〕 Id. at 1365,1371 n. 12.

〔5〕 Id. at 1371 n. 12,1375.

阿飞利奥特案的原告针对双方协议允许的使用方式主张侵权，这也就是阿飞利奥特一案的原告在起诉商标侵权前必须先证明合同无效的原因。

FN4. 上诉法院维持地区法院关于违约和商标侵权的裁定，这也是本段讨论的内容。判决限于地区法院的禁令救济，这被认为确实过于宽泛。[1]

考虑将这些原则作为解释本案争议协议的有益指导，我们转而关注1998年协议本身。这就是一个合同，当然必须基于其条款、从合同语言中明确表达的双方真意来解读。合同须依州律约束和解释，本案中是路易斯安那州法律。我们必须决定合同是否应当被解读为禁止布伦南对迪基主张商标侵权动议。如果没有1998协议，布伦南当然有权这样主张（这并不是说任何这样的主张都会成功）。该协议至少在某种程度上的确限制了那种权利，因为其约定只要迪基按照确定方式使用，不使用特定字体、不使用如“原始”或“正宗”等会暗示与布伦南有联系的字样，布伦南“不应当拒绝”迪基在迪基·布伦南派丽斯咖啡和迪基·布伦南牛排店使用该商标。所以，只要迪基按照协议约定的方式使用商标，他就无须承担商标侵权责任。参见T & T Mfg. Co. v. A. T. Cross Co。[2] 该协议在布伦南商标外围创造了一个安全港湾以减少使用的不确定性和风险，否则会招来各种商标侵权起诉（虽然不必然成功）。这是值得认可的。

在本案中，陪审团认定迪基以协议未授权的方式使用了布伦南商标。证据显示“迪基·布伦南”的名字比“牛排店”更加突出。所以，[* **367**]问题是协议是否禁止布伦南对超过协议允许和设想范围的使用行为主张商标侵权。根据其条款，协议语义上并不排除这样的诉讼，因为其约定“只要”迪基按照合同使用，布伦南“不应当禁止……”合同并没有说布伦南已经放弃了因未按规定使用而主张商

---

〔1〕 14 F. 3d at 746, 749 – 50.

〔2〕 587 F. 2d 533 (1st Cir. 1978); Rush Beverage Co. v. S. Beach Beverage Co., No. 01 C 5684, 2002 WL 31749188, at *9 – 11 (N. D. Ill. Dec. 6, 2002).

标侵权救济的权利。路易斯安那州法律规定,放弃将来诉权必须清楚表达并作狭义解释。参见 Young v. Equifax Credit Info. Servs;[1] Brown v. Drillers, Inc.[2]协议并不意味着布伦南已经含蓄地放弃了其现存的、对未授权使用行为主张商标侵权的权利。换句话说,布伦南允许迪基不必担心承担责任而以特定使用方式使用商标并不意味着迪基所有的未授权使用行为都不必承担商标侵权责任。就未授权使用而言,协议本身并非抗辩理由,所以商标侵权请求是合理的。当然那并不意味着布伦南关于违反同意使用协议的行为就是商标侵权的观点是正确的。使用行为可能违约,但并不能独立地等同于商标侵权。参照麦卡锡教授的论著("在同意使用协议中,双方可以就各自的使用进行超出商标法和反不正当竞争法的要求的划分")。[3]

虽然地区法院错误否认布伦南有权主张有关商标诉请,我们认为在重审中布伦南可能提出的诉讼至少受限于以下几个重要方面。首先,因为仍有效的1998年协议允许迪基将其名字与餐厅联系起来使用,布伦南只有在迪基因未经允许的使用行为产生混淆时请求商标侵权才会胜诉。一定程度的混淆有可能产生于附近经营的两家同名的餐厅,但是布伦南不能起诉迪基按照现存协议规定方式使用商标导致混淆的行为,而且地区法院并没有终止协议,相反还要求迪基履行该协议。FN5 参见 [* **368**] Sterling 案[4]其次,假定布伦南能够证明侵权,陪审团之前关于迪基善意的认定可使其免予以故意为条件的商标救济,见麦卡锡教授的论述。[5] 这是我们在一审中留给地区法院解决的问题(同样,任何因未经允许使用商标导致的混淆会产生损害赔偿。)最后,尽管商标法提供比合同法更多和更大方的救济,但是布伦南在本案中已经获赔25万美元合同法下的所失利

[1] 294 F. 3d 631, 637 (5th Cir. 2002).

[2] 630 So. 2d 741, 752 - 54 (La. 1994).

[3] § 18:80.

[4] 14 F. 3d at 750; Sterling, 792 F. Supp. at 1372 n. 14.

[5] 5 MCCARTHY § § 30:62, 30:89, 30:99.

润。尽管其还可请求商标损害赔偿，但绝不可能在相同的所失利润上获赔两次。因此，尽管地区法院本应允许布伦南寻求商标侵权赔偿，但实际上他不可能获得更多的救济了。

FN5. 为此，我们驳回了布伦南关于重审程序应判决被告承担商标责任并直接作出赔偿的意见。陪审团关于本案存在违约和不符 1998 年协议目的的混淆的认定，可能对——混淆是否仅源于未经允许的使用——这一问题不具有排斥性，这一问题我们留待地区法院在重审中解决。

我们注意到，我们关于迪基商标侵权责任受有限制的结论同时反映了 1998 年协议的特殊性质和该协议仍有效的事实。通常情况下，同意使用协议均接受，只要被同意人依照协议使用就不会产生市场混淆。参见麦卡锡论述。[1] 然而，1998 年协议认为，即使迪基按照允许的方式使用商标，也可能会导致混淆（尽管不一定是可诉的混淆可能性），这也促使迪基采取措施消除混淆。而且，在许多情况下，被同意人不遵守协议的行为将终止合同，并解除商标所有人以特定方式使用商标的合同义务。但陪审团此时认为其可自由裁量决定协议是否终止或者相反要求迪基履行协议。陪审团就该问题的决定应当考虑迪基违约的严重程度、他的主观善意或者恶意以及处理违约的两种方法的相对公平性。布伦南没有在上诉中质疑这一方面。

3. 对迪基公司的商标诉请

地区法院认定迪基有权根据 1998 年协议利用公司或合伙实体形式行使权利。因为地区法院认为该协议排除了针对迪基的商标诉请，它同样禁止布伦南向迪基公司、姐妹公司和七一六公司主张商标侵权。原告没有以违约起诉这些公司。结果，任何关于姐妹和七一六公司法律责任的质疑均提交给陪审团。尽管法庭要求这些公司遵守 1998 年协议，但并未发出任何命令。

从上文我们得出结论，因为迪基的商业活动超出了合同范围从

---

〔1〕 2 MCCARTHY § 18:79.

而导致市场混淆,1998 年协议没有庇护迪基免予承担商标侵权责任。因此当这些公司以同样方式使用商标时,协议也没有庇护它们,因为布伦南显然没有比迪基更大的权利。所以地区法院在禁止商标诉求这点上是错误的。

剩下的问题就是公司能否基于 1998 年协议允许的使用行为被诉侵权。FN6 布伦南主张公司即使按照协议授权方式使用商标,也根本不可以凭借 1998 年协议免责。因此,原告指出 1998 年协议约定,它的权利仅针对迪基且"不得转让、许可或者设立担保"。地区法院反驳了布伦南的观点,认为尽管协议禁止迪基转让其权利,但协议并未阻止其通过商业实体行使自己的权利。FN7 [* **369**]

FN6. 在考虑这个问题时,我们并非意味着,符合 1998 年协议的行为将会事实上构成商标侵权。问题不在于这样的请求能否成功,而在于当协议有效时该请求可否被主张。

FN7. 被告在上诉中大致基于地区法院先前提出的理由支持地区法院的判决,即认为 1998 年协议约定迪基可以通过商业实体运营其餐厅。我们指出,被告并非提出如下理论,这种理论被部分法院采纳,即同意使用协议的第三人能够以该协议对抗商标所有人作为不产生混淆的认可,这样的观点也被某些法庭驳回。参见麦卡锡教授的论述。[1] 就本案而言,争议点在于,当原告基于以上观点——第三人可将同意使用协议作为原告认可不会产生混淆的抗辩——对第三人的相同行为主张侵权时,原告同意迪基使用该名字转而会对原告不利。既然被告在对抗这些公司或者老理查德的抗辩理由书中均未提及这个特殊的理论,我们因此对关于该理论在侵权诉讼中是否为一个合适的抗辩不发表意见。

我们同意地区法院在此部分的结论。1998 年协议约定迪基已经和将来会经营至少两家大的餐厅。虽然迪基可以独资经营,但他没有这么做,在他看来,这么做会严重削弱合同的作用。我们应当

---

〔1〕 2 MCCARTHY § 18:81.

假定双方都希望作出一个合理的、富有操作性的安排。参见 Texaco Inc. v. Vermilion Parish Sch. Bd。[1] 迪基能继续通过他已经存在的商业实体来经营作为其主要财政支柱的餐厅,那个判决支持这个解释。而且,只要有关当事人意图的表面证据相关,布伦南兄弟之一在庭审中即可证实他们关心的不是餐厅是否由公司经营。FN8

FN8. 为了进一步支持公司不能受到 1998 年协议保护的观点,布伦南提交一份老理查德和迪基所作的与公司可以受到 1998 年协议保护的观点不一致的书面证词。然而,这份书面证词仅表示公司可以考虑依据 1998 年协议转让老理查德的股份。这不会影响对 1998 年协议的解释,公司可以有两种地位。

由于我们的结论依赖于 1998 年协议所表达的签订者的意图,我们不需要考虑迪基的权利在缺乏此意图时是否可以依照公司法或者代理法反归于其公司。参见 Cf. Casson v. Hartford Fire Ins. Co[2]. ,548 So. 2d 66 (La. App. 3d Cir. 1989)。我们也不认为迪基与公司的关系会发生什么改变。

总而言之,我们认为迪基的公司的立场与迪基相同:布伦南不能对公司依 1998 年协议使用商标的行为主张商标侵权,但是他可以对超过协议约定范围的使用行为主张侵权。

4. 对老理查德的商标诉请

地区法院即决判决裁定老理查德违反了 1979 年协议。1979 年协议禁止签署人(老理查德是其中之一)在路易斯安那州用布伦南的名字开办或经营新餐厅。然而同时,协议 [* **370**] 也明示允许签署人可以"帮助"其后代"使用任何名字"拥有或经营一家餐厅。地区法院认为老理查德在"姐妹"和"七一六"公司的少数股权超过了 1979 年协议允许的"帮助"后代,从而违约。老理查德没有对此提出上诉。

---

〔1〕 244 La. 408 ,152 So. 2d 541 ,547 - 48 (1963) ; Lamson Petrol. Co. v. Hallwood Petrol. ,Inc. ,763 So. 2d 40 ,43 (La. App. 3d Cir. 2000).

〔2〕 548 So. 2d 66 (La. App. 3d Cir. 1989).

地区法院还裁定,1979 年协议禁止布伦南起诉老理查德构成商标侵权,他只可主张合同救济,布伦南不同意。他对地区法院的这一裁定提出上诉,不仅要求我们允许其向老理查德主张有关商标诉请,而且让我们判决支持其观点并就合理救济作出发回重审决定。

1979 年协议的关键部分规定如下:

如果这种使用行为是协议所允许并依照该协议,每一方当事人均同意……不会依其商标反对其他方使用布伦南的姓或者布伦南或者这个“商标”。协议不应当影响任一方将来向他方或者继任者和转让人因违反和解协议提出索赔、要求或诉讼,无论是直接起诉或通过反诉来提出……

根据上面引用的第一句话,原告不能对符合协议的使用商标行为主张商标诉请。根据该条,因为地区法院认定老理查德违反了协议的限制性约定,这句话不能保护老理查德。引用的第二句话中,每一方都明示保留主张“由违约引起的”请求权。它辩称,即使商标侵权诉讼听起来属于侵权,但商标诉请须以违约行为为前提。FN9 如果是的话,1979 年协议第二句话明确授权原告在面临本案情况时可以提起商标侵权诉讼。但是,如果该商标侵权诉讼并非基于违反 1979 年协议而提起,则在该协议是否禁止未经允许的将来使用行为的问题上,1979 年协议就不再适用:第一句话没有明确禁止这种诉讼,第二句话没有明确保留起诉的权利。就像之前解释的,路易斯安那州法律规定放弃将来诉权必须清楚表达且作狭义解释。所以,我们认为地区法院错误地裁定 1979 年协议禁止原告向老理查德主张有关商标诉请。

FN9. 在最近关于禁止为“违约”受到的损害支付保险金的保险政策的判决中,法庭认为根据得克萨斯州法律,与违反许可安排相关的商标侵权源于合同之违反。

虽然我们同意原告的观点,1979 年协议并不禁止向老理查德主张有关商标诉请,但是我们不同意简单地判决老理查德构成商标侵权。他违反 1979 年协议——一个他没有提出上诉的裁定——并不本身意味着他参与迪基 [* **371**] 餐厅的行为侵犯原告的商标权。除此之外，老理查德参与餐厅的程度是否足够使其承担个人责任还不确定。参见 Chanel, Inc. v. Italian Activewear of Fla., Inc.。[1] 地区法院必须在重审中考虑此类抗辩。

D. 作为赔偿措施的合理使用费

地区法院禁止原告在本案的损害赔偿审判阶段提交合理使用费的证据。一方当事人假定的、同意支付的合理商标使用费用数额有时可以当作商标诉讼损害赔偿的标准，尤其是在涉及许可关系的损害赔偿时。参见麦卡锡教授的论述。[2] 但是这又与陪审团决定的合同损害赔偿的标准大不相同。在审理损害赔偿阶段的庭审会议期间，布伦南认为损失的利润和合理的使用费可以替代迪基因违约行为所造成的损失。在上诉时，布伦南又主张，为了从被告违约中获得全额的补偿，它有权获得两种损害赔偿。其观点的支持主要依赖于 codal 规则，该规则指出"损害赔偿根据债权人已经蒙受的损失和其丧失的利润来衡量"。[3]

合同救济的基本规则是将原告置于假定被告履行协议的同等位置。参见 Morris v. Homco Int'l, Inc.，[4] Amoco Prod. Co. v. Texaco, Inc.。[5] 原告无权对同一次伤害获得两次赔偿。[6]

根据路易斯安那州法律，即使合理的使用费可以成为合同损害赔偿的适当标准——我们对此没有意见——我们仍必须驳回原告的主张。在本案中，很明显，两个可能的损害赔偿衡量标准均不能弥补布伦南受到的各个独立的损害。原告的专家报告制定了几个不同的损害赔偿标准，这对于理解它们之间的关系很重要。专家通过估算在那段时间布伦南失去的顾客的数目来计算原告的利润损失，那段时间是指在本案诉讼的前几年，当时迪基餐厅已经被指控引发

---

〔1〕 931 F. 2d 1472, 1477 – 78 (11th Cir. 1991); 4 MCCARTHY § 25:24.

〔2〕 5 MCCARTHY § 30:85.

〔3〕 LA. CIV. CODE ANN. art. 1995 (West 1987).

〔4〕 853 F. 2d 337, 346 (5th Cir. 1988) (applying Louisiana law).

〔5〕 838 So. 2d 821, 837 (La. App. 3d Cir. 2003).

〔6〕 Morris, 853 F. 2d at 346; Town of Winnsboro v. Barnard & Burk, Inc., 294 So. 2d 867, 882 (La. App. 2d Cir. 1974).

市场混淆。FN10 报告其他部分涉及的假定使用费是依据同样一段时间被告销售比例来计算的。所以,利润损失计算旨在将布伦南置于其本应处于的状态,即要不是违约行为其将获得的利润,通过评估若迪基餐厅没有引发市场混淆,布伦南将会获得的利润来计算。相反,使用费计算旨在使布伦南通过更间接的方式获得全额赔偿,即如果通过许可迪基使用布伦南商标,而不是以侵权方式使用,布伦南将获得的收益。但是布伦南将可以获得双倍赔偿,如果计算混淆不存在时 [* **372**]的利润及允许同样计算混淆时的许可使用费。布伦南不可这么做。

FN10. 原告的专家的研究方法将在下文第三部分 A 节详细描述。

通过采取不同的策略,布伦南也认为合理的使用费对于损失的商誉是可以接受的补偿,其有权根据路易斯安那州法律将商誉损失作为合同损失的一部分获赔。但是专家关于合理使用费的计算既没有填补因损害发展中的商誉造成的商誉损失,也没有填补会计核算角度上的营业价值,这不仅是积累的净资产的价值。参见 Simpson v. Restructure Petrol. Mktg. Servs.[1] Kenneth M. Kolaski & Mark Kuga, Measuring Commercial Damages via Lost Profits or Loss of Business Value: Are These Measures Redundant or Distinguishable?, 18 J. L. & COM. 1, 15 – 16 (1998)(二者都解释了商誉的定义)。事实上,专家的使用费计算——以迪基餐厅在混淆期间的销售额比例计算——仅是提供另一种补偿损害的标准。参见 Simpson, 830 So. 2d at 486(解释了协议的违反可以通过过去损失的利润加上对商信损失的赔偿来获得救济,其中后者针对将来的销售)。我们拒绝布伦南提出的就违约请求通过判决使用费来补偿其利润损失的请求。

三、交叉上诉问题

在交叉上诉阶段,迪基和迪基 · 布伦南公司对原告的损害赔偿

---

[1] Simpson v. Restructure Petrol. Mktg. Servs., 830 So. 2d 480, 486 (La. App. 2d Cir. 2002).

专家报告提出质疑。他们主张,该报告因一些理由应当被排除,而没有该证词,陪审团的250,000美元的判决就不能成立。

A. 相关事实

在损害赔偿庭审中,布伦南依赖于来自威廉·里基尔的专家证词。里基尔尝试通过一个"若无、则不"的方法来计算原告的利润损失;他试图确定,若无迪基餐厅的混淆,布伦南本可服务的顾客数量(及相应的本应产生的利润)。为了确定布伦南失去了多少顾客,里基尔计算了出席新奥尔良会议中心的顾客数量比例(布伦南严重依赖于城外参观者)。这一方法产生了三个不同的利润损失数据——一个低值,一个高值和一个加权平均值——分别代表不同的关于布伦南历史市场份额的假设。如果在迪基餐厅开办之后的几年内与会议中心有关的布伦南餐厅业务有所减少,则这可归咎于消费者混淆。

他的初步报告于2002年7月8日提交给被告,里基尔依靠会议中心市场部提供的出席会议中心的人数。被告的专家道格拉斯·提米,在8月5日发表了其报告。当时,提米没有获得工作底稿和支持里基尔估算的计算方法,但是提米还是注意到里基尔的结论与提米已经获得的数据明显不符。在9月12日,审阅完里基尔的工作草稿和其他材料后,提米公布了一份他认为里基尔采用错误的会议中心 [* **373**]数据的补充报告。布伦南提交了排除提米的补充报告和相关证词的动议,但是地区法院在10月21日决定,报告的大部分内容可信。10月23日,庭审前不到一周,里基尔也提交了补充报告指出提米是正确的,他使用了调整过的出席数据。FN11

FN11. 被告简洁地辩称,里基尔自相矛盾地使用调整后数据。同地区法院一样,我们也检查了里基尔的证词、他的报告以及庭前为回应被告基于第59条规则的动议而提交的书面证词。地区法院合理地认为似乎没有出现任何表里不一。里基尔同时持有初始报告和一份所有调整后数据的单页传真总结,但是他没有使用比总结单页最后数据更为精确的市场部的详细数据。初始报告提交后,他意识到自己在初始报告中使用了会展中心首席财政官保留的一份调整过的详细的原始出席数据。该调整过的详细数据与里基尔一直持有的单页总结上数据不同,尽管前者显然是后者的来源。里基尔表示他没有调整初始报告提交时的数,这与他在提交初始报告时持有总结单页的事实是不符合的。

被告立即提交一份关于排除里基尔补充报告的动议。他们声称,除此之外,补充报告只是纠正里基尔初始报告错误的过时努力,并且因为被告没有收到支持补充报告的工作草稿,被告在庭审准备阶段受到了歧视。地区法院部分基于被告事实上收到了补充报告工作草稿而驳回了这一动议。

里基尔在 11 月 7 日作证。他对于利润损失的证词不同于再补充报告;不同之处在于根据陪审团裁决所作的调整,陪审团在那天的早些时候作出裁决,迪基违约的只是牛排餐厅,而没有派丽斯咖啡。[FN12]提米在第二天的交叉询问时仍然坚定立场,认为其没有收到支持里基尔补充报告的工作草稿。法官听对此非常吃惊,她向陪审团进行了解释并询问了律师。法官说,原告表示该底稿已经上交,为防止损害她会批准被告的动议直至她知道有相反情况。布伦南的律师认为补充报告工作底稿已经提供,对方律师却告诉法官他从没收到过。被告提交了防止损害动议。地区法院认识到双方现在处于"一个胶着状态",其给予提米简短审查报告的机会以确认是否他需要更深入的检查。计算方法只有几页,但是有 77 页封装纸包含调整后的会议中心数据。法庭给提米一小时查看这些内容并与被告的律师商讨。休庭结果是,[* **374**] 当事人再次主张防止损害的动议。法官表明其将"快刀斩乱麻",不排除里基尔的证词,并让双方将该问题在庭后解决。

FN12. 迪基·布伦南的派丽斯咖啡早于迪基·布伦南的牛排店开张。随着派丽斯咖啡被排除在本案之外,消费者混淆的期间就只能溯及牛排店最后开张的 1998 年。里基尔因而减少了在牛排店开张前发生的利润损失。

判决后,被告再次根据规则 59(e)针对里基尔的证词提出一个书面动议以改变或修改判决。地区法院驳回了该申请，并认为被告没有因后期披露而被歧视。上诉时，被告继续抗辩说地区法院错误地接受了该证词。他们还认为，如果没有里基尔的证词，陪审团对其250,000美元的判罚就没有充足的证据了。

B. 分析

被告对里基尔的证词提出三个反对意见：(1)该证词是不可信的，应当根据《联邦证据规则》第702条和多波特规则予以排除；(2)根据《联邦民事诉讼法》第26条(e)，里基尔的补充报告并非真正的"补充"；(3)因为原告没有披露支持补充证据的工作底稿，故该证据应当根据《联邦民事诉讼法》第37条(c)(1)款予以排除。

首先分析《联邦证据规则》第702条，被告主张因为里基尔补充报告最终结论的利润损失大约为初始报告的一半，故其证词是不可信的。这种差异确实导致了庭审暂停，但对于此差异的原因是里基尔的补充报告与初始报告的计算方法相同、数据不同，后者像被告自己的专家说的那样应当使用更精确的数据(如首席财务官数据)。被告没有对里基尔的计算方法是否适当提出异议。当然，计算方法的确应当用可信的数据并正确使用，见FED. R. EVID. 702，但问题的关键在于构成里基尔真实证词基础的调整后数据正是构成提米报告基础的同样的数据。所以，我们认为地区法院在确定里基尔专家证词是否足够可信时没有滥用自由裁量权。当损害赔偿庭审阶段存在一个问题时，我们得先看看其他地方。

被告关于里基尔证词的其他疑问不是集中在证词本身的可信度上，而是产生该证词的特殊事件上。首先，就《联邦民事诉讼法》第26条e款议事规则而言，被告认为里基尔的第二份报告并非真实的"补充"披露，因为里基尔在提交初始报告之前就已经持有了首席财务官的调整后出席数据。[FN13] 被告巧妙地曲解了第26条e款议事规则。该规则在"为包含此后获得信息的披露或回应而进行补充或者修改"问题上施加了义务。[* **375**]当一方不能按要求补充披露时，可以合理援引该规则禁止证据的提交。例如,Alldread v. City of Grenada,[1]如同被告说的那样,以后的报告不是真正的“补充”,而是有效地代替之前的报告——尽管有其他理由排除它,例如原告的披露不合时宜或者违反第26条a款议事规则或法庭调度命令。参照 Sierra Club,Lone Star Chapter v. Cedar Point Oil Co.(尽管“补充”报告超过了披露最终期限,但该判例维持地区法院的决定排除仅是案件概要的专家报告)。[2]

FN13. 正如之前所说,里基尔持有调整后出席人数的总结,但似乎却在提交初始报告时没有采用调整后的原始数据。提交初始报告时确实存在调整后的数据,提米也得到了该数据。但是里基尔认为提交初始报告时,来自市场部的原始数据构成了一个最完整和最可信的信息源,这并不矛盾。

被告对里基尔证词的质疑最有说服力的在于他们辩称里基尔的补充报告、证词和其他相关的材料应当被排除,因为布伦南没有及时上交支持性的工作底稿和计算方法。根据议事规则第37条(c)(1),“没有实质性的理由未按议事规则第26条(a)或26条(e)(1)的要求披露信息的一方……不能被允许在庭审中作为证据使用,除非这种未按规定的披露对双方无害”。我们假设布伦南不能披露补充报告工作底稿。该行为是否有正当理由或无害取决于地区法院的自由裁量,我们仅对是否滥用自由裁量权进行审查。参见 Texas A&M Research Found. v. Magna Transp. , Inc. ;[3] United States v. $9,041,598.68。[4]

当地区法院法官知道提米没有看到补充工作底稿后,其发现自己处于非常困难的境地。她本可以合理行使自由裁量权排除里基尔的证词。她如果不那样做也是可以理解的,毕竟该案已经持续了

---

[1] 988 F. 2d 1425,1435 –36 (5th Cir. 1993).

[2] 73 F. 3d 546,571 (5th Cir. 1996).

[3] 338 F. 3d 394,402 (5th Cir. 2003).

[4] 163 F. 3d 238,251 –53 (5th Cir. 1998).

一周,陪审团已经就法律责任作出裁定,而且里基尔是损害赔偿阶段唯一证人。表面看来,布伦南诚实地认为底稿已经提交,尽管他们不能提供提交的证据。在本案的背景下,我们不能认为法官在解决这个困境时滥用了自由裁量权。我们很大程度上依赖于地区法院合理评估了被告没有因迟到的底稿而受到损失。

如同上面所说,补充工作底稿包括了大量的来自会议中心的出席数据——提米应该已经对使用在他自己报告中的这些数据非常熟悉了。地区法院能够决定这些迟到的信息绝对无害。参见 Woodworker's Supply, Inc. v. Principal Mut. Life Ins. Co.(该判例维持地区法院判决,该判决允许原告在被告知道作为计算依据的数字时,基于先前的损害赔偿未披露理论提交证据)。[1] 更大的潜在后果是只有少数几页纸展示了里基尔的计算,但是也有记录证实了地区法院关于被告不受损失的评估。里基尔没有改变计算方法,无疑为理解计算减少了许多困难。在休庭过程中重新审查工作底稿后 [* **376**],提米就诘问程序再次作证:在几年内,使用里基尔三个数据中的最低数据,布伦南没有蒙受利润损失。提米也利用此工作底稿向陪审团解释其在1999年结果中的缩写,对此里基尔在早期的证词中也已提到但无法解释,这弥补了早期审阅里基尔报告的缺陷。法庭给予了被告围绕里基尔报告异常情况向陪审团解释的时间。提米在休庭前和休庭后的证词使其发言变得尤其有力。在总结陈词中,布伦南引述了里基尔报告中的220万美元作为利润损失。陪审团也在整个法律责任庭审阶段听取了一些消费者确实对迪基餐厅和布伦南餐厅产生误认的证词,并判决25万美元作为被告违反1998年协议的损害赔偿。[FN14] 显然,如果给予充分的时间,无论是修改判决的庭审后的动议还是让被告从他们拥有的工作底稿中提出更多的意见,都会有更多的东西提交给陪审团。地区法院不得不处理庭审最后一天发生的难题,我们认为法官没有滥用自由裁量权。尽管我们认为本案在损害赔偿阶段发生的事情是非常规的,但我们

---

〔1〕 170 F. 3d 985,993 (10th Cir. 1999).

不认为需要撤销判决。

FN14. 原告的结案陈词对里基尔专家的证词和在确定法律责任阶段的实际混淆证词给予了相当的重视。辩护人提醒陪审团,被告提交的来自餐厅员工和顾客的一份传闻证据证明,只有一小部分消费者发生了混淆,专家证词也表明真正意识到已经对餐厅产生混淆的消费者还只是“冰山一角”。

四、结论

我们维持地区法院针对布伦南的违约诉请作出的250,000美元的损害赔偿判决,包括了利息和费用,维持地区法院就原告欺诈性诱使诉请驳回原告径行判决或者重新审理的动议。我们撤销地区法院关于1998年协议禁止原告向迪基、姐妹公司、七一六公司主张有关商标侵权诉请的裁定。我们推翻了地区法院关于1979年协议禁止原告向老理查德主张有关商标侵权诉请的裁定。本案发回重审以进行进一步审理。每一方当事人应当承担其诉讼费用。

后 记

近年来出现了一些三条鳄鱼之类的近似商标共存的判决。然而,商标共存的条件尚处于争论之中。撰写和出版《商标共存:原理与判例》的目的非常朴素,就是希望为我国司法实践提供一些国外有关商标共存的判例,并提供经过梳理的法律原理。

本书作者及其研究生团队,已尽一切可能,收集了迄今为止被认为是最为贴切的外国判例,希望能够帮助读者系统了解有关问题。

本书所选判例的初步翻译分工如下:

案例1、6、13由龚雯怡初译;

案例2、11、17由蔡崇山初译;

案例3、10、12由何鹏初译;

案例4、16由赵雨潇初译;

案例5、8、15由吕桥初译;

案例7、9由沈馨初译;

案例14由张龙初译。

刘维对所有翻译进行了核对。黄武双教授对所有翻译进行最终定稿和审校。

本书第一部分由刘维、黄武双完成。

刘维对本书的用词统一、翻译体例、文字处理工作付出了辛勤的劳动,在此深表感谢。基于各种原因,本书错误和不足之处在所难免,敬请广大读者批评指正。

作者

2013年6月10日

图书在版编目(CIP)数据

商标共存:原理与判例/黄武双,刘维等著译.—北京:法律出版社,2013.9
(知识产权审判难点问题法律原理与判例)
ISBN 978-7-5118-5234-2

Ⅰ.①商… Ⅱ.①黄…②刘… Ⅲ.①商标法—审判—案例—世界 Ⅳ.①D913.05

中国版本图书馆 CIP 数据核字(2013)第184445号

商标共存:原理与判例 | 黄武双 刘 维 等著译 | 责任编辑 孙东育 装帧设计 李 瞻

开本 A5
版本 2013年9月第1版
出版 法律出版社
总发行 中国法律图书有限公司
印刷 北京北苑印刷有限责任公司
印张 11.25 **字数** 307千
印次 2013年9月第1次印刷
编辑统筹 独立项目策划部
经销 新华书店
责任印制 张建伟

法律出版社/北京市丰台区莲花池西里7号(100073)
电子邮件/info@lawpress.com.cn
网址/www.lawpress.com.cn
销售热线/010-63939792/9779
咨询电话/010-63939796

中国法律图书有限公司/北京市丰台区莲花池西里7号(100073)
全国各地中法图分、子公司电话:
第一法律书店/010-63939781/9782
重庆公司/023-65382816/2908
北京分公司/010-62534456
西安分公司/029-85388843
上海公司/021-62071010/1636
深圳公司/0755-83072995

书号:ISBN 978-7-5118-5234-2 **定价**:33.00元
(如有缺页或倒装,中国法律图书有限公司负责退换)